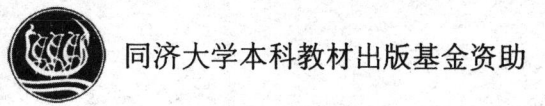同济大学本科教材出版基金资助

新闻节目播音主持教程

News Broadcasting and Hosting

饶丹云　编著

同济大学出版社
TONGJI UNIVERSITY PRESS

内容提要

本书根据融媒体最新发展特点，针对新闻传播类专业播音主持知识与技能的实际需求，围绕新闻节目主持人的核心知识点和技能体系设计教学内容。以有声语言表达、出镜要求为出发点，融合现场报道、新闻评论和新闻访谈的理论要点、案例分析，涵盖新闻节目播音主持主要类型的讲解和实操练习，为新闻传播类专业方向培养主播和记者型主持人探索了一条教学新路。

本书可作为普通高校新闻业务、广播电视新闻、新媒体等新闻传播类专业本科播音主持课程教材，也可作为广播电台、电视台、网络新媒体新闻主播、记者型主持人、出镜记者业务能力提升培训及业余学习教材。

图书在版编目（CIP）数据

新闻节目播音主持教程 / 饶丹云编著. —— 上海：同济大学出版社，2020.6
 ISBN 978-7-5608-9332-7

Ⅰ.①新… Ⅱ.①饶… Ⅲ.①新闻-播音-语言艺术-教材 ②主持人-语言艺术-教材 Ⅳ.①G222.2

中国版本图书馆 CIP 数据核字（2020）第 112780 号

新闻节目播音主持教程
News Broadcasting and Hosting

饶丹云　编著

责任编辑　陈佳蔚　　**责任校对**　徐逢乔　　**封面设计**　陈益平

出版发行	同济大学出版社　www.tongjipress.com.cn （地址：上海市四平路1239号　邮编：200092　电话：021-65985622）
经　　销	全国各地新华书店
印　　刷	常熟市大宏印刷有限公司
开　　本	787 mm×1092 mm　1/16
印　　张	15.5
字　　数	310 000
印　　数	1-1500
版　　次	2020年6月第1版　2020年6月第1次印刷
书　　号	ISBN 978-7-5608-9332-7
定　　价	48.00元

本书若有印装质量问题，请向本社发行部调换　　版权所有　侵权必究

前　言

当今时代,学习方式与人才培养模式正在发生深刻的变化,新闻传播身处信息加工与传播的洪流之中,其从业者的知识能力结构与成长方式成为学界和业界共同思考的新课题。党的十九大对新闻舆论工作提出新的要求,强调要高度重视传播手段建设和创新,提高新闻舆论传播力、引导力、影响力、公信力;要推进国际传播能力建设,讲好中国故事,展现真实、立体、全面的中国,等等,这些为我们做好新时代新闻舆论和传播人才培养工作提供了重要依据。为深入贯彻教育部、中宣部联合实施卓越新闻传播人才教育培养计划,提高新闻传播人才培养质量,本书着眼于高校新闻传播类专业新闻主播、记者型主持人的培养教学,介绍相关专业知识及技能训练。

一、编写初衷

(一)媒体融合带来的变化与挑战

当今媒体融合背景下,基于新技术的支撑,新闻节目的制作与传播发生很大变化。技术赋能和智能化应用的推广,对媒体创造出新的需求,带来媒体从业人员素质的深刻变化,复合型人才成为"刚需"。但无论媒体融合和技术创新如何发展,内容始终是媒体的"根"和"魂",对优质内容的生产和加工能力,仍然是各大新闻媒体的核心竞争力。对于专业媒体来说,比以往任何时候更需要坚守专业,因而各专业媒体都在尽力发现和培养优秀的新闻节目主持人,树立自己的新闻主持人品牌。

(二)高素质新闻主播、记者型主持人匮乏

过去,英美等著名媒体的新闻主播和记者型主持人都是从资深记者中选拔

出来的，对主持人的综合能力有很高要求。近年来，尽管我国相关高等院校在播音主持专业加强了新闻评论、即兴评述等课程，但其专业强项还是新闻播读，培养的人才难以胜任新闻评论、深度报道、现场报道等，业界急需具有优秀新闻素质的主播和记者型主持人。

直接从新闻传播类专业培养新闻主播和记者型主持人，不仅是业界多年的实践反馈，也符合人才培养规律。新闻传播类专业学生文字功底较好，思维素质较强，在此基础上通过播音主持课程加强口头、话筒和镜头前的表达能力，培养复合型人才，为将来遴选新闻节目主持人打下基础。

（三）新闻传播类专业使用教材的缺失

虽然许多高等院校新闻传播类专业开设了播音主持相关课程，却因没有针对性强的教材和体系，教师上课随意性较大。有的按照播音主持专业的教材上课，有的按照教师的专业强项上课，有的教师认为该课程主要是提高普通话水平，也有的则认为只要提高口语表达能力等，而对于新闻工作中非常需要的演播室新闻评论、现场出镜报道、新闻访谈等训练涉及较少。

传统的播音主持技巧训练内容繁多，训练太杂对新闻传播类专业不仅没有必要，还可能影响学生的新闻传播观念。因此，本书尽量贴近和满足新闻传播类专业关于播音主持知识和技能的需求，以期成为新闻传播类专业适用的播音主持教程。

（四）实践积累与教学经验的碰撞

笔者在同济大学任教之前，在电视台做了十二年专业播音员主持人，多次获省部级奖项，主创作品两次获湖北新闻奖、湖北广播电视奖新闻类一等奖，担任过演播室主持人、现场报道记者和后期配音，熟悉新闻主播和记者型主持人的工作内容和职业要求。随后在中国传媒大学播音主持艺术学院攻读硕士，进行了系统的学习和研究。

2009年起，笔者陆续为四届同济大学广播电视新闻、广播电视学专业本科学生开设"播音主持艺术"课程，2012年春季学期为中国传媒大学南广学院广播电视新闻专业本科学生开设"现场报道"课程，致力于将专业实践积累融入教学，不断提炼具有针对性的教学内容和方法，提升授课的针对性，获得显著的教学效果。

二、体例及特色

全书共七章,分别是:新闻节目播音主持概述,有声语言表达基本技巧,出镜状态、形象造型与体态语,现场出镜报道,演播室新闻播报,演播室新闻评论,演播室新闻访谈。本书的主要编写特色:

(1)针对新闻传播类专业,培养新闻主播、记者型主持人播音主持的核心知识点和技能体系设计教学内容。以有声语言表达、出镜要求为出发点,融合理论要点、案例分析和实操练习,涵盖新闻节目播音主持主要类型的讲解和训练。

(2)分专题精讲多练。减少纯理论铺陈,细化技能训练指导,设计了实践性强的课后练习,方便教师授课,也为学生带来体验和创造的乐趣。

(3)剖析精选案例点拨业务技巧。书中的一些案例、知名主持人介绍以及业界前辈的经验经历等栏目,引领学生把握专业前进方向。

(4)融入新的媒体传播理念。根据融媒体发展特点,不再强调广播新闻与电视新闻播读的区别,亦不再区分广播录音报道和电视现场报道的教学,对广播、电视、网络新媒体在具体业务技能的讲解不再区分,等等。

三、目标读者及用途

本书可作为普通高等院校新闻业务、广播电视新闻、新媒体等新闻传播类专业本科播音主持课程教材,也可作为广播电台、电视台、网络新媒体新闻主播、记者型主持人、出镜记者业务能力提升培训及业余学习教材,以及有志于成为新闻主播、记者型主持人的播音主持专业学生深化职业技能的选修课程教材或专业参考书。

四、教学目标与教学建议

本书将播音主持理论与新闻实践紧密结合,努力提高学生的实战水平。通过理论讲授、演播室训练、优秀节目评析、录音录像作业、课堂讨论等多种教学方式,使学生改善普通话语音面貌,提高有声语言表达水平,掌握一定的新闻播报、新闻评论、现场报道、新闻访谈节目主持技巧,提升新闻节目策划能力,培养具有较高新闻理论素养、掌握广播电视新媒体新闻节目播音主持技巧的新闻主播、记者型主持人。

　　建议在学完"新闻采访""新闻报道与评论""电视摄像与导播"等课程后学习本课程，从而能训练学生在话筒、镜头前采、写、编、评的能力，培养新闻业务综合运用的意识和能力，而非单纯提高普通话水平和训练出镜技巧。

　　学习本课程需要有较充足的课时安排，因为普通话语音校正和出镜技巧训练需要进行个别指导。本课程有一半课时需要在室外出镜、录音棚录音、演播室录像，应提供相应的演播室设备和技术支持。有技术保证的专业学习空间有助于提高学生的学习热情，以便他们形成良好的专业工作习惯。

　　本课程的考核办法建议以平时考勤及课堂参与、新闻播报录音作业、电视新闻播报与评论作业、电视现场采访报道作业、电视演播室新闻访谈作业总评而成。

五、学习方法

　　播音主持技巧是"口耳之学"，重在实践中体验、练习、积累。在有声语言表达基本功方面，应当从难从严，科学且大运动量地进行有声语言表达训练。在新闻节目播音主持技能方面，应加强实践练习，多参与采访报道，关注优秀的媒体新闻节目，学习借鉴优秀主持人的报道、出镜技巧，从形式到内容剖析、思考，按照新闻节目主持人的职业发展要求不断丰富、完善自己。

　　囿于编写时间仓促，书中如有表述不当之处，敬请读者批评指正。

编　者
2020 年 6 月

目　录

前言

第一章　新闻节目播音主持概述 …………………………………………… 1
　第一节　我国新闻节目播音主持概况 ………………………………………… 1
　第二节　新闻节目主持人的功能、分类与职业要求 ………………………… 6
　第三节　新闻节目播音主持语言审美特征及主要样态 …………………… 10
　第四节　全媒体时代新闻节目主持人发展方向 …………………………… 11

第二章　有声语言表达基本技巧 …………………………………………… 16
　第一节　普通话语音 ………………………………………………………… 16
　第二节　语言发声基本技巧 ………………………………………………… 26
　第三节　语言表达基本技巧 ………………………………………………… 37

第三章　出镜状态、形象造型与体态语 …………………………………… 47
　第一节　出镜状态 …………………………………………………………… 48
　第二节　形象造型 …………………………………………………………… 49
　第三节　体态语 ……………………………………………………………… 61

第四章　现场出镜报道 ……………………………………………………… 65
　第一节　现场出镜报道概述 ………………………………………………… 65
　第二节　现场出镜记者的职责与要求 ……………………………………… 68

第三节　出镜采访的拍摄与剪辑要求 …………………………… 87
　　第四节　直播连线报道 …………………………………………… 93
　　第五节　体育明星赛事解说魅力解析 …………………………… 99
　　第六节　现场出镜报道训练 ……………………………………… 108

第五章　演播室新闻播报 ……………………………………………… 116
　　第一节　新闻稿件与新闻播报节目 ……………………………… 116
　　第二节　新闻播报的语言特点及表达技巧 ……………………… 117
　　第三节　新闻播报训练 …………………………………………… 120

第六章　演播室新闻评论 ……………………………………………… 129
　　第一节　新闻评论节目的兴起与发展 …………………………… 129
　　第二节　新闻评论的要求及分类 ………………………………… 132
　　第三节　新闻评论主持人的职业要求与语言风格 ……………… 135
　　第四节　优秀新闻评论节目及其主持人 ………………………… 151
　　第五节　新闻评论出镜训练 ……………………………………… 155

第七章　演播室新闻访谈 ……………………………………………… 163
　　第一节　新闻访谈节目及其主持人定位 ………………………… 163
　　第二节　新闻访谈节目主持人的要求 …………………………… 165
　　第三节　优秀新闻访谈节目及其主持人 ………………………… 174
　　第四节　演播室新闻访谈训练 …………………………………… 206

附录一　普通话语音训练材料 ………………………………………… 221
附录二　容易读错的字、词 …………………………………………… 229

参考文献 ………………………………………………………………… 233

后记 ……………………………………………………………………… 236

第一章
新闻节目播音主持概述

广播电视及网络媒体新闻节目属于新闻传播学范畴,具体新闻传播过程又与语言学和艺术学交叉关联。新闻节目播音主持,是指播音员和主持人运用有声语言和体态语[①],通过广播、电视、网络等媒体出声、露面,直接为受众所进行的传播信息、评论报道的活动。在新闻节目中担任播音主持工作的主要有主播(anchorperson)、播音员(announcer)、记者型主持人(reporter)、新闻评论员(commentator)等。本书探讨的新闻节目主持人主要指主播和记者型主持人。

第一节 我国新闻节目播音主持概况

一、新闻节目播音主持的源流

传播信息、引导舆论是广播、电视及网络媒体的重要功能。"新闻立台"的说法由来已久,新闻节目是广播电视网络节目的主体,因此新闻节目播音主持一直处在重要地位。新闻节目有着自身的专业标准、工作原则和道德规范,新闻节目播音主持随之亦有着相应的职业内涵和专业要求。

"早期的广播电台播音员承担着广泛的任务。播音员既是销售员、典礼的主持人,又是老练的世界大事阐述者。播音员必须朗读商业广告和新闻文稿,读准外国名字的发音,精通古典音乐,熟悉当前音乐潮流,了解各类演员。播音员应

---

① 体态语是由人的面部表情、身体姿势、肢体动作和体位变化等构成的可视化符号系统。在第三章详述。

当是诙谐和机智的,在播出时给人的感觉是在表演而不是在说话。同时,播讲方式被程式化和强调,播音员所使用的独特和易辨认的说话风格是除广播电台外任何其他地方所不可比拟的。任何人在普通的交谈中像播音员一样说话至少被认为是很奇怪的。的确,这种风格仅在广播中被期望和要求。"[1]随着时代发展带来的媒体分流和内容细分,播音主持工作的内容和形式逐渐趋于专业化,新闻节目播音主持逐渐与演艺、生活服务等内容分离开来。

专业的、成熟的记者型主持人可追溯到美国哥伦比亚广播公司(CBS)的爱德华·罗斯科·默罗(Edward Roscoe Murrow)和沃尔特·克朗凯特(Walter Cronkite)。有人曾把他们称为历史上的传播巨人,因为他们确实为美国的传播事业立下了不朽功勋。第二次世界大战前夕,默罗开创了传播史上第一个"新闻联播"节目。第二次世界大战时期,他又以智慧和勇气,开创了电子媒介传播史上又一个奇迹——《这里是伦敦》现场报道。他亲临现场,让人们有史以来第一次听到如此生动、快速、真实的报道,随后他又主持了具有轰动效应的《现在请看》电视专栏。默罗以准确报道而闻名,被誉为"现场报道的鼻祖"。

克朗凯特是继默罗之后美国又一个杰出的记者型主持人。他在第二次世界大战时期担任合众社随军记者,在战场上出生入死进行战地报道。越战时期,他多次深入越南采访,并向公众说出真相。在"水门事件"的报道中,他顶住强大压力,揭露丑闻,促使尼克松总统下台。他的报道里没有幸灾乐祸的情绪,也没有冷冰冰的态度,而是非常职业地从事着工作。他经历大新闻,报道大新闻,拿出自己独到的立场和见解,客观、真实、负责,观众认为他诚实,他也全力维护着诚实的形象。他每天节目的结束语"事实就是如此"(and that's the way it is)成为当时美国流行语。克朗凯特开创了新闻报道的新形式,"主持人"这一角色由他开创,克朗凯特以自己在新闻实践中的巨大影响,促使电视新闻播报者从"播音员"转变为"主持人"。同时,经他的双手,无数"专题"产生,专题这一新闻形式成为今天的媒体常态。他去世时,奥巴马赞扬克朗凯特"像家人一样,让我们相信他,而且他从未让我们失望"。

---

[1] [美]Carl Hausman, Philip Benoit, Fritz Messere, Lewis B. O'Donnell. 美国播音技艺教程. 王毅敏,刘日宇,译. 上海:复旦大学出版社,2007:10.

除此之外，美国 CBS 王牌新闻栏目《60 分钟》首席主持人迈克·华莱士(Mike Wallace)，《晚间新闻》节目主持人丹·拉瑟(Dan Rather)都堪称杰出的记者型主持人。

二、我国新闻节目播音主持的发展

我国新闻节目播音主持在初创期有三个主要时间节点：1940 年 12 月 30 日延安新华广播电台第一次播音，代表人物齐越(1922—1993)，是延安时期成长起来的我国人民广播事业的第一位男播音员，是中华人民共和国广播事业奠基人之一。1958 年 5 月 1 日创建北京电视台。1978 年 5 月 1 日北京电视台更名为中央电视台，这一时期的工作形式主要是新闻播音员。对于新闻节目播音主持研究的逻辑起点，张颂[1]认为，首先是对于新闻节目内容和形式的掌握，其次是据此进行的有声语言表达(包括用气发声、吐字归音、理解感受、表达技巧)。我国在新闻节目播音主持的长期实践中形态多样，且各自有着自身形态的优势和价值，与新闻节目本身的内容形式息息相关。

1986 年 12 月 15 日，广东珠江经济广播电台正式开播，实行以新闻、信息为骨架，以"板块节目"(大时段)为肌体，主持人直播，多种形式争取听众参与(热线电话)进行双向交流的传播模式，这种节目形式被学界和业界誉为"珠江模式"。[2] 当时，播音员主持人率先走出直播间进行户外直播，引起巨大反响。

1987 年 1 月 1 日，中央人民广播电台同时创办了四档主持人节目：《午间半小时》《今晚八点半》《对农村广播》《青年之友》，引发轰动。随后，上海东方广播电台等全国各地广播电台除播音员以外，节目主持人这个崭新的专业名称走进亿万受众心中。

20 世纪八九十年代，中国电视业如日中天，成为当时的强势媒体。20 世纪 80 年代初，主持人节目初露端倪，设立主持人的主要是综艺、生活服务类节目。

---

[1] 张颂(1936—2012)，中国传媒大学播音主持艺术学院教授，博士生导师，我国高等教育播音主持艺术专业重要的创始人之一，中国播音学理论和播音学科的重要创建人。主要学术著作：《中国播音学》(主编)、《播音创作基础》《朗读学》《朗读美学》。

[2] 叶昌前.历史的回顾与发展——中国节目主持人 30 年.播博汇.https://mp.weixin.qq.com/s/DpidtyAPA2atLY_x_WpXhQ. 2019-02-25.

80年代后期开始出现对新闻节目的打造和包装,新闻节目主持人完成各项储备逐渐进入角色。但就全国范围来看,仍是散点和零星的呈现,没有形成规模和声势,主要原因是当时的新闻节目样态并不适合主持人登场。新闻节目可以说是主持人攻克的最后一块堡垒,新闻节目设置主持人需要解放思想、大胆创新,这与当时的舆论环境和媒介生态密切相关。我们常说"新闻立台",新闻立台方显使命,指的是它的支撑性和重要性,如果新闻节目不改革,广播电视媒体的创新就会缺乏底气和后劲。

中国新闻节目主持人发展离不开时代的大背景和社会的大变革。进入20世纪90年代,中国媒体随着社会形势迅疾变革,"忽如一夜春风来,千树万树梨花开"。1993年5月1日,中央电视台《东方时空》开播。作为新闻杂志类节目,不少观众直呼"新闻还可以这样播"?从传统新闻节目桎梏下走出来的这一节目形态和传播方式立刻引起人们思想和心态上的共鸣,成为新闻改革一景,中国从此有了真正意义上的电视新闻节目和主持人。这种节目形式开启了中国人对新闻及新闻节目的新认知,白岩松、敬一丹、水均益等主持人几乎一夜成名,改变着中国观众收看电视新闻的习惯。1993年5月10日,一档以主持人名字命名的节目《一丹话题》开播。1994年4月1日,中央电视台再次加大力度,创办了电视新闻评论节目《焦点访谈》,对新闻进行重度包装与权威解析,并以此开始布局新闻节目的品种和格局。诚然,新闻永远都在发生,但传播方式的改变无疑赋予了新闻新的生命力。

较之以往呆板、固化的节目样态,主持人节目的传播方式带来了灵活的节目形态与结构方式。"说新闻"等播报方式给人一种心态上的冲击,娓娓道来、平等的观念、平视的角度、与受众的交流感等都使主持人脱颖而出,显示出鲜活的生命力。

1993年,主持人节目研究委员会正式设立第一届"金话筒"奖,使主持人的业绩有了很高的评定标准和业务标杆。20世纪90年代是中国节目主持人的绽放期,主持人节目层出不穷,优秀主持人人才辈出,敬一丹、水均益、白岩松、崔永元、王志等新闻节目主持人先后荣获"金话筒"奖。学界同仁都十分看好主持人这一新型职业,把设立主持人专业、培养主持人当作新生事物培育发展。

1996年4月28日,中央电视台《实话实说》节目出炉,标志着中国电视谈话类节目的开创,从此"脱口秀"一词广泛流传,崔永元再次让人们感受到"主持"的风采和魅力。1996年5月17日,中央电视台再添力作,开设《新闻调查》试水电视新闻深度报道,原先属于报纸的深度报道被电视移植过来,竟也风生水起。这种调查性报道在电视荧屏上的显现,标志着一个将新闻、事实、媒体、大众间的对话引向深入的时代到来。由于这档节目的鲜明属性,主持人以记者的姿态出现,记者型主持人因此深入人心。

中央电视台作为国家级媒体,其创立的《东方时空》《焦点访谈》《新闻调查》三档电视新闻类节目奠定了中国新闻节目主持人的媒体地位和社会影响力,其为新闻节目主持人设立的演播框架和工作范式沿用至今。此后,各地广播电视媒体纷纷效仿,新闻节目的主持人传播方式如雨后春笋般涌现。"新闻节目主持人的出现,使'主持人'这一媒介角色有了真正本体性内涵和价值,完全实现了'Anchor'的初始概念。"①

与此同时,1996年3月31日开播的凤凰卫视所倡导和实施的"三名战略"(名记者、名主持人、名评论员)就是结合自身特点制定的节目制作价值链和办台理念。孙玉胜在专著《十年——从改变电视的语态开始》中写道:当时中国内地电视台新闻改革进程远不及凤凰新闻节目的扩张速度。在凤凰掉头转向新闻并以其快速反应赢得节目声望时,内地许多电视台的新闻杂志类节目和焦点类节目也纷纷出台。此时,中央电视台开始探索和实践"谈话"和"调查"节目。

2003年5月1日,中央电视台新闻频道试播,并在当年"伊拉克战争""非典疫情"报道中大显身手,新闻直播报道逐渐成熟。2004年又在"海啸"等自然灾害引起的突发事件中大量采用直播方式进行报道,开启了直播常态化先河。有学者将2003年视为"中国电视新闻改革年"。

在一次次报道的思索、实践、创新中,中国广播电视及新媒体对新闻的理解更接近本质,对新闻节目的制作水准更专业,新闻节目主持人也在此过程中不断成长、成熟。

---

① 叶昌前. 历史的回顾与发展——中国节目主持人30年. 播博汇. https://mp.weixin.qq.com/s/DpidtyAPA2atLY_x_WpXhQ.

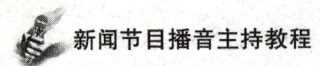

第二节 新闻节目主持人的功能、分类与职业要求

"在这些形形色色的电视节目中,发话者萨拉·科兹洛夫把他们作为叙述者(narrator)加以讨论,一一扮演着一些独特的角色。我们可以把他们'塑造'成新闻报道者(reporter)、新闻节目主持人(anchorperson)、播音员(announcer)、电视节目主持人(moderator 或 host)、体育节目主持人(sportscaster)或智力竞赛节目主持人(quiz master)。……很显然,每一种角色都包含着不同的讲话惯例:发话人如何表现自己,如何适应并承认观众。"①当对新闻节目主持人独立观察时,它的职业要求和"讲话惯例"就呈现出相应特点。

一、新闻节目主持人的功能与分类

聪明者善说,智慧者善听,高明者善问。新闻节目主持人需要综合这三种能力,其在节目中担负的功能包括:①叙事功能:提供资讯;②采访功能:替观众发问;③评论功能:归纳和点评观点,既是观点的整合者,也能够发表独特见解。

新闻性节目,是以传播新闻、报道真人真事为主要内容的广播电视新媒体节目的总称。实践证明,人物采访和事件报道才是成就新闻节目主持人最重要的良田沃土。复旦大学李良荣教授认为,每一种媒体新闻的成熟都以报道模式的定型为标志。目前定型的新闻节目主要有如下三种,而主持人在其中的工作内容和形式也随之有所不同。

(一)消息类新闻节目(口播新闻)

消息类新闻节目即传播新闻信息的节目,如中央人民广播电台的《新闻与报纸摘要》、中央电视台的《新闻联播》以及各地方台的联播节目等都是以播报信息为主的新闻节目。口播新闻或者新闻播报,主要涉及单独的新闻内容,通常是消息,也包括小型专题报道中的口播新闻部分。一般以"本台消息"开头,为节省时间,加快新闻报道节奏,现在许多口播新闻已省略此种表述方法,取而代之以"下

---

① [美]罗伯特·C·艾伦.重组话语频道.北京:中国社会科学出版社,2000:106.

第一章　新闻节目播音主持概述

面是一组国内消息"等更为简洁的播报方式。口播的新闻节目主持人即播音员，目前在我国亦称为主播，其工作职责是专业、准确地播报新闻，在具备良好的新闻素质基础上，电视新闻播音员在普通话、吐字发声、语言表达方面有很高要求，在形象气质方面也有较高要求。

(二) 专题类新闻节目(专题报道、现场报道等)

专题报道是以专题的形式进行采访和调查的报道，其优势是深入、全面。广播电视网络媒体的优势在于即时反映突发新闻，并以现场报道取胜，使人们似乎亲眼看见正在发生的事件，通过数字技术和卫星通信等高科技手段，给观众带来身临其境的感受。专题报道、现场报道中的新闻节目主持人即为记者型主持人，在电视及新媒体中又称为出镜记者。

(三) 言论类新闻节目(新闻访谈、新闻评论等)

言论类新闻节目通常有两类：一类是对于新闻人物的采访或访谈，如央视《东方之子》；另一类是对于新闻话题的采访或探究，如凤凰卫视《新闻今日谈》。二者都是以采访过程本身作为节目内容，采访中的信息分享和观点思想的碰撞交流是其重点。在演播室进行新闻采访的主持人通常由资深记者担任，即记者型主持人，亦可由新闻素养较好的新闻主播担任。随着新闻节目的发展，新闻话题的采访和探究节目中往往还有一个重要角色——新闻评论员，他们借助栏目主持人的访谈提问，就受众关心的重要新闻话题进行解读和评论。评论员有媒体自身的，也有较长时间与媒体合作的特邀评论员，以及就某一问题专门聘请的评论员。

二、新闻节目主持人的职业要求

新闻节目主持人首先应该是记者，然后是记者型主持人或新闻主播，是"记者职业素质与主持人职业角色的结合"。① 在欧美媒体，具有多年记者、编辑的实践经验，往往才有资格坐在主播台上。1964年9月，26岁的彼得·詹宁斯(Peter Jennings)进入美国广播公司担任《晚间15分钟》新闻节目主持人时，受到电视评论界的批评和质疑。詹宁斯在压力下明智地审视自己："一个26岁的

---

① 吴郁. 当代广播电视播音主持. 上海：复旦大学出版社，2005：180.

年轻人想和克朗凯特一争高下，我根本就没有这个资格。"①于是他主动放弃主持人位置，重新开始记者生涯。此后二十年里，詹宁斯连续报道过阿拉伯世界与以色列的纷争，成为报道中东事务的专家。他还成功地报道过古巴局势，赶赴现场报道埃及总统萨达特遇刺事件。1983年，当46岁的詹宁斯第二次出任《ABC今晚世界新闻》节目主持人时，他成熟自信的风度、独特的见解和敏锐的洞察力得到舆论界的普遍认可，也赢得了观众的喜爱和信任。②"9·11"恐怖事件发生时，詹宁斯在没有任何文稿的情况下主持节目60小时，并以他的冷静和镇定赢得了美国观众的爱戴。同样，沃尔特·克朗凯特在伦敦做过战地记者，曾担任合众社驻莫斯科首席记者，赢得"记者之王"的美誉。作为主持人，他们的共同特点除了具有吸引力的外表、风度，有魅力的声音、语调以外，重要的是他们成为主播前都已掌握记者所具备的准确报道、精练写作、快速发稿的职业能力。

我国的新闻主播多是由播音主持专业出身的播音员担任，一些语言规范的记者也逐渐加入主持人行列，但应看到有些历程是不能跨越的，时间的积淀、能力的积累是职业素养练就的必经路程。我国的主播、记者型主持人的成长道路与国外虽有不同，但需要具备敏锐的新闻嗅觉、独到的观察、出众的口才、精彩的报道方式等素质要求是一样的。

（一）政治意识强，政策水平高

新闻节目主持人常被要求"顶天立地"，他们经常要面对重大新闻的播出、政策分寸的把握、紧急稿的处理，因此需要有良好的政治意识、大局意识、责任意识和法制意识。他们需了解国情、民情，对社会现实有正确的价值观和认知，具有较高的政策水平，具有国际视野，能够把握正确的舆论导向，坚持先进文化的品位格调。上海广播电视台新闻主持人路军谈到做主持人的十年路，每年都要通读上海社会科学院的蓝皮书，他认为这样能帮助他把思维和判断放在一定的高度。

（二）优秀的有声语言表达能力

新闻传播要求信息真实准确、迅捷密集，对主持人语速和吐字清晰度有较高要求。

---

① 任远，曲晨曦.电视主持人300问.北京：中国国际广播出版社，2006：219.
② 任远，曲晨曦.电视主持人300问.北京：中国国际广播出版社，2006：220.

有声语言的表达能力具有一定的先天性,新闻节目主持人除语音发声基本功训练以外,应重点在口头描述、评论和访谈方面提升功力。实践证明,要提升新闻节目主持人的口头业务能力,应注重朗读、演讲、交谈三个方面的基础练习,解决有声语言表达基本技巧,在实践中根据业务需要重点提升新闻播报、现场报道、采访访谈等播音主持实务。

(三)优秀的新闻素养

"主播"(anchor)一词的发明者,哥伦比亚广播公司(CBS)的天才制片人唐·休伊特(Don Hewitt)曾说:"要想成为一个好主播,你必须先是一名好记者。"一名好记者,首先意味着能准确判断和发掘新闻的价值。用詹宁斯的话来说:"如果你只是基于人们已告诉你他们想要知道的东西而努力做报道或发布新闻的话,那么你就完全误解了记者的角色。记者应该能分辨出重要的事情并加以报道。只有你这方面做好了,人们才会关注。"

新闻节目主持人应热爱新闻事业,须有新闻素质方面的严格训练。不仅记者的四项基本功:采、写、编、评样样拿得起来,对前期策划和后期制作也要熟悉,要深度参与节目,了解每一个工种的要求,否则就不能把节目编导的意图准确、合乎新闻规范地表达出来。仅仅积极参与新闻报道实践,在实践中形成专业思维、打好专业功底,单凭学校培养、知识技能的堆积是难以成为一名优秀的记者。

新闻记者被称为"杂家",除了专业功底,广泛涉猎政治、经济、社会、法律等学科领域的知识也很重要,知识面广对于新闻记者不是锦上添花而是必需的素质要求。如今,一些非新闻专业出身的从业者加入这一行列,因专业背景而为其记者生涯创造了便利。

新闻敏感也是重要的新闻素养,它是新闻主持人了解情况、把握政策、长期积累过程的凝聚和升华。中央电视台第十届主持人大赛现场,现场嘉宾和观众都惊诧于白岩松对当下新闻的了解程度,比赛中选手提到的新闻,他基本都熟悉。当另一位评委张越好奇地询问缘由时,他说:"我们小区收废品的特别欢迎我,我每周都要买很多报纸,及时了解一些重要的新闻事件。"正是白岩松时刻保持新闻敏感,才使他具有庞大而扎实的新闻储备,在报道和评论中展现自己独特的思考和见解。

(四)写作能力强

如果说新闻节目主持人应从资深记者中选拔,是因为资深记者的一个重要特点就是具备很强的新闻写作能力。写作是思维能力的体现,也有助于加强主持人严谨的工作习惯和口头语言表达的准确性。写作过程也是分析研究问题的过程,促使主持人进行研究性的搜集资料、分析问题。写作过程中,主持人能够发现自己相对稳定的思维和文体习惯,为形成个性化的有声语言风格打下基础。

(五)体现人文关怀,具有人格魅力

新闻节目主持人的接触面十分广阔,一方面可以获得更多开阔眼界的机会,另一方面能够主动接地气、与时俱进,注重对各种新的传播形式的学习,在工作中体现综合性和创造性。新闻节目主持人的性格往往既有冷观世事的理性,又有追求真理、探索世界的激情。著名节目主持人杨澜曾说过,不管你是什么类型的主持人,其实你的工作都是"寻找人心所共有的东西"。与其他类别节目主持人一样,无论是在采访、评论还是访谈,新闻节目主持人都应该秉持人文精神,体现人文关怀。

新闻节目主持人应具有一定的人格魅力,才能吸引受众,使观众易于接受节目内容。观众对新闻节目主持人的期望是可靠、稳固、坚定、权威,因此,新闻节目主持人应具有良好的职业操守,经得起各方面的诱惑,否则影响力就无从谈起。新闻节目主持人还应具有良好的身心素质,新闻节目主持人经常要跑新闻现场,连续作战是家常便饭,身体要"扛得住"。甚至有些采访报道还可能接触引起生理、心理不适的内容,须意志坚强且抵抗力强。

第三节 新闻节目播音主持语言审美特征及主要样态

新闻节目播音主持语言样态主要有宣读式、播报式和谈话式。这三种样态虽服务于不同的新闻报道内容与形式,但都遵从新闻播音语言质朴无华、准确清晰、简洁明快、平稳顺畅的审美和声音形态特征。这三种新闻有声语言样态在实际节目制作中是综合运用的,例如,在一档中央电视台《新闻联播》中,可能既有宣读式,也有播报式和谈话式。而在同一新闻专题或现场报道中,亦可能包含播报式和谈话式。

一、宣读式

宣读式又称播读式,是一种与日常生活语言差距较大的声音形态样式,适宜一些必须郑重宣告而不允许做口语化处理的稿件,适用范围较窄,仅适合某些特殊体裁或题材(如公告、通告、讣告、命令、名单、简历、条文、电文等),是纯粹书面语的有声化,必须一字不差地照原样播出。宣读式对播音员的有声语言功底要求较高,都是由资深的专业播音员进行播读。

二、播报式

播报式又称播讲式,是一种较为接近日常生活语言的声音形态样式,在当前新闻播音中使用最多。除个别需要宣读的特殊稿件以外,大多数新闻稿件均使用播报式。它是一种半书面语、半口语的语言样式,"既带有报告新闻的振奋、准确和简捷,又吸收自然语式的轻松和自如"。①

三、谈话式

谈话式又称说新闻,是一种运用广泛的常态声音形态样式,主要在记者的现场采访报道、新闻节目主持人的串联语、新闻评论以及新闻综述中使用。它在不失新闻语言准确、简捷的基础上,有着日常说话般的自然与亲和。

以上三种新闻节目播音主持的有声语言形式将在后面具体章节中详细论述并加以训练。

第四节 全媒体时代新闻节目主持人发展方向

一、全媒体时代新闻节目主持人面临的挑战

伴随着信息社会不断发展,新兴媒体影响力越来越大。2019年2月28日,

---

① 高蕴英. 教你播新闻. 北京:中国广播电视出版社,2005:166.

中国互联网络信息中心（CNNIC）发布第 43 次《中国互联网络发展状况统计报告》。报告显示，截至 2018 年 12 月，我国网民规模 8.29 亿，其中手机网民占比达 98.6%，互联网普及率达 59.6%。新闻客户端和各类社交媒体成为广大受众特别是年轻人的第一信息源，而且每个人都可能成为信息源。"全媒体不断发展，出现了全程媒体、全息媒体、全员媒体、全效媒体，信息无处不在、无所不及、无人不用，导致舆论生态、媒体格局、传播方式发生深刻变化。传统媒体和新兴媒体不是取代关系，而是迭代关系；不是谁主谁次，而是此长彼长；不是谁强谁弱，而是优势互补。"[1]

随着科技的发展，传统媒体也正回应时代的挑战努力。在这场变革中，节目主持人的地位和作用受到前所未有的挑战。三十多年来，主持人传播模式被铺开以后，中国广播电视节目的形态感与之休戚与共，培养了中国受众对主持人节目的依赖感和欣赏习惯，但也埋下了不同程度的审美疲劳，千篇一律的同质化竞争使业界、学界及公众都开始审视主持人的传播模式。人们对主持人的表现趋于理性，不再热捧，而是更加注重节目的内容和质量。

2013 年，"互联网＋"思维方式迅速影响着广播电视等传统媒体。媒介融合、自媒体、全媒体、公民记者、网红主播等中国社会发展的高频度热词一夜间淹没了主持人的风头。"移动性、伴随性、即时性、链接性使大众很容易省略主持人的作为而直接获得资讯和信息，方便、快捷的可触及性，改变着公众接收信息的方式和信息消费观念。"[2]媒介资源重新洗牌、信息资源整合与配置、大众消费心理变化、社会变迁等因素都促使当今新闻节目主持人认真思考和提高自己的素质与能力。

有学者将网络主播称为"新媒体主持"，其特点是互动性和链接性强，注重即时反馈，更加多元化，其不一定是专业院校科班出身，跨界主持日益增多。表面上看，"主持"似乎变味儿了，但实际上仍在进行，这是因为内容生产的必须性及内容为王的决定性。虽然技术进步降低了主持门槛，但主持的空间扩大了，记者

---

[1] 习近平. 加快推动媒体融合发展构建全媒体传播格局. 求是，2019(6)：4-8.
[2] 叶昌前. 历史的回顾与发展——中国节目主持人 30 年. 播博汇. https://mp.weixin.qq.com/s/DpidtyAPA2atLY_x_WpXhQ.

担当主持的心理压力也降低很多。传统意义上的"受众"日渐成为"用户",其使用行为也成为内容传播的一部分。未来,传播方式的演进是大势所趋,主持更多的是体验,由于用户参与式的生产流程,使得主持人更具创造性,选择权变大,形成系统化的信息加工态势明显。

其实在新媒体中,新闻播音主持技巧实务并没有大的改变,只是平台的变化和链接等技术的应用。随着"新媒体主持"而涌现的关键词是:网络主播、用户、网红、体验、品牌、链接、互联、人格输出、意见领袖,等等。而真正走进新媒体、制造影响力的主持人恰恰是传统媒体人。"新媒体如同一针打在主持人身上的催化剂,强制般地赋予其人格方面的某些魅力,'主持'更加'人化',人本身的个性、思想、才华、经验、知识、学养、灵气、悟性等因素会绑定在主持人的一切主持行为上。"②

二、创新提质、价值突破——全媒体时代新闻节目主持人发展方向

"网络时代,用户成为传播的主导型力量,过去专业的新闻业已经变成了一个人人都可以做的社会化的行为,每一名受众在每一个环节都可以增添新的情感、新的意义,每一名受众都可以对新闻的意义进行抢夺,新闻就像俄罗斯套娃一样,不断丰富,同时也不断变形。任何一个时代,都需要有效、有价值的信息传播,专业媒体在融合时代更要坚守专业。"①

不管时代怎么发展与更迭,主持人节目这种传播模式依然有其生命力,因为它符合传播规律。在大众传播中,"人"的因素无论如何强调都不为过。关键是要建立一种好的机制和模式,培养和锻炼主持人,让主持人更好地展现内容风采。因此,既要以培养特定专业人才的思维方式和操作体系来培养新闻节目主持人,又要时刻牢记记者的初心,避免刻板与同质化倾向,在夯实知识、技能的同时,还要积极投身社会生活,丰富阅历和经历,才能在主播台前、采访现场压得住阵脚。

"融媒体"时代,也许人人都可以做"记者",但成为一名优秀记者依然不容

---

① 刘鹏.关于"媒体融合"这16大观点很有料.网络传播. https://mp.weixin.qq.com/s/VbL46QcbgMrTZbtF64A0Fg. 2019-11-07.

易。媒体行业的飞速变化对新闻工作的专业性提出了哪些更高要求？"互联网+"思维给记者带来怎样的语言、思维和行为方式的变化？"融媒体时代做一名优秀的记者要从'角度''速度''深度'这'三度'出发"[①]，精进文笔，敏感地捕捉新闻点，熟练掌握媒体行业所需的新技术、新能力，不断修炼与精进自身的职业素养。

在角度层面，记者的采访角度要更细化，同时，要进一步提升新闻报道的速度。过去，科学技术尚不发达，电视媒体装备重，流程上往往按部就班，总体速度快不起来。而在融媒体时代，记者应勇于实践，不断提高思维的敏感度、行动的敏捷度、新技术的娴熟度，以最快的速度完成新闻报道任务。随着"公民记者"的出现，对于记者功力的真正考验越来越体现在深度报道上，思想格局的宽度、思考的厚度以及报道内容的专业度等都体现着新闻报道的深度。

随着人工智能的普遍应用，新闻主播已受到人工智能的挑战。凤凰卫视主播吴小莉认为："像主播这样从事智力+体力的工作者，会被人工智能所取代吗？"她甚至拉起记者的手触摸自己的手背，然后表达了自己的观点："机器人会替代我的体温，但不会替代我说话的温度。"

总之，新闻节目主持人应勇敢面对时代变化和技术发展带来的种种挑战，无论是主播还是记者型主持人，本质上都是以主持人的方式在做记者，它的起点和终点，都应该是追求做一名优秀的记者。一方面在精通各种实务的基础上提档升级，提升综合能力；另一方面要追求个性化，形成鲜明的个性标识。同时，应牢记为公众服务的初心，不把追求出名作为目标，真诚而创造性地完成报道任务，才能真正为公众和历史记住。

延伸阅读

专业杂志及相关网站：

《现代传播》《新闻与传播研究》《国际新闻界》《新闻大学》《当代传播》《中国广播电视学刊》《电视研究》等。

[①] 滕俊杰."多媒体时代新闻记者的'三度'修炼"演讲.同济大学.2018-12-4.

1. 中华传媒网 http://www.mediachina.net.
2. 中国新闻传播学评论 http://www.cjr.com.cn.
3. 中国传媒学术智库 http://www.zeview.com.
4. 《新闻记者》http://xwjz.eastday.com/.
5. 新华传媒 http://www.xinhuanet.com/newmedia/.
6. 人民传媒 http://media.people.com.cn/.
7. 慧聪网.报刊资讯行业 http://www.media.hc360.com/.
8. 中国人民大学新闻与社会发展研究中心 http://research.ruc.edu.cn/xw/index.asp.
9. 南京大学网络传播研究中心 http://www.cmcrc.com.cn/gb/index.htm.
10. 清华大学国际传播研究中心 http://www.media.tsinghua.edu.cn/.
11. 传播学论坛 http://ruanzixiao.myrice.com/.
12. 新传播资讯网 http://www.woxie.com/.
13. 五洲传媒网 http://www.cn5c.com/new/.
14. 中国新闻研究中心 http://www.cddc.net/.
15. 财经新闻研究 http://www.fenews.pku.edu.cn/.
16. 传播研究网 http://www.mediaresearch.cn/.
17. 现代传播评论 http://www.chinamediastudies.com/.
18. 中国媒体资讯网 http://www.cmni.com.cn/.

课后作业

1. 借阅专业书籍杂志，浏览相关网站，将其加入自己的收藏夹。
2. 如有需要，与任课教师邮件沟通本人对这门课程的个性化需求。

第二章
有声语言表达基本技巧

西方沟通学家把声音称为"沟通中最强有力的乐器"。对主持人来说,他们的声音不仅传递"信任、成熟、可靠"的信息,也是保证收视率的原因之一。

在进行训练之前,可录制一段自己的话,自行或邀请朋友检测以下七点,并根据检测结果在本章及以后的学习中刻意进行练习和矫正。

(1)语调是否抑扬顿挫。平淡、乏味的语调如同念经文一样催人入眠。

(2)声调是否太高或太低。高尖的声音会刺激人的神经,令人反感,过于低沉的声调则缺乏生气。

(3)音量是否太大或太小。太大的音量会让人头痛,令人感到咄咄逼人,太小的音量则听起来费劲,还显得没有权威。

(4)速度是否太快或太慢。太快听不清楚,也显得不稳重,太慢容易让听者失去兴趣和耐心。

(5)话语中间是否留下停顿,让听者有反应的时间,也可强调重点。

(6)是否有地方口音。应尽量避免地方口音、发音错误等。

(7)是否有口头禅。应尽量用准确精练的语言表述,避免"口水话"或口头禅。

第一节 普通话语音

一、普通话基础知识

普通话是以北京语音为标准音,以北方方言为基础方言,以典范的现代白话文著作为语法规范的现代汉民族共同语。中华人民共和国要求广播电台和电视台以普通话为播音用语,播音员和节目主持人的普通话水平要达到一级,其中国家级和省级广播电台、电视台的播音员、节目主持人的普通话水平应达到一级甲等。

(一) 普通话语音特点①

普通话的特点是简单、清楚、表达力强,主要表现在以下五个方面。

(1) 北京语音音系比较简单,音节结构形式较少。

(2) 音节中元音占优势,清声母多,听觉上感到清脆、响亮。

(3) 声调系统比较简单,变化鲜明,四个声调的调值高音成分多,低音成分少,使语音清亮、高扬,且具有高低抑扬的音乐色彩。

(4) 音节之间区分鲜明,使语音具有节奏感。

(5) 词语的双音节化,词的轻重格式的区分以及轻声、儿化的使用使语言表达作用更加准确、丰富。

(二) 方言及地方口音

普通话的规范程度通常称为语音面貌。良好的语音面貌是语言传播工作的前提,以保证信息传播的准确与通畅。我国是多方言国家,幅员辽阔,各地区方言在语音、词语方面差异很大。作为在媒体上发布的语音信号,必须准确规范,无论是播音员、主播、记者型主持人还是评论员,语音面貌必须规范。因此,作为新闻节目主持人,必须具备良好的普通话语音面貌。

1. 方言

方言(dialect)在非正式用法中,表示一种既基于地域差别又基于社会地位不同而产生的特殊语言,是一种在发音、用法和语法结构上与理论上的标准语言有明显变化的语言。通常认为方言既与地理位置的不同有关,也与说话者的社会地位造成的差别有关。

2. 地方口音

地方口音(regionalism)是一种语音形式,带有特定地理位置的特征。地方口音通常是演播者的障碍,即使是身处导致他们产生口音的那个地区,也应该注

---

① 吴弘毅.实用播音教程第1册:普通话语音和播音发声.北京:北京广播学院出版社,2002:5.

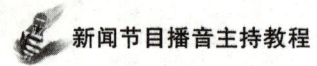

意语音标准规范。

从地理区域来讲,我国有北方方言、吴方言、湘方言、赣方言、闽方言、粤方言、客家方言七大方言区,每个方言区的各地方方言又有差异。

为获得纯正的语音面貌,首先要评估自己的普通话水平,分析自己所属方言与普通话的异同,特别是找出声母、韵母、调值方面的系统差异,有的放矢进行针对性的强化训练。比如湖北省,大部分地区没有后鼻韵母 ing, ang, eng, ong;声母系统中没有翘舌音 zh, ch, sh, r;没有鼻音 n。

(三) 语流音变、词的轻重格式

经过多年的推广普通话工作,大部分人在普通话的声母、韵母、调值方面具备了一定基础,但语流音变和轻重格式往往成了训练难点。

1. 语流音变

语流音变是在语流中由于受到相邻音节的相邻音素的影响,一些音节的声母、韵母、声调会发生变化。普通话中最典型的语流音变是轻声、儿化、变调和语气词"啊"的变化。语流音变中语音的变化比较轻微,应注重在日常生活中长期积累。以下省略变调、"啊"的变化,仅介绍轻声和儿化韵。

(1) 轻声

普通话中每个音节都有其声调,可是在词语或句子中有些音节常常失去了原来的声调而念成了较轻、较短的调子,称为轻声。比如,哥哥、先生、萝卜、行李、丈夫、耳朵等词语的后面一个音节即为轻声。

(2) 儿化

儿化又称儿化韵,是普通话和某些汉语方言中的一种语音现象,即词的后缀"儿"字不自成音节,而同前面的音节合在一起,使前一音节的韵母成为卷舌韵母。练习时注意体会儿化韵亲切、可爱的语气,生活气息浓厚的特点。儿化韵发不好会给人普通话说得很奇怪的感觉。例如:

进了门儿,倒杯水儿,喝了两口儿运运气儿,顺手儿拿起小唱本儿。

唱一曲儿,又一曲儿,练完嗓子我练嘴皮儿。

绕口令儿,练字音儿,还有单弦儿牌子曲儿,小快板儿,大鼓词儿,越说越唱我越带劲儿。

2. 词的轻重格式

在普通话及各方言中,双音节词或多音节词中每个音节的轻重强弱都不同。造成这种变化的原因,除了音节与音节之间声调的区别外,还有词或词组的每个音节在音量和音强上的不均衡,也就是说,各个音节有着约定俗成的轻重强弱差别,称为词的轻重格式。词的轻重格式对于南方人学习普通话尤其是一个难点,实际上是大脑语言中枢普通话语音轻重格式系统长期积累的过程。解决轻重格式的办法主要是多听,形成下意识的正确语感,而不是在句子表达遇到问题时再来寻找规则。

练习词语中的轻、中、重都是在音强、声音时值方面相对而言的。

(1) 双音节词的轻重音格式

中重格式。例如:理论,当代,自然,烟火,信奉,出版。

重中格式。例如:情感,父亲,颜色,价值,声音,形象。

重轻格式。例如:力气,唠叨,痛快,清楚,灯笼,行李。

(2) 三音节词的轻重音格式

中中重格式。例如:天安门,科学院,展览馆,播音员,护身符。

中重轻格式。例如:过日子,拿架子,卖关子,拉关系,牛脾气。

中轻重格式。例如:吃不消,大不了,对不起,说得来,数得着。

(3) 四音节词的轻重音格式

中重中重格式。例如:五光十色,丰衣足食,日积月累,龙飞凤舞,移风易俗。

中轻中重格式。例如:奥林匹克,二氧化碳,集体经济,马马虎虎,大大方方。

重中中重格式。例如:面如刀割,惨不忍睹,义不容辞,美不胜收,一扫而空。

二、改善普通话语音面貌的途径及练习方法

语音的规范体现在声母、韵母、调值三个方面,语言的规范体现在语音、词汇、语法三个方面。张颂强调有声语言表达是"口耳之学",在学习发音技能时不仅要"知道"还需"做到",必须通过大量、反复的发音"刻意练习",才能建立良好

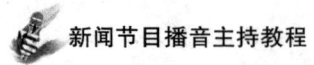

的普通话语音面貌。实践证明,只要方法得当,勤奋练习,大部分人可以在较短时间(3~6个月)内明显提升普通话语音面貌。具体有以下六个方面。

(1)建立正确的普通话观念、普通话思维,养成平时说普通话的习惯,并时刻注意矫正语音。

(2)提升语感。多听语音标准的朗读作品、演讲或新闻,观摩相声、朗诵节目等,提高对声音的辨析能力,克服"港台腔"和"学生腔",多跟普通话好的同学、朋友进行口头交流。

(3)教师讲解示范,强化易错字、词的辨音纠正,使学生明确并掌握正确的发音部位和发音方法。

① 发音部位:发辅音时,口腔对气流构成阻碍的部位。普通话中22个辅音音素的发音部位共有7处,即双唇阻、唇齿阻、舌尖前阻、舌尖中阻、舌尖后阻、舌面阻和舌根阻。

② 发音方法:发辅音时,呼出气流破除发音部位所构成阻碍的方法。普通话中22个辅音音素的发音方法可分为塞音、擦音、塞擦音、鼻音和边音五种。

(4)积极参与课堂发声练习,方便教师根据每个学生存在的问题给出解决办法,从语言理论出发,主动寻找规律,再进行有的放矢的刻意练习。

(5)小组式练习,学生之间互相听音、辨音。

(6)课后做朗读录音练习,练之前将 zh, ch, sh, r, en, eng, in, ing 等易错的声韵母标出来。课堂讲评录音或小组内点评。

三、易错的声韵母系统针对性练习

(一)组词练习方法

练习时常常会遇到单字能念对,却在表述组词和语句时容易念错。练习方法:用一个字组五个词,每个词反复说三遍,然后再用这些词分别造句。例如:城,可先组成城市、攻城、城堡、城建、城乡等词,每个词说三遍,再用这些词分别造句,在语流中练习。

(二)绕口令练习方法

绕口令既可以锻炼发音器官的灵活性,又可辨正语音,还可以练习吐字归音、气息、口腔控制等多种技能,既可进行针对性的练习,也可进行综合性的练习。

(1) 绕口令不要"为练而练",也不要什么绕口令都练,应有针对性地根据自己方言语音系统与普通话不同的地方选取相应的绕口令进行练习。

例如:方言韵母系统中没有 eng,ing 的,可以练习:

东洞庭、西洞庭,
洞庭山上一根藤,
藤上挂个大铜铃,
风吹藤动铜铃响,
风停藤定铜铃静。

又如:方言声母系统中没有翘舌音 zh,ch,sh 的,可以练习:

史老师,讲时事,
常学时事长知识。
时事学习看报纸,
报纸登的是时事。
常看报纸要多思,
心里装着天下事。

(2) 对于把握不好的绕口令要多练勤练。练习时先诵读一遍,找到问题所在,由慢到快,无论快慢都要吐字清晰。一定先慢练,慢练比快练更重要,慢练是声母、韵母、声调延展性的练习,要求声、韵、调都要发得清楚,不能模棱两可、似是而非。在慢练中逐渐减少结巴、吃字、丢音等现象,做到准确无误后再分层级加快,一般可用三个速度逐级练习。

(3) 绕口令练习必须背诵,在大脑语言中枢形成记忆,口部肌肉下意识按照新的运动方式完成字的发音过程,才能达到好的效果。

(4) 与气息训练结合练习。绕口令速度的快与慢、力度的强与弱、节奏型的变化等都与气息的调集和运用密切相关,将语音、吐字和气息结合起来训练,可以起到事半功倍的效果。

(5) 注意内容意思的清晰表达,注意增强练习的趣味性,让绕口的语句变为

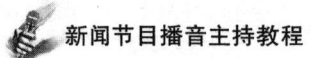

有意味、有趣的语言段子,这样才能养成"我口说我心"、播报主持"走心"的良好习惯。

(三)其他练习方法

可以根据自己的情况借鉴一些个人发明的个性化练习方法。例如:

前鼻音,真(zhen)容易读成 zhn,丢失 e 的发音,可以先读 zhe,在此基础上加一个鼻音 n。

后鼻音,英(ying),南方学生易读成 yng,不注意 i 的过渡,可以尝试稍微拉长 i 的发音,缩短后鼻音 ng 的时值,不会显得生硬。

四、古诗词朗读练习

下面这首诗可以单独练习,也可以双人练习或多人练习,增加练习热情和趣味。

中 秋 赋

梅隆雪川

故乡月色,今夜最难描摹。问天涯倦客,举杯时,可认得伐桂吴刚,捣药玉兔,奔月嫦娥?五千年一轮满月,九万里四方山河。放天灯,舞火龙,踩高跷,撒豆沫,拜中秋沧海明月,祭银汉长虹卧波。乡情酿酒醉故人,说不够销魂往事,岁月蹉跎。从来是丹桂飘香,离散游子,悄然动情把乡恋揉破。却哪堪乌鸣秋涧,夜静秋山,菊品秋韵,亲人梦断说离合。

陶渊明喻月曦皇上人,李太白邀月对影长歌,苏东坡赏月把酒问天,曹雪芹吟月红楼独坐。月到中秋,乡音或听江南语;情重团圆,故土还邀塞北客。且喜玲珑秋月,给神州一杯醒酒:炎黄儿女,盼天下万代祥和。读懂满月就是读懂团圆,拥有中秋方能拥有祖国。渔舟宜唱晚,一泓秋水生白露;玉人教吹箫,三秋桂子花雨落。携手南北东西,挽臂海内海外,中秋夜,共人间悠悠唱和。

古典诗词由于语句短小,具有严格的平仄对仗,又有押韵,尽显汉语的音韵美,因而对于普通话语音的声母、韵母、调值都有很好的练习效果。练习时,一方面需注意用较慢速度大声将音节颗粒清楚地读出,特别是对于押韵的韵脚音节要读得饱满。另一方面,要具有综合训练意识,注意唇舌力度,要求吐字清晰有力,还应结合诗作描摹的情景、意境进行合理想象,言有所指,情有所动,这也为在话筒、镜头前播报找到与对象的交流感打下基础。

五、普通话水平测试及练习

普通话水平测试分为三级六等,国家新闻出版广电总局对播音员主持人上岗的要求是普通话水平达到"一乙"(一级乙等)。测试项包括单音节字词、多音节词语、判断测试、短文朗读和说话。总的要求是:朗读和自由交谈时,语音标准,词语、语法正确,语调自然,表达流畅。要在测试中达到较高水平,不仅要做到语音标准,还应注意短文朗读、说话时的意群清晰、自如流畅、感情色彩和交流感饱满自然等。

如今普通话水平测试大多是由计算机辅助完成的,也就是说,单音节字词、词语、判断测试、短文朗读由计算机测试,说话部分由测试员根据录音评判。测试时应做到注意力集中、沉着冷静,发声音量适中、吐字清晰、语速适当。尽量避免错读,音量一般为两三人之间正常交谈的音量,试音和考试过程中音量应保持一致。

(一)单音节字词

练习提示:共100个音节,限时3.5分钟,"漏读"按字扣分,如果有个别字读错后重复读一遍,计算机系统会自动进行识别,不会因为一个字的重读而影响整体评分,但不要每个字、词都重复读。考查重点是声母、韵母、调值的准确度。

读单字时尤其要注意发音清晰度和颗粒感,吐字清晰完整、归音到位,注意调值的准确,可以适当延展,但要自然。多音字按照括号里给出的词例读音。提前练习时可以计时,找到合适的速度,总体速度要一致,从容稳当,不要忽快忽慢。例如:

笋,龙,份,剖,法,浪,垒,味,好(好比),色(色彩),
痕,饭,疮,焕,除,英,辖,港,降(降低),挑(挑战),
酿,魔,拜,挺,氅,扭,笑,蛆,尽(尽管),上(上级),
标,恰,民,第,胸,括,眠,肺,卷(卷尺),载(载重),

拨,簇,诣,移,璨,网,坠,瓜,种(种地),开(开办),
庆,篇,逆,丢,努,舱,总,税,宁(宁静),转(转悠),
拐,姿,草,栋,寻,纫,吼,叉,着(着手),陆(陆地),
腔,巨,层,顿,柔,阅,蹄,扁(扁担),炮(炮弹),都(都是),
渴,霍,插,鹅,增,探,泽,冲(酒味很冲),漂(漂泊),别(区别),
日,昂,苤,贰,常,僧,内,广(广播),盛(茂盛),扫(扫地)。

(二) 词语

练习提示：共100个音节,限时2.5分钟,"漏读"按字扣分。有个别词读错后重复读一遍,计算机系统会自动进行识别,不会因为一个词的重读而影响整体评分,但不要每个词都重复读。考查重点是轻声、儿化、变调,应注意轻重格式,做到调值、音节变化自然鲜明。在保持发音清晰度和颗粒感的基础上,注意词语的完整性,也就是说,读出的感觉应该是词语,而非两个字或三个字。例如：

公顷,联合,水稻,馅儿饼,分母,小麦,口哨儿,苍凉,舍得,足以,
年成,还原,数学,当铺,栏杆,节奏,叛变,哑场,经理,围嘴儿,调运,
代劳,救灾,夹杂,出访,做活儿,个子,答案,泥金,主张,外电,只是,
飞毛腿,抄写,造句,崇高,旅客,雄健,齿轮,脑儿,褴褛,形态,体会,
下班,反面,复习,海关,气温,本人,前途。

(三) 短文朗读

练习提示：400个音节,限时4分钟,"漏读""回读"按字扣分。语音纯正、语调自然、语速适中,正确运用停连、重音、语气、节奏的表达技巧,语意清晰明白,感情基调准确,有一定的感情色彩。应有对象感,练习和测试时想象自己是面对着朋友在说话,帮助自己进入自然交流状态。例如：

三百多年前,建筑设计师莱伊恩受命设计了英国温泽市政府大厅。他运用工程力学的知识(zhī shi),依据自己多年的实践,巧妙地设计了只用一根柱子支撑的大厅天花板。一年以后,市政府权威人士进行工程验收时,却说只用一根柱子支撑天花板太危险,要求莱伊恩再多加几根柱子。

第二章 有声语言表达基本技巧

莱伊恩自信只要一根坚固的柱子足以保证大厅安全,他的"固执"(gù·zhí)①惹恼了市政官员,险些被送上法庭。他非常苦恼,坚持自己原先的主张吧,市政官员肯定会另找人修改设计;不坚持吧,又有悖(yǒu bèi)自己为人的准则。矛盾了很长一段时间,莱伊恩终于想出了一条妙计,他在大厅里增加了四根柱子,不过这些柱子并未与天花板接触,只不过是装装(zhuāng zhuang)样子。

三百多年过去了,这个秘密始终没有被人发现。直到前两年,市政府准备修缮(xiū shàn)大厅的天花板,才发现莱伊恩当年的"弄虚作假"。消息传出后,世界各国的建筑专家和游客云集,当地政府对此也不加掩饰,在新世纪到来之际,特意将大厅作为一个旅游景点对外开放,旨(zhǐ)在引导人们崇尚(chóng shàng)和相信科学。

作为一名建筑师,莱伊恩并不是最出色的。但作为一个人,他无疑非常伟大,这种//伟大表现在他始终恪守(kè shǒu)着自己的原则,给高贵的心灵一个美丽的住所:哪怕是遭遇到最大的阻力,也要想办法抵达胜利。

——节选自游宇明《坚守你的高贵》②

语音难点词:

受命,英国,工程,支撑,政府,进行,

几根,自信,保证,市政官员,肯定,

增加,云集,新世纪,引导,相信,

心灵,胜利。

(四)说话

练习提示:任选一个话题,限时3分钟,说话项由测试员根据录音评判。虽然3分钟在日常生活中转瞬即逝,但测试时说满3分钟却常会成为一些学生的障碍。有的说着说着就没话说了;有的说话声音越来越小,像说悄悄话,影响录音效果。应事先对说话的30个题目做充分准备,将题目作适当归并,针对题目做板块结构、关键词等的准备。测试时应按题目要求讲述,注意词语、语法的正

---

① 一般轻读、间或重读的音节,拼音加注调号,并在拼音前加圆点提示。
② 国家语言文字工作委员会普通话培训测试中心.普通话水平测试实施纲要.北京:商务印书馆,2005:370.

确规范,不要随意,如有背稿子、离题、不断重复、缺时等现象,都会被扣分。应有对象感,练习和测试时想象自己是面对着朋友在说话,帮助自己进入自然交流状态。

普通话练习既要在一段时间进行集中式提高训练,也要长期坚持不懈保持自己的普通话语音面貌;既要注重对语音训练材料的单项练习,也要注重平时在朗读、说话、采访、解说等过程中的检测、修正和提高。普通话语音训练材料见本书附录一。

应该看到,语言在具体使用时是动态的,特别在现场采访或访谈中,受众在接受语言信息时有一定的容错率,有些表达虽不规范,但因为约定俗成,观众也明白是什么意思。例如,"我有做功课啊!"这句话的表达并不规范,观众却能听得懂。同时,对记者来说,普通话的要求主要是语音规范,表达清晰,并非要求像专业播音员或演员那样吐字如珠,字正腔圆。作为记者型主持人,要把注意力放在内容的清晰表达上,语音不能成为羁绊。

第二节 语言发声基本技巧

语音与发声二者有关联,但不能完全画等号。普通话语音规范,不等于发声方法就一定科学。

语音辨识和发声能力有个体差异,这也是选拔专业有声语言工作者的生理依据。语音的辨识能力主要牵涉耳朵的听感和大脑相关区域对声音细微差异的辨识能力。发声能力对个体来说,受制于肺活量、喉部,特别是声带、舌、牙齿、口腔的生理结构特点,如舌头肌肉的灵活度、牙齿的整齐度、口腔的开度等,表现在吐字的清晰度、力度和发声效率呈现个体差异,即生活中的声音大小、清晰与模糊的区别等。有的人天生具有发声优势,有的人因为学过声乐,有较好的共鸣,能够主动运用呼吸技巧增强发声能力、减轻声带负担,而大多数人需要学习和主动训练发声。

理论研究和实践证明,语言发声能力可以通过训练得到矫正和强化。对于专业主持人来说,工作中面临大量需要口头传播的新闻信息;担负现场报道的记者,报道地点经常在嘈杂的室外,要将语言信息传递清晰。这些都需要具备较强的吐字发声能力,如灵活有力的唇舌、对气息的运用能力等。可以通过科学的发声方法拓展喉的发声能力,加大气息支撑、声音强度和吐字力度,提高发声综合效率。

一、呼吸控制

呼出的气息是人体发声的动力。"会用声的人用气息,不会用声的人使本钱",科学的呼吸方法不仅能增强发声效率,而且可以有效保护发声器官免受损伤。

播讲用声的特点决定了对气息控制的要求。信息内容多、音节多,且不需要大的音量和音强,也没有情感跌宕起伏的需求,因此整个呼吸过程做到稳、劲、匀很重要,使气息顺畅、均匀,深浅适中,运用自如。要学会短时无声吸气,并达到较持久地进行控制,保持较为稳定的气息压力。

要做到这一点,需学会使用胸腹联合式呼吸法,运用丹田的力量进行呼吸调节。"丹田"一词源于道家,这里指脐下二、三指间,丹田气是我国传统戏曲声乐艺术描述呼吸方法的术语,意即现在的胸腹联合式呼吸法。

(一)胸腹联合式呼吸法原理

人的呼吸器官由呼吸道、肺、胸廓和有关肌肉、横膈膜和腹部肌肉组成。呼吸方法一般可分为胸式呼吸、腹式呼吸和胸腹联合式呼吸。

"胸腹联合式呼吸法并不是简单的胸式呼吸法加腹式呼吸法,而是指胸、腹所有呼吸器官都参与了呼吸运动,使胸廓、横膈膜及腹部肌肉控制呼吸的能力得到合作,不但扩大了胸廓的周围径,而且扩大了胸腔的上下径,因而能吸入足够的气息,使气息的容量增大。另外,由于能够稳定地保持两肋及横膈膜的张力和来自小腹的收缩力量所形成的均衡对抗,有利于形成对声音的支持力量。这种呼吸方法气息的容量大而且容易控制呼吸。"[①]

运用胸腹联合式呼吸法给人总的感觉应该是:随着气流从口鼻同时吸入,两肋向两侧扩张,同时腰带感觉渐紧,小腹控制渐强。呼气时,保持腹肌的收缩

---

① 吴弘毅.实用播音教程第1册:普通话语音和播音发声.北京:北京广播学院出版社,2002:261.

感,以牵制膈肌与两肋,使其不能回弹。随着气流的缓缓呼出,小腹逐渐放松,但最后仍要有控制的感觉。而膈肌和两肋则在这种控制的感觉下,逐渐恢复自然状态。

练习时可用"狗喘气"等方法先找到横膈膜参与呼吸运动的感觉,然后进行吸气和呼气练习。体会胸腹联合式呼吸方法时,要平心静气,把思维清零,开发身体原本的知觉,感受气息的运动方式。通过多次练习,熟练掌握后,即可变成一种习惯性的呼吸方式。

吸气要领:

(1) 吸到肺底,深吸气。(设想自己很饿、闻花香)

(2) 两肋打开。

(3) 腹壁站定。指随着吸气,小腹随两肋的打开而打开,腹肌从松弛状态渐渐绷紧站定,也就是腹壁保持住,坚持一下不要迅速收缩,腹肌有意识地向"丹田"集中。

呼气要领:

稳劲、持久、自如,用撮口吹尘土、吹口哨等体会,将气徐徐"吹"出,要求气流匀速、缓慢、量小集中。

胸腹联合式吸气、呼气状态如图 2-1 所示。

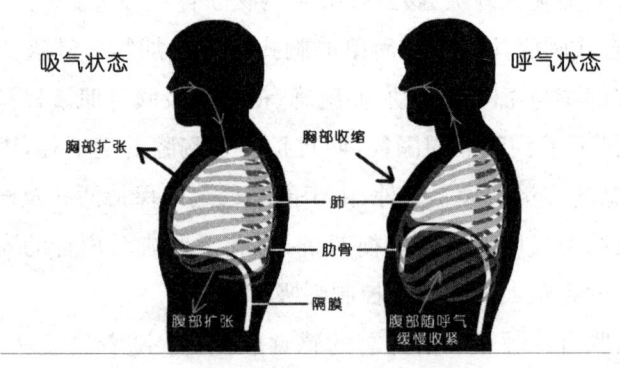

图 2-1 胸腹联合式吸气、呼气状态[1]

---

[1] 本书所用图示由饶子沐绘制。

胸腹联合式呼吸时力的示意如图2-2所示。

胸腹联合式呼吸

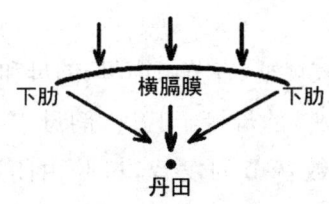

图2-2 胸腹联合式呼吸时力的示意图

(二)加大气息支撑练习

长音"a"的练习,"hei""ha"间断及连续发声,跟着钢琴练mememe、mamama等练习,以游泳、跑步等运动提升肺活量。

正确发声关于气息的总体感觉是:气息下沉,喉部放松,不僵不挤,声音贯通。关键是要会运用,气息要吸得深,发声时像气球放气的感觉,匀而慢,从而支撑有声语言信息的顺畅播出。

综合气息练习:可用绕口令《数枣》《六十六岁的刘老六》等来训练,也可用唱歌来训练,如歌曲《嘎达梅林》《半个月亮爬上来》等。

掌握科学的呼吸发声方法不仅有利于增强有声语言表达的效率、提升嗓音的耐久性、增强工作的持久性,而且对于身体保健也有好处,享受工作的过程中也能关爱自己。

二、口腔控制

播音主持发声在话筒前进行,要求语音清晰、语意明晰。对音量的要求并不高,但对清晰度、吐字轻巧要求很高。新闻节目主持人的稿件和主持内容主要是信息,情感成分低,因此要特别加强吐字训练,加强舌头特别是舌尖灵活度的练习,从而在播讲中对于大量文字内容能够应对自如。

播音发声对吐字的要求为：准确、清晰、圆润、集中、流畅，该要求是基于汉语吐字"字正腔圆"的传统审美观念。准确，指字音准确规范，也就是"字正"；清晰，指字音清晰；圆润，指字音饱满动听，也就是"腔圆"；集中，指声音集中，易于入耳，打动人心。话筒接收声音具有方向性，声音集中，则事半功倍。流畅，指吐字灵活自如、轻快流畅。对于记者型主持人，在吐字的圆润度方面不做过高要求，但其他四个方面的要求与播音员一样。

（一）汉语音节结构特点[①]

（1）汉语音节结构比较规整，音节由声母、韵母和声调三个部分组成。

（2）音节多以声母开头，韵母接于其后，韵母中又以舌位滑动的复合元音韵母、鼻韵母占多数。多数音节的发音，口腔由闭而开再到闭，两头小中间大，响亮的主要元音居中，汉语音节构成的这一特点是吐字圆润如珠的客观基础。

（3）汉语是有声调语言，每个音节都有自己音高的升降曲直形式，本身带有音乐性，极富抑扬之美。

（4）韵母有"四呼"之分，"四呼"的划分与唇形的圆展直接相关，它们之间有着对应关系，因此唇形在汉语吐字中相当重要。如果该撮口的音不撮口或撮口得不够，就会造成字音不纯正，轻则影响字音的准确，重则导致词意的混淆。

从以上汉语音节结构特点的分析可以得出结论：汉语的音节规整、明晰，颗粒度强，音形优美而富于表现力，它对吐字发音提出了较高的独特性的要求。

（二）吐字归音

吐字归音是建立在汉语音节结构基础上的，并吸收了我国传统戏曲说唱艺术的发音技巧。它对于各种不同语言活动具有普遍意义，戏曲、说唱艺术、话剧、影视表演、播音、主持、日常语言交际等，虽然在发音技巧的力度、幅度上略有区别，但总的原理是一样的。

汉语中声母是字音准确的基础，韵母是字音响亮的关键，声调是字音抑扬的核心。吐字归音虽是一种传统的吐字发音技巧，却能将这三者统一起来，因此，其吐字原理和技巧训练方式一直沿用至今。

[①] 吴弘毅.实用播音教程第1册：普通话语音和播音发声.北京：北京广播学院出版社，2002：303。

1. "头腹尾"说

音节发音的"头腹尾"说是吐字归音理论的精髓,它将一个音节分为字头、字腹、字尾三个部分,其与当代汉语音节分析的对应关系如表2-1所示。

表2-1 汉语音节分析的对应关系

例字(类型)	字头	字腹		字尾
	声母	韵母		
		韵头(介音)	韵腹(主要元音)	韵尾
电(头腹尾全)	d	i	a	n
蛋(头腹尾全)	d		a	n
言(头腹尾全)		i	a	n
安(无字头)			a	n
碟(无字尾)	d	i	e	
大(无字尾)	d		a	
阿(无字头、字尾)			a	

汉语中相当多音节都可以用这种划分方法清楚地标示出字头、字腹、字尾,但也有一些音节不完全符合头腹尾划分法。例如,"阿"这个音只有一个元音,无字头、字尾音;又如,"巴"字,有字头、字腹,却无字尾。

2. 吐字归音要领

吐字归音将一个音节的发音过程分为出字、立字、归音三个阶段,并分别提出不同的要求,通过对每一阶段的精心控制,使吐字达到清晰有力、珠圆玉润的境界。

(1) 出字是吐字归音过程中对字头的处理,要求做到字头出字有力,叼住弹出。

在实际发音中,韵头和声母的结合更紧密,声母受到韵头的影响,零声母前要添加字头,"附加"的字头也应保持力度,做到出字有力。出字可以用以下声母歌来练习,特别要注意声母发音部位、发音方法准确度的体会和练习。

春日起每早，采桑惊啼鸟。风过扑鼻香，花开落知多少。①

此段歌词有 21 个音节，包含了普通话 21 个辅音声母。

东风破早梅，向暖高枝开。冰花索然去尽，春从天上来矣。

此段歌词有 22 个音节，包含普通话 21 个辅音声母，以及一个零声母。

（2）立字是吐字归音过程中对字腹的处理，要求做到字腹立字饱满，拉开立起。

（3）归音是吐字归音过程中对字尾的处理，要求做到字尾归音弱收到位，趋势鲜明。可以从歌唱练习中找到归音的感觉，如《半个月亮爬上来》《滚滚长江东逝水》等。

民间说唱艺人将吐字过程形象地描述为"枣核形"，它是指头、腹、尾俱全的音节吐字状态而言，合起来成为一个两头小中间大的"枣核形"。枣核形的说法体现了汉语语音发音吐字的特点，但要注意枣核形本身是一个整体，整个字音发音过程要有滑动感、整体感。同时，枣核形也不是一成不变的，而是随语流中音节的疏密、情感的变换而变化，并非时时处处刻意追求"枣核形"。播音发音源于生活语言的发音，幅度不能过大。

吐字归音对声调的分析比较简略，这是因为传统戏曲中唱腔部分已有自己的旋律，音节本身的声调要服从行腔的需要。但对于有声语言，声调有区别意义的作用，由于声调贯穿音节的始终，主要体现在韵腹上，声调仍应视为音节不可忽视的因素，后人有将声调称为"字神"，与字头、字腹、字尾并列。

吐字归音的练习顺序：

（1）单字的练习；

（2）词语的练习（注意轻重格式）；

（3）古诗词练习，字少，韵律要求高，内涵丰富；

（4）句段的练习。

也可以用记录新闻的方式练习，以能够记录的速度来读新闻，注意吐字的饱

---

① 吴弘毅.实用播音教程第 1 册：普通话语音和播音发声.北京：北京广播学院出版社，2002：25-26.

满度,不能拖调,感觉每个字都完整地念出来。

(三)韵母的"四呼"

汉语吐字时,唇形非常讲究。按汉语语音学的传统分析方法,根据韵母起头元音的唇形特点将韵母分为开口呼、齐齿呼、合口呼、撮口呼四类,"四呼"即指开、齐、合、撮四类韵母。

开口呼,指没有韵头,韵腹又不是 i, u, ü 的韵母。

齐齿呼,指韵头和韵腹是 i 的韵母。

合口呼,指韵头和韵腹是 u 的韵母。(特例 ong)

撮口呼,指韵头和韵腹是 ü 的韵母。(特例 iong)

(四)口腔控制练习要点

由肺呼出的气流通过声带发出声音,经咽腔到达口腔,在口腔内受到各种节制而形成不同的字音,这个节制的过程就是咬字的过程。口腔内对声音起节制作用的各个部位,就是咬字器官,其中唇、舌在形成字音的过程中动作最积极、起的作用最大。普通话是以北京语音为标准音,北京话的发音特点就是唇、舌用力,口腔开度大而灵活。

1. 学做口部操

口部操是一系列唇、舌、口腔肌肉及相关头颈灵活度的拉伸、活动动作,其作用相当于运动员训练之前的"热身",目的是使口腔及相关部位处于灵活的状态,便于发声吐字训练。口部操并非规定的机械动作,可以根据个人习惯进行活动,常见的有饶舌、打响舌、嘴唇、舌头的前伸回缩,等等。但都应有一定的强度和频度,保证口腔"热身"的效果。

2. 打开口腔

播音发音比生活语言口腔开度大。打开口腔要有提起上腭的感觉,同时下腭要放松,上腭的提起和下腭的放松可以适当加大口腔容积,为字音的拉开立起创造条件,同时加强口腔共鸣。这个状态是通过"提起颧肌,打开牙关,挺起软腭,放松下巴"这一串动作有机完成的。

可以先发 a 音练习,a 是普通话语音系统中舌位最低的元音,若口腔开度不够,势必会缩短高低舌位间的距离,使整体语音面貌听觉感觉发扁。与 a 相关韵母 ai, ao, an, ang, iang 的汉字有很多,a 音及相关韵母发得好,不仅会形成

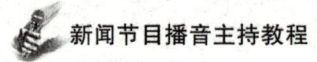

保持口腔开度的习惯,而且整个语音面貌会有大的提升。

下列成语的第一个音节都是容易体会打开口腔的音节。朗读时,以第一个音节打开口腔的感觉,带发后面的音节,使后面的音节也能尽量打开口腔开度的发音。

来龙去脉,浪子回头,泛滥成灾,光明磊落,慷慨激昂,阳光大道,浩浩荡荡。

3. 唇舌有力

要养成集中的吐字习惯:嘴唇稍稍收拢一点,略贴紧牙齿说话,唇齿相依。这样说话字音清晰、声音集中,字音具有穿透力。唇的力量分散是造成字音散的主要原因,要做到"两个集中":唇的力量一是要集中到唇的内缘,二是要集中到唇中央三分之一处。

舌的力量集中,首先表现在发音过程中舌体取收势,力量集中于舌的前后中纵线上,成阻部位要呈点状接触而不是面状接触,这样声音才能集中,如果力量分散,声音也就散了。除了练绕口令加强唇舌的力量和灵活性以外,大运动量的新闻稿件播读练习也很重要,为后面的新闻播读训练打下基础。

4. 欲改其声先改其形

汉语吐字颗粒感强,发音吐字口形动作十分讲究。要改变字音,就要改变习惯的口形动作。有些学生所说方言与普通话有较大差别,初期练习给人"满嘴跑字"的印象,好像满嘴都在用劲,口形过大,但经过一段时间刻苦练习,就会慢慢掌握力量的控制点,逐步改善。

训练须建立"练时夸张,用时适当"的理念,即训练时要做大量反复练习,口形动作也要夸张一些,激发咬字器官建立新的动作记忆,在具体播读工作中则应注意分寸,力度、动作幅度适当为宜。

语言习得过程中"肌肉记忆"起着一定作用,类似学游泳或骑自行车。"肌肉记忆"(muscle memory),是指人体的肌肉具有"记忆"效应,同一种动作重复多次之后,肌肉就会形成条件反射。人体肌肉获得"记忆"的速度十分缓慢,一旦获得,便很难遗忘。人说话时口腔肌肉动作是从小长期重复形成"肌肉记忆"的结果,改变起来有一定困难,因此要利用"肌肉记忆"效应,仔细揣摩普通话的发音部位和发音方法,经过大量的刻意练习,使大脑语言中枢和发音器官之间建立新的联系,从而形成新的"肌肉记忆"效应。

需要说明的是,"肌肉记忆"是习惯性表述,人脑负责此记忆的部位是小脑,应该叫"内隐记忆"或"程序性记忆",而不应该叫"肌肉记忆",小脑负责程序性记忆,这种记忆主要靠后天的重复,以及经典条件化反应获得。记忆都是在人脑里,肌肉本身没有记忆,是一种新获得的条件反射。

三、声音控制

新闻节目主持人用声状态接近口语用声,并非需要像歌唱演员那么高标准的音高、音强、音色、精准的节奏等,也不需要像话剧演员那么饱满充沛的情感灌注。因此,主要从发声能力的增强、拓展,提升发声效率的角度来进行训练。

(一) 声音坚实、有力、质朴

有些学生用声偏虚,声音弱小。如果没有器质性的病变,应首先建立一种认识:新闻播音主持用声是以实声为主的虚实声结合,声音坚实、有力、质朴既是新闻信息有声表达清晰的基础,也是新闻节目播音主持的审美特点。这里所讲的声音是本嗓、实声,与声乐中美声唱法、通俗唱法、民族唱法的要求有所不同。

进行实声发声训练,声音尽量舒展明朗,用面对众人讲话的较大音量进行练习。如果是气力不足造成的用声偏虚,则需要加大气息量和吐字力度,使声音逐渐放开,一点点加大声音的距离感和推动感。设想2米、5米、10米来体会气息控制和唇舌力度的变化,设想不同的交流人数:1人、10人、50人,逐渐增强自己的发声能力,也可以练习力度大的文本来体会实声的气沉声稳,如《礼记·大学》、毛泽东的《沁园春·雪》等。

有些女生用声偏高,偏于尖细,听起来不悦耳易造成听觉疲劳,而且容易失落声音信息。练习时应稍稍放松喉部,主动加强腹部力量,运用胸腔共鸣,使发声音区相对下降,有意识地运用和开发中音区,并经过刻意练习形成习惯。可以练几首女中音歌曲,也可以练几篇男声的朗诵作品予以巩固。

有的男生用声偏低,虽然有音色浑厚之美,但通过话筒录制会觉得浑浊,听不清楚。练习时,一要加强吐字力度,二要开拓高音区。可以练两首自己能够接受的高音歌曲,或激昂一些的朗诵,加强对稍高音区的自如运用能力。

以上练习主要是拓展音高、音量、音强,以及增强对它们的感知和控制能力,训练应本着循序渐进的原则进行,量力而行,不要声嘶力竭。

(二) 嗓音保护

声带是喉管里的两片带状肌肉,气流经由喉管冲出时使其振动而发出喉原音,喉原音经过喉腔、口腔等共鸣腔的放大作用及口腔肌肉、唇、舌、齿的节制而形成语音。声带比较脆弱,一方面只是薄薄的两片肌肉;另一方面,声带处于喉管,人体咽喉处容易因感冒或冷热刺激等发生病变。

嗓音保护的原则是"保练结合",也就是保护嗓子和科学练声相结合。作为主持人,首先要建立科学的发声方法,平时说话和工作时,不要声嘶力竭,要提升专业素养,养成唇齿相依、有力集中的吐字习惯,打好气息运用基本功,降低声带损耗、提高发声效率。提高发声效率主要包括吐字的清晰有力、运用胸腹联合式呼吸、合理控制声音等三个方面。

日常生活要规律作息,锻炼身体,保持身体的良好状态。天气寒冷时要注意喉部保暖,穿高领毛衣或戴围巾等。睡眠对嗓音保健非常重要,熬夜对嗓音损害很大。据科学研究,人只有在睡眠时,声带才处于真正休息的状态。饮食方面要少吃辛辣刺激性食品,少喝冷饮。烟雾对声带危害极大,不抽烟,也要远离二手烟,还要避免其他烟雾刺激。尽量保持心情平和。虽然每个人体质和耐受性有差异,但良好的生活习惯和心性有利于嗓音保健。

当感到嗓子疲累时,可以轻轻按摩喉部旁边肌肉,使其放松,并进行积极调整和休息,一旦出现病理性问题时要及时就医。

四、练声的原则与注意事项

(一) 练声的原则

练声是运用系统的方法和材料,对具有一定先天条件的人,开发发声器官潜在能力,以适应特定要求的声音训练过程。练声要用理论去指导实践,循序渐进、量力而行。练声状态要积极、松弛、集中,关注呼吸状态、发声状态、口部肌肉动作、声音传播效果等。练声要把基本功训练与实践应用紧密结合起来,并在其中发现自我,聆听自我。

(二) 练声的注意事项

(1) 晨练的好处。清晨空气新鲜,早上时间能够得到保障,学生相应集中,可以互相激励。

（2）姿势正确。站姿：舒胸拔背，提臀收腹。坐姿：含胸拔背。不要东摇西晃，着装简洁。

（3）顺序正确。先练气，后练声，先弱后强。

（4）选材正确。选取适合自己的阶段性练习材料，无须太多，讲求精练。吐字发声训练材料见本书附录一。

（5）地点正确。选择相对宽敞、噪声小、没有明显回声的地方，不要频繁更换练声地点，不要迎风练声。

练声不可急于求成，要慢慢领悟，特别是气息，有时是顿悟。不要有思想包袱，练习时始终强调打开、放松，有些发声问题是由肩颈部的僵硬、不舒展造成的，可通过游泳、体操、打球等其他身体锻炼方式让身体舒展开来。

（三）篇目朗读综合训练

篇目朗读对发声、吐字、表达等基本功训练非常重要。练习初期，既要将注意力集中到读的文字及其意思，还应将注意力集中到唇舌肌肉力量、口腔动作上。从人的注意力角度，一心二用只能是在熟练掌握的情况下，因此最初练习朗读技巧时，可用少量篇章反复练，以掌握吐字发声技巧为主。吐字发声技巧掌握较好后，可将注意力主要用于意思表达，即在少量篇章中掌握基本的、主要的吐字发声和语言表达技巧，在大脑语言中枢积累一定的感知性储存，提升有声语言表达的语感。这对于加强主持人有声语言表达能力具有基础性优化作用，在朗读其他篇目时即可做到举一反三。

总之，要兼收并蓄，勤于实践，通过唱歌、朗诵、演讲、听相声、看演出等多种途径提高自身对发声吐字技巧的领悟。普通话语音与发声技巧适合阶段性集中练习，如果能每天坚持练习，一个月就会很有成效。同时注意精练和泛练相结合，平时说话、新闻报道时都应注意，在具体实践中不断领悟和精进。

第三节　语言表达基本技巧

语音和发声之上是表达，表达二字，即表情达意。新闻节目播音主持语言表达主要是播读、讲述、描述、点评等,发声目的主要是达意。语言表达技巧是指声音形式的外在表达技巧,它与内容密切相关,但又相对独立。语言表达技巧总的来说就是要体现抑扬顿挫、轻重缓急,使语意明晰、准确。

新闻传播类专业学生一般都有优秀的文字识读能力,要转化成优秀的有声语言表达能力,需要加强语言表达外部技巧素养。本节主要介绍与新闻节目播音主持较为密切的语言表达技巧,对于情景再现、内在语等用于思想感情调动、情感表达训练的方法技巧予以省略。

一、准备稿件的方法

怎样准备稿件,简称"备稿"。如何准备一篇稿件的播报或主持,不同的主持人、不同的稿件,会有一定差别,但主要方法大同小异。张颂和老一辈播音主持艺术家总结了六个步骤,简称"备稿六步",即划分层次、概括主题、联系背景、明确目的、找出重点、确定基调。[①]

(一)划分层次

所谓层次,是指稿件的布局、结构。首先,要迅速把握稿件的脉络,弄清稿件的层次,还原作者的表达思路。新闻稿件都有相对固定的写作规范,理清写作的脉络对于新闻传播类专业学生并非难事,须从将稿件转换为有声语言传达给受众的角度对稿件内容进行再整理,对各自然段进行归并和划分。消息类新闻稿件可以兼顾新闻消息的结构特点,从导语、背景、主体、结尾的角度把握稿件内容层次。议论性新闻稿件可以根据论点、论据、论证、结论的议论文结构要素进行结构分析。

1. 归并

"归并,就是把内在联系比较紧密的段落归并为一个层次。"[②]如果稿件篇幅较大,还应把内在联系较紧密的层次归并为一个部分,部分里再分层次。归并完部分、层次后,还应简明扼要地概括层次大意,一句话,一两个词即可,方便自己明了稿件各层次内容。

---

① 付程.实用播音教程第2册:语言表达.北京:北京广播学院出版社,2003:2.
② 张颂.播音创作基础.北京:北京广播学院出版社,1990:19.

2. 划分

"划分,是指把一个自然段里的内容,划分为几个小层次。"① 简短的自然段不用划分,较长的自然段则需划分。划分小层次使得句子语意"归堆儿""抱团儿",在将稿件"形之于声"的过程中,心中自有脉络,帮助做到语意清晰、层次感分明,不至于语意散乱,使听者不明所云。新闻消息虽短,仍要注意划分小层次,防止把消息"播散了"。

(二) 概括主题

主题是稿件的中心思想。概括主题首先要抓导语,明白这件事在社会生活中处于什么位置;其次要准确、言简意赅,对于新闻稿件的主题要明确其思想含义,并以此激发主持人播读或讲说的内在动力。

(三) 联系背景

这里指稿件的播出背景。新闻稿件是新近发生的事实的报道,稿件的播出背景包括两个方面:一方面,是指和稿件有关的国家大政方针、路线决策等;另一方面,是指国际、国内相关方面的现实情况及其变化。要求新闻主持人平时主动提高自身的新闻素养,积极学习和掌握各方面相关情况,既能把握全局,又能在自己主要报道领域,如在时政、财经、教育、科技等某一方面成为"准专家"。

新闻稿件有的是赞扬工作中的业绩或做法;有的是揭露现实生活中的矛盾和错误行为;有的则是分析问题以促进大家思考。联系背景一定要从稿件的具体内容出发,分析相关背景,从而准确地把握新闻稿件的政策精神和播报主持的针对性。

(四) 明确目的

目的是稿件作者意图的升华,此处要明确的目的是主持人的播讲目的,即稿件播出后所要达到的社会效果。斯坦尼斯拉夫斯基认为:"假使你有一个清楚明了的目的,你可以很快地获得一个具体而正确的内心状态。……假使目的暧昧不定,你的内心情调很容易流于飘忽。目的的性质是决定的因素。""明确目的对播音具统帅作用,它可以使播讲人的播讲愿望积极、主题鲜明,还能加强与受众的交流感,也能根据目的正确把握播讲方式和态度分寸。"②

---

① 张颂. 播音创作基础. 北京:北京广播学院出版社,1990:19.
② 付程. 实用播音教程第 2 册:语言表达. 北京:北京广播学院出版社,2003:3.

(五) 找出重点

在对稿件划分层次、概括主题、联系背景、明确目的后,需要回到稿件文本层面,找出表现主题、体现目的的重要语句,从而在播讲的有声语言表达方面做到主次分明,重点部分着力点染,次要部分顺势而过,烘托重点部分。

(六) 确定基调

基调是"调性",而非"音调",尽管调性的色彩与音高有一定关系。基调是指稿件总的感情色彩或分量,体现播讲者对于稿件内容认识、理解、感受的整体把握,比如昂扬向上、轻松明快、深沉坚定、悲愤凝重等。基调的把握应贴切且体现整体性。新闻稿件的基调不像文艺稿件那样有大的区别,但也须注意根据稿件内容区别把握基调,注意不同的时间节点有所区别,如传统节日春节和清明节时播讲新闻基调的不同等。新闻播讲的基调既可以体现在一期新闻节目总的基调上,也可以体现在具体某一则新闻上。

"备稿六步"一环扣一环,明确了前一个问题,后一个问题的解决就有了依据,最关键的是明确播讲目的和针对性。初学者应按照步骤一步步实行,待明确、熟练路径后根据具体情况省略或合并相关步骤。新闻消息虽短小,但内容不同,针对性、目的、基调会有不同,要播讲得有变化,切忌千篇一律。议论性稿件要注意逻辑链条的展开与衔接,体现稿件思辨的内蕴和力量。总之,理解越深,感受越具体,认识越全面,对稿件的把握就越准确,就有了"把稿件变成自己要说的话"的坚实基础和丰富的内心依据,才能较好地播讲新闻内容。

二、交流意识的培养与贯穿

在准确把握稿件基础上,需要运用语言表达的内外部技巧将稿件"形之于声"。语言表达的内部技巧包括情景再现、内在语、对象感等。根据新闻稿件和新闻节目播音主持的特点,这里只探讨对象感及交流意识的培养与贯穿。

主持人是"传者",录音、录像不仅仅是记录,而是要通过媒体与受众交流、传播出去。因此,主持人在基础训练时,就应树立对象感,注意交流意识的培养与贯穿。

这里所说的交流意识就是沟通意识,即要求主持人说出的每一句话都蕴含着与受众沟通的愿望,而不是孤芳自赏、自说自话。交流意识的培养可以通过朗读、演讲、表演等多种方式，训练积累与受众的交流经验，其中朗读是基础也是简便易行的训练方式。具体体验是：感觉到有受众，"看到"有受众，而且数量、类型都是具体的。生活中要留心观察，重视体验，这些交流和生活经验能够帮助主持人在没有受众的演播室里设想具体对象，从而与传播受众建立顺畅的交流状态。

无论是新闻播报、新闻评论还是现场报道，主持人与观众的交流都是虚拟的，新闻访谈有时会在现场带观众录制，但与电视机前广大受众的交流仍然是虚拟的。无论哪一类主持人，其交流沟通的重要任务，或者评价的重要标准，就是能否将这种虚拟交流达成人际交流的效应，具有鲜明的人际交流的对象感。这种交流表面是一对多，一个主持人对应多个受众，甚至千千万万个受众，但具体到每一个受众来说，又能感受到一对一的交流感。

（一）对象感

斯坦尼斯拉夫斯基说，"没有对象，这些话就不可能说得使自己和听的人都相信有说出的实际必要"。张颂说，"播音是'目中无人'，但要努力做到'心中有人'"。① 就是说播音员在播读稿件时应心里有受众，为着受众去传播，并且在整个播读过程中应该始终贯穿，不忘记受众。建立了对象感，受众才会感受到交流感。

"播音员必须设想和感觉到对象的存在和对象的反应，必须从感觉上意识到受众的心理：要求、愿望、情绪等，并由此而调动自己的思想感情，使之处于运动状态。"② 对象感，正是被播音员用来作为使思想感情处于运动状态的一种手段、途径，是利用联想和想象让交流的对象落实，达成与受众的虚拟交流。这种联想、想象本身是真实而具体的，因为只有具体的对象感才会对播音主持发挥积极作用。

（二）对象感的获得路径

设想对象时，应从质和量两个方面进行。质的方面，新闻节目受众面广，各行各业都有，但综合新闻和专题新闻、新闻访谈的受众群仍有不同。综合新闻的

---

① 张颂.播音创作基础.北京：北京广播学院出版社,1990：60.
② 张颂.播音创作基础.北京：北京广播学院出版社,1990：61.

受众宽泛,而专题新闻、新闻访谈等的受众则有所细分,后者具有文化层次较高、思考分析问题的能力较强等特点。比如,财经新闻的受众自然是从事财经工作或关心财经的受众。量的方面,技术的发展和生活方式变化,节目受众从过去的人群、多人变为现在大多时候的一人、两人或数人。因此,主持人应积极主动了解自己节目受众的心理特点和具体情况。

获得对象感的途径是广泛深入实际情况以后对对象的正确理解和想象。新闻主持人先要有记者的实战经历,热爱、了解现实的社会生活,对现实生活有深入的观察、体验,有自己的思考、分析和见解,这样在播讲时就容易找到准确而具体的对象感,总体态度应该是"不卑不亢、落落大方",在时政新闻中还应有一定的权威发布的感觉。

对象感牵引着主持人与想象中的受众对象进行交流,并贯穿整个播音主持过程,主持人就会很自然地流露出与设想的对象交流时恰当的态度、语气、眼神和姿态动作,这便是做到了"心中有人",受众无论是实时接受还是非实时接受都能够感觉到主持人在与自己真诚交流,而非单纯地播读稿件。

在新闻采访和访谈节目中有采访对象或现场观众,对象就在眼前,但要将交流进一步深化,注重倾听、思考、反应等。

三、有声语言表达的外部技巧

有声语言是播音员、主持人创造性劳动的最终体现。稿件中蕴含的信息、思想和情感最终要通过具有形式美感的有声语言传递给受众。用于传播的有声语言必须语意、思想明晰,情感基调准确,彰显一定的有声语言表达外部技巧。通常将停连、重音、语气、节奏作为有声语言表达的外部技巧。[①] 它们各有侧重,互相区别,又互相连通。初学者在练习时可在稿件上标出符号,以利于自我训练。

(一)停连

停,指停顿;连,指连接。"停顿和连接都是有声语言行进中显示语意、抒发

[①] 对于语言表达外部技巧,学者及业界亦有停顿、重音、语调的归纳方式,本书基于新闻节目播音主持语言的特点,沿用张颂的停连、重音、语气、节奏的归纳方法。

感情的方法。"[①]我国古代启蒙学生读书时,为达到讲解、释义的准确,讲究"句读""点逗"的方法,即为此意。停与连,在有声语言表达中,既是生理换气的需要,也是准确表情达意的需要。

1. 停连的位置和时间

停连应该是积极、主动的,以自如地服从思想感情运动的需要。只有找到正确的位置,才能发挥有声语言运用停连的组织、区分、转折、呼应、回味、想象等作用,达到表情达意的目的。为此,应解决停连的位置、时间和停连前后的衔接等问题。

稿件的标点符号可以帮助我们了解停连的位置和时间,但也存在有标点符号不停顿,属于连接的地方。停顿的时间有长有短,连接的词句亦有多有少,需要根据语意和情感的分析确定停连的具体位置和时间。较长时间的停顿通常用在有标点符号的地方,且常是换气点,可用"∧"标示;较短时间的停顿通常是没有标点符号,但需要稍微停顿的地方,可用"/"标示,不换气或只是短促的偷气;有标点符号但需连起来播讲的地方,可用下弧线标示。有声语言的停连,必须符合生理和心理的需要,受稿件内容和听众、观众接受心理制约。可以说,停顿和连接才是有声语言的"标点符号"。根据语意和语调的具体需要,停连的方法大致可分为扬停和落停,直连和曲连。

新闻稿件较多使用长句,信息密集,且时有专有名词和较生僻的字词,因此播讲时停得精当、连得适宜就显得十分重要。停得太多,失于黏滞,语意散乱且不能体现新闻语言的鲜活、明快;连得太多,显得仓促疏忽,糊涂一片不知所云。

2. 常用停连标记符号

挫号(▲):停顿时间短,用于没有标点符号的地方。

停顿号(∧):停顿时间长,如果用在有标点符号的地方,表示停顿时间再长些。

间歇号(⌒):停顿时间更长,一般用于层次、段落之间。

连接号(⌣):只用于有标点符号的地方,表示缩短停顿时间,连起来播。

延长号(〜):可用于任何词、词组、句、段落之后,表示声音延长。

---

① 张颂.播音创作基础.北京:北京广播学院出版社,1990:71.

练习初期,须认真做详细标记,待掌握方法之后,只做简单标记,以免影响语流的畅达。

3. 练习实例:2004感动中国年度人物颁奖词

中 国 女 排

中国女排,曾经沸腾了一代人的热血,也在中国人的心里留下了长达20年的期待。2004年的一天,于无声处,绝地反击。是她们,让最后的希望攀缘着意志的臂膀上升,直到最后一记重扣敲开欢庆的锣鼓。金牌唤回曾经的光荣,胜利开启崭新的梦想!

袁 隆 平

他是一位真正的耕耘者。当他还是一个乡村教师的时候,已经具有颠覆世界权威的胆识;当他名满天下的时候,却仍然只是专注于田畴。淡泊名利,一介农夫,播撒智慧,收获富足。他毕生的梦想,就是让所有人远离饥饿。喜看稻菽千重浪,最是风流袁隆平!

(二)重音

稿件的语句中,从语意和思想感情的表达出发,词或词组存在轻重地位的不同,对那些重要的、主要的词或词组,播讲时要着重强调,以便明晰、准确地表达出语言目的和思想感情。那些给予强调的词或词组,就是重音。重音的位置不当,特别是稿件中重点语句的重音不当,会使语意模糊,目的不清,破坏思想感情的原有逻辑,甚至会歪曲原意。

1. 重音的选择

词或词组本来就有轻重格式,大多情况下,重音以符合轻重格式原型的声音形式出现,但在具体语境下,也可以改变轻重格式原型的声音形式出现。

新闻传播类专业学生的文字理解力强,判断语言链条的逻辑性、确定语句重音并非难事,练习重点应放在有声表达中对于重音的体现方法上。

2. 重音的体现

一般有强弱法、快慢法、虚实法等。给予重音,实质就是强调,强调不是单纯的强调,而是在对比中形成的。比如,低中显高,弱中加强,快中显慢,虚中转实,连中有停,等等,都是给予强调的方法,即为重音在声音形式上的体现方法。新闻稿件播讲的重音体现中,这些量值的对比度要适当,过大则显得突兀、生猛,违背新闻播讲流畅性总的审美要求,"重音轻点"是较好的声音处理方式。还应注意从全篇的内容和思想高度出发,协调具体语句重音与整体内容表达的关系,准确、鲜明地传达具体语句目的和稿件总体内容思想。初期练习时可以在相应词或词组下面加圆点予以标示进行练习。

(三) 语气

要播出立场、态度,用什么样的语气很重要。在《现代汉语词典》里,语气在有声语言方面的意思是说话的口气。"口气"的含义之一是"说话时流露出来的感情色彩",如严肃的口气、幽默的口气等。另一解释为"语气是说话人在交际中对谈到的情况所持的态度"。

以上解释可以看出,语气的核心是态度和感情色彩。在有声语言表达技巧层面,张颂认为:"语气是思想感情运动状态支配下语句的声音形式。"它由两个方面构成:一方面是一定的具体思想感情;另一方面是一定的具体声音形式。

语气不仅关系到播讲目的、基调的落实成型,而且直接影响到停连、重音和节奏的使用和变化。具体运用中,一方面要在具体语境中准确分析语句的思想感情,另一方面要通过停连、重音等技巧的综合运用,达成蕴含特定语气的声音形式,使之呈现出不同的层次和分量。

在平时学习和生活中,应主动观察体味各种语气表达的声音形式,增强对语气感受的敏感性,积累多样的声音形式素材,这样在表达时才能实现具体语境下的丰富和准确。

(四) 节奏

在有声语言表达中,节奏表现为抑扬顿挫、轻重缓急的循环往复。抑扬,是声音高低的变化;顿挫,是声音间歇的长短;轻重,是声音的强弱变化;缓急,是声音节拍快慢的变化。声音的抑与扬、顿与挫、轻与重、缓与急形成了富于变化的语流,构成了相应的节奏类型,一般可分为高亢型、低沉型、紧张型、舒缓型、轻快型、凝重型。"如果说基调是一篇稿件总的感情色彩和分量,那么节奏就是这'总的感情色彩、分量'的外化,即总的声音形式方面。"①

---

① 付程.实用播音教程第2册:语言表达.北京:北京广播学院出版社,2003:253.

新闻播讲的主要技巧是重音和停连,要重点训练重音和停连。总之,在播讲训练中,要立足于对稿件的深入分析,综合运用有声语言表达的内外部技巧,向受众准确、明晰传达稿件中的信息、思想和情感态度。语言外部技巧初期训练时,会感到机械、麻烦,需在教师指导下耐心练习,待理解和运用融为一体,就能够从亦步亦趋到得心应"口",运用自如。

记者型主持人在有声语言表达方面,不可能也没必要像培养播音员那样精细地雕琢、训练,但是要将高质量的新闻报道内容,通过抑扬顿挫、轻重缓急的语调和合适的语气、节奏来展现,仍然需要学习、磨炼和反复实践。

课后作业

1. 书面总结自己方言与普通话在语音(声母、韵母、调值)、词语、语法方面的不同,找出自己普通话语音面貌存在的问题并给出解决途径。

2. 根据作业1的分析及教师教授的方法进行绕口令等个体针对性发音练习,每天30分钟,其中基础练习15分钟,朗读及新闻播读15分钟。

3. 每天听15分钟新闻广播。

4. 借阅普通话测试教材,练习字、词、篇章等训练材料。

第三章
出镜状态、形象造型与体态语

新闻节目主持人在镜头前工作应具备职业化的出镜状态，其形象造型以及体态语有着特定的要求和价值。媒体出镜工作对形象气质有较高要求，国家级媒体新闻节目主持人代表国家在新闻媒体中的形象，要求形象气质端庄、大方，具有亲和力。

主持人是节目人格化传播的主导者，主持人第一位是人，其次才是主持。主持人节目中，人的个性、才智、风度、魅力都被推上屏幕，而且在电视本身的作用下进一步放大，使节目烙上人格化特征。

作为公众人物，节目主持人具有品牌意义，优秀的主持人甚至成为台标式人物，在媒体信息传播中发挥着重要作用。从传播学的角度看，主持人所利用的工具包括有声语言和副语言两个部分，形象造型、体态语等副语言与有声语言一起完成节目的品牌代言任务。因此，以"抛头露面"为职业特征的节目主持人，其形象造型及体态语不可避免地受到人们的特别关注。观众看的不仅是节目内容，还有主持人的形象（包括着装、发型、饰物、形体动作等），从佩戴的胸针、衬衣的花色样式，到西装的领型，都会成为人们的关注点，也会引来好奇的模仿者。主持人个人魅力是其主持风格、屏幕形象、有声语言和气质修养的综合体现，独特的个人魅力能够增强个人感召力，从而增强节目影响力。

毋庸置疑，职业的特殊性要求主持人应内外兼修，培养良好的社交礼仪、仪态，正确的形象造型观念和一定的修饰技巧，着装、修饰、举手投足应该显现出文化品位。

第一节 出镜状态

一、播出无小事,须严肃对待

新闻节目主持人应该认识到出镜播出工作的严肃性。养成与工作相适应的生活习惯,进演播室前、新闻现场出镜前做好生理、心理方面的调适,以饱满、积极的状态完成播报和报道任务。这跟运动员比赛前的热身、心理调适一样,关键是要认真对待新闻工作的严肃性、责任感,播出无小事。主持人即使出现小的失误也会带来较大的负面影响,甚至影响自身的职业生涯。将出镜状态调整到最佳,是敬业的体现,也是对观众的负责。同时,生活中的社交礼仪、公共道德等方面也应严格要求自己,保证工作内外人格、修养的和谐一致。

二、提升职业素养是出镜状态的重要保证

近年来少数新闻节目主持人出现镜前失误,造成不良影响。有的把直播时间误认为广告时间,或者没听清导播口令,在直播镜头切换时出现打哈欠、状态懈怠等镜头,念错字或状态不积极受到观众批评的情况时有发生。

解决类似情况不仅要从思想上端正播出态度,还需提升职业素养,在播报主持技巧上精益求精,对演播室视听语言制作播出机制了如指掌。新闻演播室一般用两机位或三机位拍摄,每个机位担负不同的景别。双人档播报时,大多数是一名主持人的近景,但有时导播也会切出两名主持人的小全景。因此,当一名主持人的一段播报内容结束时,应保持良好的出镜状态不至于出现意外。

近年来新闻直播大大增多,对新闻主持人的要求显著提高,对相关技术人员的责任心和专业素质也提出了更高的考量,以前录播中可以在技术上修正的问题现在可能会暴露在观众眼前。主持人应时刻注意积累经验,与其他工作人员建立工作默契,提高正确播报、现场适应及控制流程的综合业务能力。

诚然,观众的挑剔是应该的,也永远是激励主持人做好工作的动力,而不是只有赞扬才是动力。特别是国家级媒体,传播面广,小失误也会酿成大错误。同

时,整个社会媒介素养也有待提高,观众的意见应本着善意和解决问题的初衷,帮助主持人成长。若过于夸大,甚至语言暴力,则会对主持人产生不必要的心理压力,反而不利于营造主持人健康成长的环境。

三、端庄积极、内紧外松的镜头前工作状态

新闻节目主持人的出镜状态应是端庄积极、内紧外松。所谓内紧外松,就是内在要有一股精气神,集中、专注的工作态度,而在面部表情、身体姿态上则显示从容、自然的样态。

镜头前良好状态的获得,需要从实践中不断练习、感悟、提高。适度的紧张感是必要的,但不要过于紧张,顾虑太多。一方面在熟悉演播室及现场报道的工作场景和流程后,出镜的压力和紧张感会缓解,状态会得到改善;另一方面,养成良好的工作习惯、提升业务素质、建立高效和谐的工作团队也可有效地改善出镜状态。

可以自我尝试解除过分紧张的方法。例如,专注于稿件内容的准确表达,勇敢地将内容贯穿下去;以完成工作的心态克服对自己完美要求的压力及不必要的担心。录像时,针对学生的心理压力,教师的专业示范、耐心指导、积极鼓励很重要。通过多次训练和实践,大部分学生的紧张感会消失,但课堂训练次数有限,学生可以在课后进行录制练习。通过积累成功的体验,将紧张感转化为出镜前的欣悦、积极、期待的工作状态。

除了镜头前的实践外,平时应加强在公众场合演讲、发言、交谈的历练,提升语言表达功力,使语言精练、准确且富有个人风格特点,增强镜头前侃侃而谈的信心。需要注意的是,出镜状态通过训练和实践得到解决和建立之后,要将学习和思考的重点放在采访内容和思路的搭建上。

第二节 形象造型

一、总的形象造型要求

(一)自然大方的基本定位

新闻节目主持人的身份定位是新闻节目与受众的中介人,代表节目组、地

方、城市、国家、民族,形象造型基本定位应以自然大方为本、为根,真实、自然、质朴应是其形象审美的基调。从主持人自身形象气质出发,扬长避短,通过形象造型后还是主持人本身。节目主持人与影视剧演员造型的不同之处在于,一是通过服装发型化妆等造型手段,只是美化修饰其本人,而非"造型"出一个脱离主持人自身形象的完美的人或角色;二是不像模特那样单纯为了好看,而是要达到状态的变化,通过形象的改变调整心理状态,进而确立电视形象的感觉。

一般来说,观众通过主持人的屏幕形象对主持人与栏目内容的契合度进行最初的判断,也通过主持人的屏幕形象决定自己对主持人最初的喜好。如果一个主持人的形象令观众反感的话,他(她)所主持的节目也很难被观众认可。仪容关系重大,如果电视台的男播音员把领结打歪或女记者的首饰叮当作响会令观众生厌。

"上了屏幕,一切都被放大了"。对于主持人来说,充分认识自身的形象特点,在造型师的帮助和指导下运用服装、发型、饰品等塑造具有个性风格的形象无疑会提升主持人的视觉魅力和文化品位,进而提升整个节目的视觉美感和文化引力。栏目造型师应帮助主持人将其内心深处的精神品性通过形象包装以及言谈举止显现出来,成为能够为受众感知和领会的要素,从而成为节目精神品格的一部分。

(二)化妆、服装、发型三位一体

电视聚焦式的收视特点对主持人的服装、发型及化妆的统一性提出更高要求。不同的服装款型、发型、妆型有着不同的观感,选择的原则是观感的同一性,服装款型、发型、妆型相互衬托塑造出更为契合节目并具有美感的形象,为信息传播服务。

节目主持人置身于镜头下工作,要懂镜头,了解自己在镜前的样态,既要自然又要有美感。穿着修饰最重要的一个原则就是得体,该正式的时候正式,该休闲的时候休闲,该朴实的时候朴实。妆容、发型、着装风格应简约、大方,色彩、款式、质地要与报道内容、报道情境相符合,要适时、适境。

(三)尊重公众审美意识,契合公众欣赏品位

节目主持人是大众传播活动中具有鲜明社会性的一种职业。"主持人无论在'镜头前'还是'镜头外',都始终生活在实实在在的社会生活空间里,始终依存

于现实的社会文化环境中"。① 因此,主持人的形象造型必然受到公众审美要求的制约,其公众形象一定要符合大多数人的审美标准。因此,主持人形象定位不能以自己的喜好为唯一标准,不能想怎么打扮就怎么打扮。例如,太短的裙子、看起来层次太过丰富的服装对于新闻节目主持人来说都是不妥的。公众的认同、公众的标尺、公众的审美趣味对于主持人的造型非常重要。

主持人的形象造型应贴近公众,可稍稍比公众穿得漂亮、讲究一些。可以有一些时尚元素的运用,但应该是局部的、细节的,或风格上的。例如,中央电视台新闻主播李梓萌的着装在色彩、款式上总是精心搭配却不显刻意,具有时尚感又透着知性美,这也是她受到观众喜爱的原因之一。主持人应了解观众的审美期待,将"我适合穿什么"与"观众喜欢我穿什么""节目需要我穿什么"有机地结合起来。当然公众审美要求还需要具体问题具体分析,因为公众审美有着地区差异、民族差异和对象差异。

即使是同一个节目,同一个主持人,观众的心态也是求新求变的,观众对主持人的期望不是一直在换人,而是形象的新意。主持人在塑造个性形象过程中,与形象设计师保持沟通是必要的,也要能够接受同事、观众等的建议。完全凭自己的感觉往往会导致单调、乏味而没有大的突破。主持人可以适当了解时尚信息,提高服装色彩、款型等审美素养。这种素养不是一朝一夕就可能拥有的,需要学习和养成,看服装画报、时装展示以及观摩出镜效果等都可以帮助主持人形成高雅的形象品位,掌握恰当的形象造型技巧。

当然,新闻节目主持人不是演员,与综艺节目主持人也有很大不同,大多数工作场所在新闻现场,主要精力在采访内容上,因此,求助于造型师并不现实,应提高自身修养,掌握基本的着装、化妆技巧。

(四)自身气质与节目要求相融合

形象造型的目的,是通过形象的改变去寻找、体会、感受心理的改变,使心外流通、形神兼备。主持人要善于运用外观形象变化去调动内心,快速找到出镜状态,适应节目要求。

有人温文尔雅,有人时尚清新,有人沉稳睿智,有人深刻犀利。要塑造个性

---

① 应天常.论主持人的角色认知.电视研究,2005(6):69.

化的形象,首先就要了解自身形体、气质特点,深入理解所主持节目,在自身气质特点与节目要求之间找到衔接点,对自身形象风格做符合节目要求的定位,如播音式主持的雅致,记者型主持的干练等。然后在这一总的形象定位之下对每一次装型、发型、妆型进行细化设计,须注意既要有规范的职业感觉,又要保留自身的气质特点。比如,《新闻调查》栏目要求出镜记者"自我形象设计由记者自行负责,但必须服从栏目整体形象的要求,本栏目记者形象应具备成熟、冷静、智慧的特点"。[①]

又如,人们常用"知性"来概括新闻节目女主持人的形象气质特征,其内涵既有理性的思维方式,又有感性、温润的处世态度,因此她们的服装经常是正装,同时在色彩和款式上凸现女性气质。其他例如崔永元以浅色休闲西装向人们展示他宽阔的胸襟、随和的心态和平等的谈话视角;白岩松以合体、干练的西装向人们传达他的思索、疑问和理性;陈鲁豫用简约、温婉的服饰向人们传递她的智慧和内心。

二、新闻节目主持人面部妆容及发型

新闻节目主持人在镜头中出现,观众自然对其形象有审美期待,适当的化妆既是自尊的表现,也体现对受众的尊重。男、女新闻节目主持人在演播室出镜均需化妆,女新闻主持人在室外采访视采访内容、场所而定是否化妆,男新闻主持人在室外不化妆。

(一)面部审美角度

通常对于面部比例,普适的大众审美从以下标准体现,这样从视觉上呈现出和谐舒服的美感。

三停:前发际到眉毛(1/3);眉毛到鼻底(1/3);鼻底到颌底(1/3)。

五眼:面部的宽是五只眼睛的宽度,眼距过宽视觉上显得眼神发散。

内外轮廓:内轮廓指眉峰以内;外轮廓指眉峰与耳之间。化妆的阴影不可以进到内轮廓。

平衡:以鼻为轴线,鼻子要正。

---

① 摘自 CCTV 新闻中心新闻评论部《新闻调查》栏目组工作手册。

平行：口裂线、眼线、鼻翼线要平行。

T字带：脸部最高的部位，化妆时要提亮，以增强面部的立体感。

化妆时还应注意观察主持人说话、微笑时面部肌肉变化，发现其面部动态的美，在动与不动之间找到平衡点。

（二）化妆的基本原则

化妆是修饰仪容的一种方法，采用化妆品按一定技法进行修饰、装扮，可使容貌变得更加亮丽。

1. 美化

化妆意在适度矫正，修饰得法，使人变得更有魅力。

2. 自然

化妆的最高境界是仿佛没有人工刻意美化的痕迹，与个人容貌、气质相得益彰，好似天然的美丽。

3. 协调

化妆应努力使妆面与着装、发型、场合、身份在色彩、类型、气质上相协调，强调的是整体效果。

（三）化妆的基本要求

化妆的整体美靠局部组合而成，基本要求如下：

（1）妆面干净是产生美好感觉的心理前提，因此选择适合自己肤色的粉底很重要。

（2）五官清晰。清晰的五官会产生屏幕上明晰的表达力。

（3）健康、青春、亮丽的皮肤质感。审美文化中有"一白遮三丑"的说法，但太白反而显得病态、不自然。整个妆面应有通透感、呼吸感，脖子、耳朵等裸露的部分要用粉底使之色泽统一。

（4）画眉时，眉峰、眉腰上重下轻，两头轻点，中间重点，眉头、内眼角、鼻翼三点一线。

（5）色彩协调，包括基础底色、眼影、腮红、口红等色系的协同。

（四）新闻主持人妆容特点

化妆是综合艺术，要考虑灯光、摄像等因素。应在暖调、充沛，类似演播室的光源下化妆，光源通常在前上方。

电视的清晰度没有电影高,要着重把握整体感。电视中像素会形成像素行,隔行扫描,上镜后显胖。东方人骨骼较平,架构不够明朗,因此化妆的重点是"收""强调立体感"。

新闻主持人的妆容属于写实类,淡彩修饰,对比度较小。通过理性地对色彩有所把握、有所节制的使用,显现一定的知识内涵。新闻主持人演播室镜头大多是近景或中近景,脸部显现明晰,因此电视妆面要求干净、细腻、少痕迹感。新闻现场特别是进行室外报道时,应是生活化的日妆,坚持"户外"感觉,不可浓妆艳抹。

电视近景镜头中,嘴的动势和眼睛的神采尤为重要。眼睛化妆时要强化眼线、眼影。注重口型修饰,无论男女都要突显唇形,上唇比下唇略微薄一些,上唇的唇线比下唇的粗一些。齿形不整齐的有必要矫正牙齿。男主持人也需涂自然色泽的唇膏,显得更有活力。

总之,主持人妆容应发挥自身相貌优势,遮盖瑕疵,扬长避短,是不露修饰痕迹的写实风格,自然而有特色,不能"穿帮"。女妆要求自然、亮丽、特色;男妆要求自然没有痕迹感,且突出五官、脸型的款型特点。中央电视台对女主播的妆容就有严格要求,不允许涂抹五颜六色的眼影,妆容色调以清淡为主。一般用咖啡色或者大地色系画女主播的眼部彩妆,这样看起来眼睛大而有神,五官也更立体。不过即使是这种清淡的妆容,对日常生活妆来说,还是比较浓,因为演播室灯光强烈,如果妆容太淡会显得脸色不好。

演播室新闻节目主持人应由专业的化妆师化妆,化妆师的职责是保证主持人以最佳的出镜效果与观众见面。原则上,化好妆后,化妆师应和主持人一同到演播室检验出镜效果,确认无须补妆后方可离开。

发型方面,需根据主持人的脸型特点、发际线高低、发量多少等进行选择和设计。化妆师一般兼做发型,很多女主播选择留短发,因为短发看起来比较职业、端庄、干练,在近景景别下容易打理出层次感,造型较丰富。短发并不是女主播的固定发型,中央电视台四套《中国新闻》女主播梦桐就是短的披肩发,看起来也很秀美且不失端庄。

(五)常见误区

1. 素面朝天最好

新闻节目主持人以端庄、质朴为审美特点,但在演播室强光照射以及背景衬托下，纯粹"素颜"会显得萎靡，没有精气神，视觉效果并不好。在室外一些重大活动或喜庆场所，女士适当化妆修饰已成为国际惯例，以显示尊重及与现场协调。

2. 只"化"不"补"

有时演播室节目录制时间较长，或在室外采访时间较长，常会出现妆容残缺的现象。及时察觉、适时补妆不可忽视，补妆只是局部性修补，只要在妆容残缺的地方稍弥补即可，不必抹去旧妆重新化妆。

（六）化妆品的基本配置

有些日常的化妆品不适合出镜。例如，带珠光的眼影在灯光下会闪烁、变白、显得鼓凸，有膨胀感，要避免使用。

眼线笔、眉笔：应选择相对细腻的。

眼影：棕色系的眼影较为百搭，但为了与服装协调，也可用淡粉、淡蓝、杏黄等颜色。

睫毛、睫毛膏：应选择相对自然的，避免使用夸张的、舞台感强的。

基础底色：应准备两种，色号有一定对比，用于脸部自然造型。

定妆粉、定妆粉扑：男士应使用色系偏重一点，女士应使用色系偏浅一点。

腮红（女用，男士慎用）：应选择颜色自然的腮红，如暗桃红色、杏黄色等，避免艳丽的色系。

润唇膏：不要太油，冬天用的即可。

唇线笔、口红、唇彩：口红选择哑光较好，多备几种颜色，方便搭配不同服装。

出镜小贴士

可选择一面台式化妆镜放在演播台旁，方便在录播间隙调整妆面。妆面的整体感非常重要，太小的镜子不适用。虽然演播室都有大的化妆镜或穿衣镜，但这面化妆镜更方便使用。

三、新闻节目主持人的着装

主持人的着装是塑造屏幕形象的重要方面，历来受到媒体和主持人的重视，是主持人体现审美品位、气质修养的重要手段。正确的着装意识和良好的着装技巧对主持人来说是必备的素质。新闻主播的着装对节目的收视、反馈影响可以从微博等途径了解到。评论最热烈的总有三条：一是热点、突发性新闻；二是女主播；三是主持人的着装。

主持人着装是媒体视觉信息传播的一部分，既要遵从国际公认的时间、地点、场合的社交着装原则，也要体现中华民族的服饰礼仪。除考虑自身身型气质以外，还要重点考虑电视传播特点、节目内容特质和公众审美趣味等要素。一句话，要看在节目中呈现的整体效果。

但在某些特殊情况下，现场条件艰苦恶劣，主持人根本无暇或无力关注自己的形象。比如，张泉灵在汶川地震报道中近乎"邋遢"的形象，恰恰反映了她奔波于灾区奋力工作的敬业精神。

（一）适应电视传播技术特点

首先，电视信号是横向扫描，主持人总的装型应是合体，不宜穿过于宽松的衣裙，这样会显得不干练、啰唆。控制体重、保持体型对主持人来说也是必要的。同时，由于电视录制技术和播出光影效果的特点，主持人的服饰应选择挺括、平滑、不反光的面料。例如，穿蓬松的毛衣会给人臃肿的感觉；反光闪亮的绸缎衣料在屏幕上形成一摊摊的"光晕水渍"，像穿了没洗干净的衣服；面料过于轻薄柔软的服装易产生细碎皱褶，在屏幕上会产生类似"睡衣"的感觉；等等。[①] 新闻本身的基调也要求服装更讲究布料的质感，面料挺括，给人严谨、正式的感觉。

其次，着装须与播出环境、背景的色彩协调。不能独立地看一件衣服是否漂亮，需考虑具体节目的演播室背景、环境布置等整体因素。既不能与背景混为一体，也不能反差过大。例如，在比较纯净的背景下，可以穿色彩、款型较丰富的服装，而在花哨、色彩缤纷的背景下，就应该穿色彩简单、款型简洁的服装，这样才能使主持人从环境中跳脱出来。此外，灯光对服装色彩也会产生影响，不同的灯光条件下，服装色彩会呈现出不同的变化，必要时，主持人应考虑灯光师和摄像师的意见。基于以上原因，主持人可以准备一些相对"百搭"的衣服，以利于出镜

[①] 张颂.中国播音学.北京：北京广播学院出版社，1999：445。

工作使用。

主持搭档之间的服饰也应协调。无论对观众还是对节目来说,主持搭档都是一个完整的传播主体,相互之间应在着装风格、款式、色调上进行协调搭配。

有些简易的新闻演播室使用绿或蓝背景抠像,由于技术的原因,绿棚不能穿戴绿色的衣服、饰品,蓝棚不能穿戴蓝色的衣服、饰品。

(二) 反映栏目风格与节目内容特点

主持人的屏幕形象定位由节目的性质和形式决定,主持人的着装应与节目性质相符,与节目形式相协调,在总的形象定位里应有经常的变化。新闻主持人着装有自身的内在规定性,端庄、清爽、明快是其主要的审美特点,既体现新闻节目特质,又将自己装扮得美丽自然;既注意着装,又不至于喧宾夺主。若着装突出了,节目的重心却因此被转移了,那便失去了着装的意义。

新闻节目受众广泛,我国新闻主持人兼有各级政府代言人的身份,《新闻联播》等重要的新闻节目主播须"塑造规范、严谨的职场形象"[①],经济类、民生类和体育类新闻主播须"塑造轻松而正规的职场形象。"[②] 新闻主持人的着装还应明快、有时代感,既不能给人落伍、保守的感觉,也不能太时髦、太新潮。

新闻节目主持人的镜头大部分是近景和中近景,因此要特别注意发型、服装领型的选择及其细节的变化与丰富、呼应与协调。女士适合穿一些比较正式的西装与套装裙,准备一些款式多样的衬衣与外面的服装相配,以便在平稳中求变化。黑色服装须谨慎使用,一是根据新闻内容需要来使用,二是如果从时尚的角度挑选黑色服装,应该在衬衣、内搭和胸针等方面增加亮色或花色给予调整。

女主持人的丝袜一般穿肉色,薄质,连裤的。透明度好的黑色、咖啡色、灰色在少数场合亦可,忌讳厚质地的袜子。办公室或重要场合手提包里应该有备用。

饰品不要多,吊坠、耳钉、胸针或小型的胸花即可。随着时代的发展,女主播的西服越来越有女人味了,并非必须穿正规的西装,带点小时尚、艳丽的色彩、精巧的配饰让她们展现出魅力的一面。例如,中央电视台新闻主播海霞的造型一直受到观众喜爱,她的发型、笑容及着装的整体契合度很高,服装讲究细节变化,

---

①② 赵小钦.电视播音员主持人形象设计与造型.北京:中国传媒大学出版社,2014:18.

耸立的肩头、衬衣的花边领口等,色彩善于用一些温婉、明丽的,展现出大气端庄又时尚新颖的形象。中央电视台另一位主播欧阳夏丹最常见的造型是深色小西装搭配立领浅色衬衫和圆领底衫,俏皮波点、荷叶边、维多利亚式尖领衬衫、粗花呢、肩章设计等,当下的许多潮流元素都能从欧阳夏丹的服装中找到。

凤凰卫视《新闻今日谈》评论员郑浩较多选择领形偏大的衬衣,配上花纹鲜明但并不花哨的领带,具有一种典雅的时尚感,端庄又不老气,时尚而不轻佻,西装选用欧美版型的中长款,很好地树立了儒雅精干的形象。中央电视台《军情时间到》主持人王言,穿着军绿色的衬衫,挽起袖子,大部分镜头是全身景的站立播报,体现了军事节目主持人的精干、帅气。

不同时段新闻主播的着装风格也会稍有差异。比如,《24小时》作为接近夜间的一档新闻,软新闻多一些,用更接近生活的语言播报新闻,着装可相应地变化,选择休闲的西装款式,也可摘掉领带,显得更活泼、更生活。民生新闻、专题类新闻节目比时政新闻主播的穿衣风格相对宽松,体育新闻的主播和出镜记者就显得更为轻松、活泼。

另有一些新闻主持人颇有个性,例如,凤凰卫视新闻主持人杨锦麟,在节目中身穿中式大褂,手握大笔,对着笔记本激扬文字,透出一种资深评论员的风度气质。又如,凤凰卫视另一名主持人吴小莉,装扮活泼俏丽,又不失新闻主持人的端庄,加上弯如上弦月的笑眼,利落的短发,干练又不失亲和,成就"微笑主播"吴小莉的经典形象。

(三)分清室内和户外的穿着特点

新闻节目主持人在演播室内外工作环境的差距较大,"穿得正确"比"穿得漂亮"更重要,要注重服装的空间感和功能性。演播室内的穿着应体现室内性,如正装等,风衣、夹克就不适宜,且不能有明显的季节变化,即使冬季也不宜穿高领厚毛衣和毛呢外套,女主持人可以戴简洁的丝巾,不能戴厚实的围巾。

户外报道要与实际的气候、场景和谐一致。例如,雨天可以穿雨衣,冬天穿滑雪服,野外可以穿户外运动的冲锋衣等。

新闻节目主持人的着装要求见表3-1(以女主持人为例,体育节目报道方式与新闻节目类似,也归类于此)。

表 3-1　新闻节目主持人的着装要求①

主题造型		服装	发型	化妆	饰品	色彩	面料
新闻	读播	套装的 权威的 室内的 较少个性的	庄重的 室内的	端正的 丰满的 有棱角	较正式的 较少个性 简单的 室内的	简明的 讲究配合 比例的 饱和的 单纯的	传统的
	记者	夹克 室外的 即时性的	随意的 一般的 职业的	清淡的 一般的 职业的	很少或没有	接近生活	丰富多样
体育		套装、运动装 休闲装 动感的 可以中性的	收拢的 （短发）	阳光的 户外的 健壮的	专业的	亮色 原色对比 平均的 配合比例	丰富多样

（四）男士着装细节②

1. 男士衬衣

男、女新闻主持人在演播室内都忌讳穿短袖衬衫，男士以正式的西装、长袖衬衣为主。

（1）领带、衬衣要与西服的色彩、款式协调搭配，衬衣要扎进腰带，衬衣的袖口要长出西服两指。

（2）深色衬衣，如深蓝、黑色、深绿、棕色、大图案、大条纹、花案的、丝衬衣等一般不适合新闻主持人搭配西装。

2. 领带

领带被誉为男人的自我宣言，应注重领带的花色、宽窄、打领带的方式。美国形象设计师说："领带是展现你个性的最好办法。你是保守的、花哨的、权威的、沉默的、还是严肃的个性，人们能迅速从你的领带中去领悟。领带是男人的概念和风格，是男人全身唯一最能表达自我的工具。"（《领带之书》）新闻节目主持人一般选择较为含蓄、简单、保守的领带。

---

① （部分选摘）杨青青. 杨青青形象设计. 上海：学林出版社，1996：19.
② 实际教学中发现男生着装意识较为缺乏，故补此"男士着装细节"，省略女生相关着装要求。

(1) 图案。不宜使用印有明星、美女、动物等大而俗的图案,可选择圆点、简单的图形或条纹的图案。

(2) 面料。只能选择全真丝的,人造面料或棉、麻、皮等材质的领带均不适合。

(3) 色彩。单色或简单双色搭配较好,慎用三种以上颜色混合,色彩太鲜艳也不合适。西方人认为,一个男人至少要有一条绛红色和蓝色的领带,这两种领带在西方调查中被认为是最有权威和可信度的领带。

(4) 尺寸。买国际标准尺寸的领带。

(5) 根据衬衣领口形状不同,采用不同的领带打法。

领带的打法:打领带的技巧显示社交礼仪修养,应学习并熟练掌握。

(1) 领带的打结与衬衣领口的样式有关,领口越宽,领带的结应该越宽。领带一般有温莎型、半手型、四指式三种打法。

(2) 领带打好后,标准的长度以箭头到皮带扣处为宜,过长过短都不合适。长于腰带,显得不精干;吊在腰带之上,显得小气。

(3) 新闻节目主持人一般不用领结,领结多用于庆典和礼仪活动。

3. 男士西服

(1) 面料。西服以100%毛料或至少70%的毛料、或毛与丝的合成面料为宜,化纤面料看起来不挺括且缺乏品质感。

(2) 颜色。男士西服一般为深蓝、灰、深灰等中性色彩。在西方,棕色西服被认为是低品位的表现,黑色西服只能用于婚、葬或作为燕尾服。

(3) 花纹。男士西服以纯色或暗而淡的含蓄的条纹为宜,深蓝色西服加暗条纹被西方人认为是强有力的男性西服。

(4) 目前国际上西服有三种流行风格:欧式、美式、英式。

美式:宽松、不贴身,腰部呈筒形,后中开衩。受美国人开放性感和大幅度动作的影响,穿起来显得高大威武,适合于瘦高型身材的人。

欧式:剪裁得体,强调垫肩,肩部方正和后腰尤为得体,它像是在亲吻着人的身体,显出男性的肩、胸,双排扣较多。

英式:无垫肩或只有一点垫肩,腰部略有形状,有绅士格调和品位,多为单排扣。

男士正式西装的时尚感大多体现在领子和扣子上,新闻主持人一般穿单排扣西服,最下面一颗扣子要敞开。领形折中,既不大也不小。新闻访谈节目中,根据内容也可以穿稍休闲的西装。

(5) 穿正装西服时内里忌穿毛衣。

4. 男士皮鞋

穿正式西服时鞋的质量很重要,应保持皮鞋发亮、不皱。

(1) 只能穿优质牛皮鞋而不是猪皮鞋和羊皮鞋,更不能穿仿制的皮革鞋或其他材料的鞋。

(2) 一般穿黑色皮鞋,不能穿翻毛、磨光或磨了砂的皮鞋。

(3) 穿样式简单的皮鞋,不能穿带有金属装饰物、船式、拉链式或其他装饰性强的鞋。

5. 男士袜子

(1) 袜子应与裤子同色,正式场合一般穿蓝、灰或黑袜子。白袜子只能在运动或穿白西装时穿,棕色袜子用于休闲的咔叽布或棕色裤子。

(2) 袜筒要足够长。

(五) 穿衣之忌

(1) 不要紧跟时尚,前卫的时尚主义对新闻节目主持人不起积极作用。

(2) 男主持人穿衣不要太紧,紧衣服让瘦人看起来憔悴,胖者看起来更胖,西装的尺寸非常重要,过大、过小、过紧、过松的西装都会破坏个人形象。

(3) 穿着与年龄不符,成熟的人穿得像青少年,年轻者穿得过于老成都不恰当。

第三节 体 态 语

一、良好的体态

体态包括坐、立、行、走的姿态。新闻节目主持人在工作中既有坐、立的情景,也有与采访对象边走边谈的情景,应体现健康、自信、挺拔的体态以及精干、稳健的步态。良好的体态源于健康的身体状态、一定的训练及规范的礼仪教养及自律。主持人应重视身体健康,注重形体及体态的锻炼,还应注重礼仪的学习。

二、简约、恰切、真实的体态语

体态语与礼仪天然地具有联系,故有仪态一词。体态语是用身体动作进行信息传递的一种方式,是由人的面部表情、身体姿势、肢体动作和体位变化等构成的可视化符号系统。体态语可以体现一个人的精神风貌、行为修养,而礼仪是在交往活动中形成的、起约束作用的行为规范。新闻节目的权威性、庄重性往往要求其主持人的仪态具有示范作用,观众对主持人体态语及其承载的非语言信息也越来越敏感。因此,新闻节目主持人应注重体态语修炼,通过观察、体会和形体训练,结合自身特点、节目特点、社会约定俗成等因素使体态语更为规范、简约、得体,让观者"适目""悦目"。

新闻节目主持人使用的体态语简约、恰切,以彰显新闻节目的严肃、权威和可靠,如微笑、点头、小幅度的身体自然动作等,身体语言多集中在面部、头部。新闻主持人虽无须像演员一样专门学习管理和使用表情和体态语,但应了解相关规范和知识,建立使用意识,掌握一定技巧,使体态语和有声语言相互结合、相互补充。有些"微动作"虽然细小,却令观众感觉生动许多。例如,新闻主播或新闻评论近景出镜时,手臂轻轻更换稿件的动作,肩、手臂、头的动作要协调,不能僵硬机械,既是换稿件的自然动作,也使主持人在屏幕上呈现"微动作"的动感美。又如,上海新闻综合频道《新闻坊》、第一财经《未来邀请函》的主持人,主持时手持话题卡、讲稿、iPAD等辅助物,手部会自然地带一些动作增加与观众或嘉宾的互动性,同时缓解看稿过程的生硬。

正如阿伯罗比亚所说:"我们以我们的发声器官发声,却以我们的整个身体交谈。"在访谈节目中,主持人还需准确理解采访对象体态语蕴含的信息,才能达到好的沟通效果,有时甚至能挖掘到意想不到的新闻信息。"体态语表达的是交流主题的内在情愫,是有声语言的标签和注脚,影响着信息的传递效果和交流双方的情感沟通。"①

---

① 熊征宇.体态语和礼仪.北京:中国经济出版社,2005:103.

体态语很多时候是下意识的流露,如两手分开、并拢、摊开等动作。主持人作为传播者,应练就在镜头前控制自己体态语的能力,既不能给人呆板僵硬之感,也不能过于生活化、随意化。使用体态语时主要从节目类型、画面景别和个人特点三个维度来进行考虑。

坐着播是通用的播报方式,也可根据节目内容做适当的调整。有的节目一部分内容在大屏幕前站着说,一部分坐回演播台后说。站着说显得精神、交流感强,更能吸引注意力,适合短平快的新闻或主持人串词,而坐着说更平心静气、稳重大方,适合全面播报和深度剖析。

新闻评论类节目可以适当加入强调、说明性的动作体现态度。少量的点评式评论坐着说、站着说均可,像《焦点访谈》节目现在开始语部分也由主持人站着说。而相对完整的评论板块节目,坐着说更显得庄重和有理有节。没有了演播台的遮挡,对主持人的站姿、动态的手势等都提出了要求。有时也会借用小的道具辅助体态语,如新闻评论节目主持人有时会拿一支笔或一个资料夹,显示边评论边思考、梳理材料的状态。比如,凤凰卫视《有报天天读》评论员、主持人杨锦麟边向观众介绍报刊内容,边用红笔在屏幕报纸上圈画重点,最后写一个字做本期节目的批语,这种圈画式的体态语设计、评阅与我国传统文化的圈画、批注文章的方式相似,配上杨锦麟的中式大褂,和谐而风格感突出。

又如,中央电视台《实话实说》节目主持人崔永元请观众讲话时,总会走到距离这个人最近的地方,侧过身来把镜头让给观众。遇到上了年纪的观众扶上一把,遇到年龄小的观众,他会蹲下来,或者把孩子抱起来,其自然亲和的体态语与《实话实说》的栏目风格密不可分。

应该注意,新闻节目总归是内容为王的节目类型,动作杂多、零碎不仅令人生厌,也无益于内容的传达,影响新闻传播效果,因此新闻节目主持人的体态语总体上应把握恰切、简约、真实的标准。

三、眼神和表情的交流感

眼神和表情是体态语的一部分,眼神和表情的交流感与有声语言的对象感是一体的。新闻主持人无须追求表情丰富,令人信服的质朴反而更有利于工作。中央电视台《新闻调查》栏目就明确要求"记者在节目中应保持客观、中立的立场、质疑、理性的态度,积极、投入的精神状态。采访中,不要轻易点头、摇头、皱眉或微笑,尤其是对于有争议、有冲突的话题"。

新闻播报的中近景景别里,细微的动作也会被"放大"。因此,主持人的体态语既要生动,又要把握分寸感,需要细心揣摩并从实践中认真领悟。例如,中央电视台《新闻联播》主播海霞,她的抬头、点头、摆头的幅度很小但动作明晰,给人轻快、昂扬之感,又没有轻佻、动作繁杂之嫌。她的眼神或目光语的运用深入人心,她的目光轻柔而坚定,明亮而充满希望,分寸感恰到好处,这源于她在长期工作中摸索的细腻感悟,更是她热爱观众、敬业精神在体态语上的自然呈现。所谓"相由心生",发自内心的微笑才能动人,言不由衷、虚情假意不能赢得观众的心。

四、加强镜头下的形体表达能力

镜头下播报新闻或采访报道应展现自然、大方的形体语言,摆脱表演化、"带范儿"的趋向,也要摆脱镜头下的紧张。形体紧张不仅影响自己,也会给采访对象带来影响。如何克服紧张?平时多运动、进行舞蹈训练可以增强身体的知觉、舒展度、灵活度和协调性等。同时,多在实践中锻炼,慢慢获得职业化状态,也有利于克服紧张,肢体动作就会显得落落大方。平时文明修养和良好行为习惯是体态语的基础和依托,内外兼修是主持人须长期坚持的功课。

大众传播的特质要求主持人在屏幕上的举手投足显现出高品位和个性化气质,出镜状态、形象造型和体态语,关涉节目中的个人魅力,更关涉节目的传播效果。一名优秀的新闻节目主持人,应该是深邃的思想、精彩的语言表达以及充满魅力的外在形象的和谐统一。

课后作业

1. 女生练习化妆的基础技法;男生练习打领带及正装的穿搭。
2. 收集四名不同新闻主持人的出镜照片或视频,包括新闻播报、评论、访谈、现场报道,并进行形象造型和体态语的分析。

第四章
现场出镜报道

第一节　现场出镜报道概述

记者在新闻现场的报道工作通常称为现场采访或现场报道。本章基于探讨出镜记者的相关知识和技能训练，内容聚焦为现场出镜报道。如果说"大事发生，我在现场"是每一个有追求的新闻记者的目标，那么出镜记者应该是幸运的，因为他们不仅是亲历者，还是直接的见证者。

一、现场出镜报道的界定与分类

出镜报道，是记者在新闻现场面对镜头为观众报道和评论新闻事件、进行现场采访的活动。随着新闻报道职业化的深入，记者出镜报道不再只是整个采访任务的一个环节，而需要对出镜报道任务的全局有所策划准备，对整个采访报道起到主导、构建和串联的作用。

除了新闻节目主持人，常有专门设置的出镜记者担当新闻采访或新闻专题的现场出镜报道工作。因此，本书所指现场出镜报道既包括电视新闻节目主持人的出镜报道，也包括栏目出镜记者的出镜报道，本章讲解中统称为记者的出镜报道，具体包括新闻消息、新闻专题、直播连线以及体育赛事的记者出镜报道。

二、现场出镜报道的价值

现场出镜报道，是电视视听语言综合运用的一种方式。让采访记者出镜，意为明确地告诉观众:"我(们)在场",其首要目的是增强报道的现场感,极大地增加新闻传播的真实性,满足观众对新闻现场全息、立体的信息渴求。其次是满足报道动态化的需求,记者在现场和当事人一起经历事件的起伏变化、动态发展,通过自己的现场观察提炼出有价值的新闻线索和新闻场面,用生动准确的语言向观众进行实时报道,让观众在第一时间了解新闻进展情况,这种动态化的报道,能够充分体现新闻新鲜、生动的特点。第三是采访纵深推进的有效方式。记者出镜采访当事人,和他们进行充分的交流沟通,"观众可以从双方的交谈内容、交谈时的神态、语气等细微处体会到更丰富、更深入以及隐含在新闻表象之下的真相和信息。这些仅凭观察新闻现场无法得到的。"[1]随着采访内容和话题的展开,新闻也在不断地向纵深推进。

上海广播电视台新闻主持人路军曾说:"你要做走在悬崖边上的人,只有你在悬崖边上走过,才有可能告诉别人悬崖在哪里。"出镜记者深入现场搜集线索、采访当事人、进行现场报道和点评,在采访中出面穿针引线,可以加强采访线索的连贯性,使节目脉络清晰,便于观众理解和接受。不仅大大增强新闻报道的真实性,也向观众全方位展示记者的工作,增添记者的职业魅力。

评价电视新闻节目质量时通常通过硬质量和软质量两个方面进行考量。硬质量包括:节目的基本要求和各项硬条件指标,如节目所述事实是否准确、条理是否清楚、画面是否工整等。软质量为:个性化指标,如记者临场发挥,诘问与交锋锐度、跟踪与发现、机智幽默等。显然,记者的现场表现有力提升了节目的品质和传播力。同时,新闻节目全天候、24小时不间断滚动,对热点的现场跟进、追踪也是新闻节目的内在需求。

如今,现场报道被大量运用,手机拍摄及剪辑软件的普及加速了观众对视听语言表达的熟悉与理解,整个社会媒介素养的提高促使受众进一步分层,对出镜记者提出更高要求,包括良好的新闻素质、文字口头综合全面的表达能力、独到的见解等。在全媒体的今天,记者还要能够充当多面手。因此,练好现场出镜报道不仅有助于提升记者的自身素养,对于提升媒体的竞争力和权威性,加强媒体的可持续发展都有重要意义。

---

[1] 黄钰.新闻节目主持人出镜报道(硕士论文).北京:中国传媒大学,2007.

第四章 现场出镜报道

三、现场出镜报道是卓越记者的"摇篮"

敏锐的新闻嗅觉、独特的观察视角、深厚的评论功力等良好的新闻素质都是从长期采访报道实践中得来的。只有在艰苦的新闻一线经受磨砺和锻造,才能成就信手拈来、角度新颖、富有深度、令人叹服的报道。美国历史上著名的新闻节目主持人爱德华·罗斯科·默罗、沃尔特·克朗凯特、丹·拉瑟、彼得·詹宁斯等都是凭借二三十年丰富的现场采访报道经历赢得美国民众的信赖和极高声望。中央电视台著名新闻节目主持人,如王利芬、王志、白岩松、董倩、柴静等,都有着卓越的现场调查、采访、判断和评论能力。他们正是凭借过硬的出镜报道能力和丰富的经验,才成就了在观众心中的地位和权威性。中央电视台著名栏目《经济半小时》制片人高先民说,"优秀的新闻节目主持人不是说出来的,而是跑出来的。并不是给任何一个人表演的舞台,他就能够成名成腕,他必须踏踏实实地做最基本、最艰难的工作。"①

四、现场出镜报道彰显记者强烈的责任感和事业心

记者是危险性高的职业之一。除日常报道以外,硝烟弥漫的战场、洪水泛滥的灾区、大火熊熊的山林,抑或是恶劣严峻的天气,都可能成为记者的报道现场。面对随时有可能危及生命的现场,记者往往都会毫不犹豫地勇往直前,始终站在第一线,为观众报道最真实的第一手新闻,彰显强烈的责任感和事业心。

《新闻调查》记者柴静在非典肆虐期间,勇敢地深入医院进行采访,成为最早冒死深入非典一线的记者之一。她和同事们身穿厚厚的白色防护服在病房里近距离采访感染病人的身影给观众留下了深刻印象。事后柴静接受采访时有人问她"难道就不害怕吗"?她说当时已经顾不上这些,那一刻她真正意识到作为一名新闻记者的责任。

被称为"疯"一样的男子——何润锋,当年在凤凰卫视做记者时,几乎是全公司皮肤最黑的人,那是他长期从事户外采访,在艰苦的环境中奔波的结果。他是把同行司机、翻译也给折腾疯的"工作狂";他是一个人背着所有设备,又写稿又

---

① 央视国际网站. 2004-03-22.

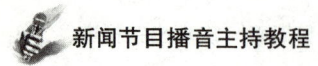

当摄像,特立独行的记者。当战火中以色列的炮弹落在他身旁,很多人劝他:"何润锋,赶紧走吧!"但新闻理想支撑着他始终坚守岗位。

2008 年汶川大地震,何润锋抵达都江堰之后得知通往汶川的道路已经完全被封锁,当时大雨滂沱,余震不断,随时随地都可能发生泥石流和山体滑坡。到底有多少人死亡?多少人受伤?救灾工作进展如何?灾民是否得到妥善安置?全世界都在等待前方记者的声音。"作为记者,我们必须尽快深入灾区,第一时间报道灾情。"何润锋徒步朝震中地区行走。"走在映秀镇的任何一个角落,都能感觉到空气中弥漫的腐尸气味,还要面临缺水、断粮、没有住宿、电源、无法如厕等问题,基本生活都难以得到保障。天气时而高温时而下雨,平均几分钟就有一次轻度余震,生存条件非常恶劣⋯⋯"他走了六个小时,成为首批进入汶川的电子媒体记者。

正是这样有着将生死置之度外的敬业精神的记者,才成就了许多难得和经典的新闻报道。

第二节 现场出镜记者的职责与要求

一、现场出镜记者的职责

记者现场出镜报道通常由以下四个部分组成。

(1) 报道者的开场白,或直接就演播室主持人提出的相关问题的现场报道。

(2) 现场采访,问题相对集中,内容紧凑。

(3) 报道者就现场的观察进行即兴报道,可以是描述性的,也可以是评论性的。

(4) 报道者在现场的总结或结束语。

以上各部分并不要求每次都完整呈现,须根据新闻现场的具体情况、报道的目的要求进行合理设计,但不管怎样设计取舍,最终都是要通过现场报道达到报道现场化、报道动态化和采访深入化。

媒体的记者、主持人,只要在新闻现场从事出镜报道,都可称为"报道者"。

通常,报道者在新闻现场说什么呢？①告知所处位置;②报道现场状况;③介绍事件核心;④描述现场细节;⑤报告新鲜之处;⑥告知相关背景;⑦采集同期声,让目击者、当事人说话;⑧多报道、少评议。

调查型新闻节目的出镜报道内容较为复杂,如中央电视台的《新闻调查》和《焦点访谈》等,记者需要深入新闻现场进行调查,挖掘有价值的新闻线索,同时走访当事人,探寻事实真相。整个采访过程经过加工整合就构成了一期节目。记者不仅需要参与每期节目的前期选题策划以及各种准备工作,更要在采访中起到对节目的引导、串联和构建作用。调查型新闻节目是对记者出镜报道能力全面而充分的展示和考验。"记者在现场是观察者,记者的采访不是从采访开始的,而是从介入这个事件开始的,从你对这个事件产生欲望开始。记者应尽早介入,要有所创造。"①

因此,《新闻调查》栏目如此定位出镜记者:"出镜记者(简称记者)是本栏目的品牌标志。《新闻调查》的'调查感'正是通过记者在每一个具体节目中的调查行为体现出来的,可以说,出镜记者的表现是体现栏目追求、树立栏目形象最有效的途径,出镜记者是本栏目最直接的外化符号。"②

二、记者现场出镜报道的要求

现场采访是现场报道的核心环节,充分的采访准备、专业的提问技巧、理性有效的倾听,是达成成功采访的必备条件。

(一)前期策划和准备

记者出镜报道,应从前期就参与到采访的策划准备中去,许多事情都要亲力亲为,这样报道起来才能心中有数。

"策划是围绕确定什么选题以及如何采访报道所进行的多维性思维活动。"③策划是记者深度参与现场报道的保证。接手制片人指派的投拍选题后,记者应在短时间内尽可能多的掌握原始信息,主动收集并尽快熟悉相关材料,及

---

① 柴静在中国传媒大学的讲座,2006-03-23。
② CCTV新闻中心新闻评论部《新闻调查》栏目组工作手册。
③ 叶子,赵淑萍.电视采访学.北京:师范大学出版社,2006.

时补充("恶补")相关专业知识、政策要求等;与编导商讨节目的指向、主题,了解编导意图;积极参与选择题材、制订采访方案等具体环节,理解编导意图,与节目组成员交流自己的想法和意见,确定报道重点,拟订采访提纲、采访问题,选择采访对象。即使是临时安排的采访,也必须弄清楚编导意图,明确每一段采访的重点,了解每段采访在将来节目中的可能位置与作用。

前期采访是记者对选题所涉及地点的人物、事件、发生原因等进行新闻事实调查的过程。外采周期通常需要 3～5 天,特殊情况则更长。如有需要,开拍前可与编导一起做前期调查。节目外采期间,记者应注意与制片人保持联络,及时沟通采访动态,获得信息和支援。

采访组成员应在每天的拍摄工作开始之前充分交换意见,在拍摄现场、当事人面前要配合默契,尽量避免与采访对象当面长时间的讨论、争执。发生意见分歧时,原则上以执行策划意见为主。

(二)采访对象的选择与面对

一般来说,应尽量采访当事者。如果采访的是专家,应选择长于表达的本行专家,且最好是亲身参与过或研究过该类事件的专家。原则上不采访记者,除非该记者是某一事件的直接当事人。随机采访时,不能图方便而采访自己的亲友。

为争取对方接受采访,需要了解被访者的一些心理特征:

(1)为什么不愿意接受采访?

害怕承担责任;担心报复;认为记者的目的就是让自己"曝光";对记者及其代表的栏目缺乏信任,怀疑其应对复杂和专业信息的能力;不愿抛头露面;紧张;没有时间;有法律规章限制;等等。

(2)为什么愿意接受采访?

希望获得一次揭露、辩诬或忏悔的机会;考虑到自己的社会责任;愿意表现自我,树立自身"正面"形象;出于对著名记者和栏目的尊重;"纠缠"不过记者。

针对以上特点,应将采访意图明确相告,尽量征得对方同意,但绝不能教受访者如何回答。对不具备完全行为能力的残障人士或未成年人,应征得监护人同意,如有必要,可请对方签署书面同意意见,也可以为对方出具对画面、声音进行处理以对其实施保护的书面承诺;对有特殊规定的受访者,如政府高官、服刑人员,应按规定请示有关部门。

应坚持采访中的平衡意识。在采访中如遇到群情激愤的场面,会因记者的出现变得难以掌控,最好采访双方的代表,或在场一方的代表,对不在场的另外一方也要尽量采访。为避免骚乱,记者应谨慎、客观、理性采访。

在调查节目里,让受访者无论是正方还是被指证方充分地表达非常重要。在柴静看来,表达的基础第一是公正、不带偏见、不带倾向性地去采访;第二是要有足够的背景知识,以了解对方的处境。

"目中无人,取不到真经",面对生活中的普通人,需要附身倾听,用心报道,发掘他们身上的闪光点,要善解人意,善于发现;对待明星,需要成熟和理智,忘记自己的粉丝倾向,保持理性报道;对待官员,需要自信地平视,做足准备,注重提问的逻辑性,体现职业性。

现场采访以面对面访谈为主,这种形式天然具备探讨问题的平和与冷静。当然,根据受访者身份和工作状态的不同,也为了画面丰富,记者和受访者之间的交谈可以在受访者的活动中进行。如果实在无法当面采访,也可以考虑电话采访,但应征得对方同意,否则不能录音。

采访要注意尊重受访者,对受访者的尊重,不但关系到平等问题,尊重本身就应该成为工作的一条标准和习惯。对受访者不尊重,不仅可能影响采访的顺利进行,还可能涉嫌诽谤和侵犯隐私权。

一般来说,记者须在征得受访者同意后方可开始采访、拍摄,应尊重受访者的隐私,对当事人不愿公开的、与公众利益无关的个人信息决不公开。这一准则不仅适用于强奸、杀人等恶性事件和火灾、空难等意外事故的受害者及其家人,对触犯刑律的罪犯也同样适用。采访中尤其应注意对未成年人的保护,不涉及与调查事件无关的个人隐私,如婚姻状况等。

如果受访者是残障人士、少数民族或有宗教信仰的人士、危重疾病或其他可能引起歧视的疾病患者,在称呼、用词等方面尤要谨慎,以免无意中冒犯对方。因此,记者在平时生活中要加强这方面的约束和修养。

采访灾害和变故中无辜的伤者和遗属,除了表达打扰的歉疚和对其不幸的同情,还要向他们传达公众的关心,让他们真切感受到接受采访也是回报公众关心的形式之一。作为记者,无论多么坚强,面对生命瞬间消失的人间惨剧,也会难免悲从中来或义愤填膺,要控制自己的感情以免影响采访的进行。

(三)设计提问

有人总结说,记者能否得到真实的情况,取决于三个条件,即记者和受访者的关系、提问的方式、被访者愿意让你知道些什么。

"提问有时比回答更重要。"如何设计提问?有一个设计问题的辅助公式可资利用:目标—障碍—解决—开始。

(1)目标——你的目的是什么?等等。

(2)障碍——遇到过哪些难题?等等。

(3)解决——怎么对付的呢?等等。

(4)开始——这些设想是什么时候、根据谁的注意开始的?现在如何开始行动?等等。

在具体采访中,"各种提问可以分为四类,有了这四种不同的提问,将来剪辑出的节目才可能丰富多彩、富于变化。采访时尽量顾及这四类问题:①探究事实的提问;②了解知识的提问;③印证态度的提问;④挖掘感情的提问。"①

"不要害怕追问,不用回避沉默。追问和沉默可能使对方最终告诉你你想要的东西。"②问足够多的问题。问自己:我要的答案是否全部得到?可以主动向受访者提问:我有什么遗漏吗?你还有什么补充吗?

编导应为出镜记者提供尽可能多的背景材料,列出采访要点,提醒记者对每个采访对象的注意事项以及每段采访内容在节目中的可能位置和作用,帮助记者确定采访提纲,协助记者与采访对象进行沟通。

有效的采访提纲很重要,注意提问的简练、衔接,体现完整度,但没有必要把非常具体的问题写下来。不能照念稿子,否则就成了书面语言,不够口语化。要达成成功的采访除了深入的新闻背景研究及案头准备以外,还需要记者在新闻现场有敏锐的观察力、职业的洞察力和较强的交流与沟通意识。

虽然采访会给受访者带来所谓"露脸"的机会,但也可能使其招致误解、非议甚至责难。某人往往因为是事件的参与者、见证人或某领域专家、某部门官员,所以成了受访者。无论记者多么和颜悦色,每一个受访者可能都会感到面临一

---

①② CCTV新闻中心新闻评论部《新闻调查》栏目组工作手册。

次"曝光"、经受一次"拷问"。受访者往往会要求"先告诉我,我准备下"等所谓的"完美采访"。但这种方式不仅会有损真实性,而且按图索骥的采访回答方式也令采访活动本身失去应有的价值。

(四)倾听

倾听的重要性无论怎么强调也不为过,倾听首先是一种教养和素质,理性的、有效的倾听是一种能力。有的受访者十分健谈,有的则话语简短,作为记者都应该认真地倾听。对于健谈者,要能够删繁就简,听出重要的内容,进而引导并深挖信息;对于话语简短者,要秉持积极的采访态度,用热情的眼神或体态语激励受访者打开话匣子,不要急切催逼,否则会吓退受访者,导致采访失败。要能在倾听中有所发现、反应、质疑和追问,追问不是乱提问,是经过快速敏捷的质疑和思辨之后提出的问题。优秀的采访高手,懂得通过与受访者的言语交锋来展示和披露事情的真相,让新闻当事人和新闻本身说话。

倾听不等于完全不打断,考虑到时间问题,或为了把问题集中,可以打断,但不要在关键问题的陈述中打断,记者应在积极的倾听中选择适当打断的间隙。即使是不能播出的信息,如时间允许,也应该多听,这对整个采访是有帮助的。

记者需要战胜功利和浮躁的心理。"不管我们要变得多么锋利,都不能失去我们心灵中最柔软的部分,但在报道中需要专业技巧的辅助。记者应该让对方自由地表达,有时记者不得不把自己的内心拿出来检验。"①

(五)新闻敏感与现场体验观察

"记者判断事实的准确程度关系到记者新闻生涯的声誉。任何一个记者,担心出错主要是事实判断上的失误。"②新闻敏感是准确判断的基础,所谓新闻敏感或记者的发现力,是发现和判断具有新闻价值的事实的能力,也称"新闻鼻""新闻嗅觉",是新闻工作者应具备的职业素养。新闻是记者对发生的客观事物的一种反映和认识成果,因此新闻敏感是记者捕捉有价值新闻的前提条件,新闻敏感能够帮助记者在常规报道中抓到"活鱼"。现场报道记者的新闻敏感主要体现在对采访内容的倾听和对现场的体验观察中。记者通过现场采访和观察,与

---

① 摘自柴静在中国传媒大学的讲座,2006-03-23。
② 赵淑萍.电视采访与写作.北京:中国广播电视出版社,1997.

编导和其他工作人员交流以及长期的经验积累形成职业的新闻敏感性,在新闻现场捕捉到新鲜、独特的新闻内容,通过思考形成概括和判断。

调查类节目中,记者的任务不仅仅是采访,"他最好有现场的发现、亲身的体验,有细节、有行动、有物证,直接向观众证实或证伪,一如《透视运城渗灌工程》中记者的调查。让观众看到,他是质疑者、交流者,甚至是见证者、验证者,他与当事各方进行全面的、直接的交流,他引领观众'亲历'调查全过程。"[①]又如柴静在《注射隆胸》这期节目中,采访跟得特别紧,过程暴露很彻底,句子很短,采访有回合感。"有人说你们是利益之争,因为你们推崇假体隆胸"等问话,对细节进行认真的确认,"作为一个调查记者,用事实来批驳"[②]。

(六)出镜记者的语言表达

记者出镜报道的说话方式是讲述式,又称为说新闻,也是一种运用广泛的常态有声语言样式,包含的语体主要有以下三种:

叙述体:叙述介绍,对新闻现场的介绍、描述、说明。

谈话体:采访谈话,对新闻现场报道中各方人物的采访。

议论体:分析评议,对新闻现场报道事实的评议、小结。

出镜记者应能够根据报道需要,正确运用语体,切合语境适当转换语体,语言规范、表述准确、状态自然、客观真实、现场感强。

新闻现场变化倏忽,如何在有限的时间内清晰准确地向观众交代事件发展变化的过程并不落俗套、给观众留下深刻印象,需要叙述和评论逻辑严密、条理清晰,语言富于形象感。条理性有利于引领观众的理解和思考,形象感便于观众接受。出镜记者应能够将语言文字思维与视听思维(影像思维)很好地结合起来,既要以理性思考贯穿,有些语言又要有形象感,与影像相结合,最终还要能够回到抽象思维,对整个事件进行总结、概括或思考。

1. 报道语言精练而口语化

"作为记者要切记:当你在采访时,当镜头对准你时,你就注意你的问话要像聊天一样就行了;记者本人问话的目的应该是让对方明白自己的意思,然后让

---

① CCTV新闻中心新闻评论部《新闻调查》栏目组工作手册。

② 摘自柴静在中国传媒大学的讲座,2006-03-23。

第四章 现场出镜报道

对方能够明确回答自己的问题。这样的采访就是好的。"①

现场采访的目的,无非是让采访对象根据记者提出的问题把所知所感、所作所为说出来,以完成节目中的"纪实性段落",为节目获得真实、生动的"信源"。书面语言是让读者阅读、写作的语言文字,在汉语中,书面语与口语在词汇及语法方面也有一定的不同。重要的是,书面语和口语给受众的听觉感受不同,如果在采访中使用书面语提问,不免与人产生隔阂,失去新鲜活泼的气息,也与新闻节目本身真实、质朴的风格不符。例如:

请您告知我,您的尊姓大名?也请您将您的家庭住址、工作单位告诉鄙人,可以吗?

您为何不循规蹈矩,做一名认真执行交通规则的合法公民呢?难道每天都要我们的人民警察五步一岗、十步一哨对你们这些知法犯法的司机做这种强制性的监督吗?

采访对象来自各行各业,以口语化的语言提问,可以给人以随和、融洽的氛围感受,使采访对象觉得你亲和、可信、可靠,愿意回答你的问题,也便于交流通畅。报道语言精练而口语化,是"精粹"的口语,而非日常生活中随意的口语。这里说的口语是用于交流和记录的口语,一定要简练明晰,语言组织要有信息量和现场感,语速平稳偏快,少用语气助词,语言节奏不能拖沓。要克服自身的语言毛病,如习惯性的口头禅、"嗯啊""但是呀"等"口水词",语调不要"学生腔",要有职业感。当然,在某些特定节目或特殊环境,如采访学者、教授、作家等,则需运用与节目风格相吻合、书面语气息较浓的语言提问。总之,采访提问是一种高层次的语言交流,要取得准确、实在的交流结果,得体、恰当的交流语言非常重要。因此,记者要在平时的大量阅读、写作中努力提升语言功力,注重用词、表达的准确、生动、明晰,经过长期积累,使之内化为自己的一种固有能力,才不至于在采访中出现用词不当、啰唆重复、词不达意的问题。

要注意称谓的表达,根据职业、年龄、身份等作恰当的称呼,有的可以直呼其名,但要避免使用"老王""小李"之类称呼,以免引起受访者的反感。

---

① 童宁. 记者采访:有谁用书面语采访啊. 电视记者. https://mp.weixin.qq.com/s/-3DTm4ovUtN1oC9SeHMZHg. 2017-05-28.

2. 明确的现场感和交流感

现场报道的语言应具切境感和现场感，突出当下、当时、当地。报道语体贴合语境，语气客观真实，不能用演的感觉去报道，强调语言的现场感、为观众报道的主动感、明确的交流感。

现场报道的采访不同于专门的电视访谈节目采访，强调现场性，问题相对直接、简洁，便于受访者表达现场感受，即借采访者之口让受众更全面地感知现场发生的事件。出镜记者要达成与受众的人际沟通，就要贴近受众"接上地气"，关注受众的需求、期望，多从贴近群众、贴近生活的角度寻找受众易于感受的切入点，并以自己的口吻感同身受，真诚流露自己的体验和看法。

记者的受访者多数是陌生人，因此记者首先要能够与陌生人沟通交流，需训练与陌生人交谈、当众自如说话的能力。记者在现场进行环境描述、内容陈述以及即兴评论时，有时人声嘈杂，有时还有围观群众，但仍要求记者能够当众从容不迫，清晰、准确地完成上述内容。虽然在与陌生人交谈和当众自如说话的愿望和能力上存在先天个体差异，但是作为记者必备的职业素养，应该有意识地进行锤炼。

3. 生动再现与理性引领

现场报道的语言要求简洁简练，但也不能仅仅对新闻现场几大要素简单陈述，只交代时间、地点、人物、事件，不免失之单调空洞，缺乏生动性。实际上，精彩的现场报道恰恰简练生动、丰富具体，令人印象深刻。例如，海湾战争期间CNN著名战地记者伯纳德·萧的一段经典的现场报道，以形象的比喻，寥寥数语就将激烈的战斗场面描绘得惟妙惟肖。

炸弹爆炸声像波涛一样每15分钟席卷一次……你可以感到爆炸的炽热气浪一阵阵扑面而来。现在夜空闪耀，如同白昼，在我们西南方仿佛有成千上万只萤火虫在飞舞……。①

1993年，中央电视台一条时政新闻《空中联欢会》夺得当年电视新闻一等奖，主持人现场报道的开始语是这样的：

---

① Tony Tang. 全球最大的新闻频道CNN. 上海：上海财经大学出版社，2007：20.

第四章　现场出镜报道

各位观众,我们现在是在欧洲一万米的高空,作为主持人,我有幸主持并向大家报道一场别开生面的联欢会。此时此刻是葡萄牙午夜12:30,北京时间7:30,葡萄牙在静静地熟睡,北京在悄悄地苏醒。刚刚结束了美国、古巴、巴西、葡萄牙四国之行的江泽民总书记与随行人员正用歌声、笑声洗掉十几天积下的疲劳,带着友谊飞向北京。①

这本是一条国家领导出访回国的时政新闻,然而这条现场报道却不落俗套,报道地点"在欧洲一万米的高空",报道时间形容为"葡萄牙在静静地熟睡,北京在悄悄地苏醒",报道事件则说"正用歌声、笑声洗掉十几天积下的疲劳,带着友谊飞向北京",绘声绘色,充满形象感,具有感染力。

除了生动再现现场情况,出镜记者还要在报道中理性引领。身处媒体,对新闻事件不能孤立对待,往往需要在该条新闻的背景、相关性报道或系列性报道中做文章,揭示相关新闻内容之间的有机联系。例如,可从时间、地点、人物、事件、发展等方面进行串联思考,从而给出观点,理性引领。

(七)现场出镜报道的体态语

体态语须切合报道情境。现场报道记者形体动作要简洁明晰,不要有"杂碎儿"。眼睛频繁眨动、眉毛上扬、手势过多或频率过快等都不恰当,表情不应做作,应保持客观、理性。有些报道场合还要求举止端庄,对于严肃的话题,表情应该严肃。

报道姿势可以根据实际情况选用,大多选择站立式报道,边走边说的方式也经常被现场记者使用,一方面通过行走带出现场背景以确认真实性,另一方面也可以加大镜头包含的信息量、增强画面的动感。记者在行走时要步幅适当、步态从容(少数紧急跟拍的情况除外),行走速度与摄像镜头的运动速度协调。手的示意动作要明晰、简洁、自然,忌刻意美化和夸张。这些体态语帮助观众了解内容、加深印象,更加亲切、直观地传播新闻内容,将人际传播的优越性运用到大众传播中。

记者要善于利用现场环境设计自己的报道方式,为报道的现场感"加分"。

---

① 张鸥.例说电视新闻记者出镜的五大要义.传媒观察,2005(12).

《BBC风云50年》一书中展示了几种不同类型的报道"姿势",比如蹲着,报道越战的记者就是在桥上蹲着报道的——当然,站着的话目标大,有被流弹击中的危险,更重要的是这种姿势让观众看到了"处境危险"。又如一个恐怖袭击的现场报道是记者"猫"在灌木丛旁边讲述,声音也不大,很有紧张感。

柴静一直很注重体态语的表达,但也有欠妥的时候。有观众看了柴静在非典时期采访的一期节目后提出疑问:"我觉得这次采访很成功,但是对你抱手在胸前的动作不是很能理解,有些人还因为这个动作说你学 CNN 的记者。"柴静回答说:"后来看素材的时候,我为自己这个动作检讨了很多次,其实,是在现场不放松的表现。记者的每一个姿态和眼神都是内心的流露,我会记得,我会反省。"①

(八)迅捷果断的工作作风及良好的身心素质

新闻报道无非是两个字:"真"和"快"。这两个字也道出了新闻采访的难点,既要快,又要准确。有的事件时间很短,不可能等着记者架好机器、背熟串联词,等等,这就要求记者具有迅捷、果断的工作作风,不至于留下报道遗憾。

笔者在《汉江王甫洲大江截流实况报道》②中有一段在一条水文船上从远景的角度报道汉江截流的进展情况(图 4-1)。大江截流有严格的时间节点,笔者刚从另一个报道点结束后赶到这里,站在船上背对截流实况采访一名工程师,再做一个对截流进展的远景的观察报道,必须在规定时间里准确地完成这两项内容。为此,前期要做好充分准备,在现场说什么、怎么说、行走路线等都要认真考虑,在现场要果断、举重若轻地从容报道,让观众既感受到现场的紧张有序,也能体现记者的镇定自若。

现场报道记者应有吃苦耐劳、连续作战的身心素质。现场报道往往需要辗转不同地点,有的采访周期较长,对记者的心理和体能上的连续作战能力有很高要求。著名记者何润锋说"我喜欢流动的生活方式",在流动的工作、生活中进行敏锐的观察与分析,也应成为当今记者的职业习惯和能力。

---

① 央视国际,柴静在线:如果被感染,就带着纸和笔进病房,2003-06-06。
② 《汉江王甫洲大江截流实况报道》获 1998 年湖北新闻奖一等奖,湖北广播电视奖一等奖,主创饶丹云、汪虹、罗俊勇。

第四章　现场出镜报道

图 4-1　饶丹云正在进行汉江王甫洲大江截流实况报道

三、串场、开始语、结束语

出镜记者在现场的串场、开始语、结束语彰显记者在现场报道的功力,也使报道内容立体化,报道手段丰富化。

(一) 串场

"串场是一种现场报道,是记者面对镜头直接与观众交流而不是与采访对象交流,因此比解说多了一层亲近感。其主要作用是帮助观众理解某一新闻事件,并给观众以现场感。最好在事件现场或曾经的现场进行串场录制。尽量提供事实、少发议论,尽量为后期剪辑的转场提供方便,或现场印证、或交代环境、或提出疑问。"[①]

根据编导的内容设计,记者负责撰写现场拍摄的串场词。记者要尽量记忆准备好的报道内容,对于记忆的内容不能死记硬背,而是一种在现场的表达。除了在现场取得的材料以外,不能拿着稿子照读。现场采访结束后,应提供节目背景资料,配合演播室主持人提炼节目主题,把握节目开始语结束语表述,以保证内容和风格的统一性。

---

① CCTV 新闻中心新闻评论部《新闻调查》栏目组工作手册。

(二) 开始语与结束语

出镜记者在演播室出现，可以实现与观众的又一种沟通，仿佛告诉观众：紧张的采访调查拍摄过后，记者经历了一番冷静的思考与梳理。演播室开头和结尾的述评，是全片的引子和结尾，长度要适中。开始语要尽量引起观众的注意、好奇和重视，结束语的评论要给人意犹未尽之感。如果说解说词部分主要是客观事实陈述的话，演播室的述评则带有一定的评论色彩，但须注意评论不是说教，也不是定调。

开始语的写作技巧类似于新闻导语，"运用新闻由头，加入人物，交代来龙去脉，突出悬念，对导语做故事化、悬念化处理，找到吸引受众的导入角度。"[1]可以从逻辑和语言两个方面入手：一是将重要的信息及观众关注的信息予以突出，点明与当下形势及与观众的关联；二是在构建叙述的逻辑顺序基础上做一定的口语化加工。例如，长句改为短句，倒装句改为一般陈述句等。

中央电视台晚间《世界报道》播出的一则医疗动态原来的导语是：

成为学校中的体育明星是很多孩子的梦想之一。今天，6岁的亚当终于又能像正常的孩子一样，圆他的棒球梦了——由于医生创造的奇迹，身患骨癌的亚当保住了他的右臂。[2]

这种倒装句式更适合书面语，主播康辉为了方便观众理解，调整了原导语的叙事顺序，同时对语句也做了口语化的修改：

很多孩子都渴望着能成为学校里的体育明星，6岁的亚当也是其中之一。可骨癌差一点打碎他的棒球梦。而今，由于医生的努力，亚当奇迹般地保住了他患有骨癌的右臂。[3]

演播室开始语案例分析：

家庭，代表了人和人之间最亲密的关系，而丈夫和妻子就是这种关系的基础。（点明报道主题）但是最近我们从妇联的报告中发现，在各地监狱所关押的重型犯里，都有一些女犯是因为杀死丈夫而入狱。在中国家庭中，女性往往被当

---

[1] 吴郁. 当代广播电视播音主持. 上海：复旦大学出版社，2005：128.
[2][3] 吴郁. 当代广播电视播音主持. 复旦大学出版社，2005：129.

作是温暖的象征。(联系具有新闻价值的社会现实问题为切入点)那么,为什么这些女人会杀死伴侣,让孩子成为孤儿,让自己失去自由呢?(针对该现象提出问题并进一步探寻缘由)我们在河北省石家庄市的女子监区进行了调查。

资料来源:中央电视台《新闻调查》《女子监区调查》

12月1日,就像一个警钟般的日子,年复一年地提醒我们关注艾滋病。(点明报道主题)而中国的艾滋病疫情正处于由高危人群向一般人群扩散的临界点。因此,如何有效地阻止疫情蔓延,已经成为一个不得不正视的严峻课题。(联系具有新闻价值的社会现实问题为切入点,并提出问题)目前,我国政府以积极态度,从实际出发,借鉴国际上的成功经验,在一些地区开展了科学的新型防治模式。《新闻调查》前往四川省西昌市,就如何在吸毒者这一特殊人群中防治艾滋病进行了采访。(引出解决问题的方法)您将看到的是发生在一个吸毒者身上的真实故事。

资料来源:中央电视台《新闻调查》《拯救吸毒者》

(三) 画面解说

出镜记者应对后期编辑思路和解说词的撰写提出建议,有时会担当画面解说任务。

解说以画面为依据,与画面相协调,以说为主,目的是辅助画面解释清楚。解说首先要理清稿件的思想逻辑,注意运用评论、叙述的有声语言样态,加强解释性,是解说语体制约下的评论和叙述,须体现知性、理性。可以设定自己是专门做介绍的人员,用感性去浸润理性的新闻内容,语言应该有氛围感,不能带朗诵调。

记者对文本信息内在的逻辑关系是明确的,重点是要练习和掌握有声语言表达的"外部技巧"。一是解说速度与画面节奏的契合,松紧适度;二是找准基调,尽管记者的采访角度是客观的,但也会有"内隐"的态度;三是注意停顿、语气转换、换气点等语言表达技巧。

四、出镜报道的现场评论

现场评论是记者根据现场情况进行即兴点评,从而深化报道主题,引发观众思考。精彩的现场评论需要记者具备对现场敏锐的观察力、丰富的联想能力、对新闻事件本质的感悟能力等,因此难度较大。简短的评论往往蕴含大智慧,是记者新闻业务能力和语言组织能力的整合和彰显,也是记者才情的迸发和结晶,能够为整个报道画龙点睛,增光添彩。其主要特点有以下三个方面。

(1) 自然联想、深化主题。

现场评论一定要发挥现场优势,将评论和现场紧密结合在一起,抓住现场的某一点引申出去,自然联想、深化主题。

(2) 短小精悍、画龙点睛。

现场新闻争分夺秒,现场评论应该短小精悍,力求在恰当的时机做到位精辟的点评,寥寥数语就能让新闻熠熠生辉。

(3) 逻辑严密、寓意深刻。

逻辑严密才能真正体现记者的理性思索和判断,引领观众对新闻事件的深入关注与思考。

《新闻调查》2007年4月23日节目《上海某楼盘房价虚高内幕》,节目组接到知情人投诉,说上海陆家嘴中央公寓每平方米1.7万元人民币的楼盘当中存在较大的非正常利润空间,在开发的每个环节中都存在人为操纵抬高房价的情况。经过走访调查,柴静发现从楼盘的开发到销售确实存在着人为干预抬高价格、内部人利用职务之便炒房等不正常现象。节目最后,柴静站在中央公寓的大楼旁,做了如下一段现场评论:

现在是晚上的九点半,中央公寓的一千多套房子,灯光很稀少。售楼处的工作人员告诉我们说,开盘到现在两年多的时间,入住率不会超过10%。但是不要以为这些黑暗中的空房间没有生命。每过一个夜晚,它的价格都在自动地向上攀升。有些房子两年多以来已经上涨了每平方米8 000块钱,将来有一天,从这些房主手里接下房子,真正住进去的人,可能很少有人会意识到,他们不仅仅是在为房子买单,也在为某种权力买单。

评论首先从现场感入手,晚上九点半正是城市万家灯火的时候,而中央公寓房子的灯光却很稀少。接着从售楼人员的口中再次印证,中央公寓入住率的确很低。紧接着话锋一转,公寓虽然没人住,房价却每天都在攀升,甚至涨幅不小。

最后顺势一点:"将来的某一天,真正买下房子用于自住的人,他们不仅仅是在为房子买单,也在为某种权力买单。"柴静的这段现场评论,惜墨如金,逻辑严密,措辞严谨且寓意深刻,未声嘶力竭却充满力量。

笔者1998年在《汉江王甫洲大江截流实况报道》中担任现场出镜记者,在报道尾声的结束语为这则工程报道增添了理性思考的深度。

观众朋友,经过45分钟的奋战,土石坝左右岔堤现在已经完全连为一体了,今天大江截流按照预期的计划获得圆满成功。截流之后,主河床土石坝还将进行防渗施工,输变电工程、电厂机组安装、城市堤防以及防水工程等配套设施也将同步进行。预计在明年四月份,第一台机组将投产发电,2011年工程全部竣工。到那时,一座现代化的水利枢纽工程将在昔日的沙洲上崛起,为推动南水北调中线工程的实施,加快汉江的综合开发步伐,改善当地的生态环境,为改善汉江中上游的通航条件将起到不可估量的作用,我们期待着这一天早日到来。观众朋友,今天王甫洲水利枢纽工程大江截流的实况报道到这里就全部结束了,观众朋友,再见!

图4-2 饶丹云正在进行汉江王甫洲大江截流实况结束语报道

这段结束语并非事先写好,报道台本上只要求全部结束后,三名出镜记者可在自己的报道地点自由发挥结束语。因为这是一个大型水利工程的实况报道,笔者也只是准备了一段简单结语。但在现场,笔者受到受访者回答内容的启发和现场气氛的感染,于是临场思索,迅速参考背景材料综合思考说出了这段结束语,播出之后受到水利专家和观众的好评。其中虽有一处小的停顿,因为是即兴,但这是真实的、思想的流露,比起流畅的"套话""废话"要好。当然,这段结束语涉及一些水利工程方面的专业词汇、专有名词,记者应提前做好功课,熟悉内容。

古人云:语不惊人誓不休。出镜记者平时就要在写作、说话中注意词句的斟酌、锤炼,力求语意精炼、融汇思辨且有文采,这样才能在紧张的新闻现场顺利而出色地完成任务。

五、现场报道案例评析

中央电视台新闻频道《武汉观察》:记者探访方舱医院

【武汉 Vlog】 记者探访武昌方舱医院,里面到底咋样?[①](图 4-3)

报道内容	点评
【记者出镜】 据了解,截至 2 月 5 日晚,武汉一共有三家方舱医院已经正式投入使用,将提供解决接近 4 400 个床位。那么方舱医院里面到底什么样?今天我专门全副武装,准备前往位于武昌区洪山体育馆的武昌方舱医院。咱们一起进去看一看,里面到底咋样?	简洁的开始语带出采访背景,单刀直入提出采访目的:方舱医院里面什么样?记者以 Vlog 的体验方式进入武昌方舱医院实地探访。
【记者现场同期声】 我们现在就来到了洪山体育馆的方舱医院,现在这些路基本上都被封掉了,主要是为了给患者进入医院留出唯一的通道。这是医院门口,这是吃剩的盒饭,这里有点心、水果、鸡蛋。 记者:您好,您是这儿的患者吗? 患者 1:是。	简单介绍了方舱医院的外部环境,点出"留出唯一通道",突出安全、快捷。记者说话时明显有穿防护服造成的厚重呼吸声,也让观众联想到医护人员的工作状态。

---

① 资料来源:中央电视台新闻客户端 2020 年 02 月 07 日 22:54,记者:张竣,剪辑:李金凤。

第四章　现场出镜报道

（续表）

报道内容	点评
记者：这儿的伙食怎么样？ 患者1：还行吧。 记者：您好，我问一下在这儿住院花钱吗？ 患者2：不花钱的。 记者：中午吃饭了吗？ 患者2：吃了。 记者：吃的啥啊？ 患者2：盒饭。 记者：都有什么菜？ 患者2：胡萝卜、青菜，还有一个，三个菜吧。 记者：您吃饱了吗？ 患者2：还行。 记者：中午这儿的饭要钱吗？ 患者2：不要钱，都是免费的。 记者：您来住院您带什么东西了？ 患者2：生活用品。 记者：就是自己的生活用品就可以了是吗？ 患者2：对。 记者：您在这儿住着感觉满意吗？ 患者2：还行吧，谈不上满意，人家也不容易啊，外地来支援我们的有这么多人，这还不满足，还想什么呢？	记者关注1：饮食、休息、费用等，对患者进行了非常细致的采访。
记者：这两天网上有好多传言，说方舱医院特别差什么都没有，您怎么看？ 患者2：这也很正常，刚开始，什么事物都有一个刚开始的过程是吧，后续慢慢完善吧，也得理解别人。 记者：您表示理解？ 患者2：对啊，深更半夜把它搞好了，别人工作了25个小时，那你还有什么好抱怨的，你只是休息睡觉静养，那你还有什么不满足的呢？ 记者：好的，谢谢！	记者关注2：关于方舱医院网络传言的看法。记者总结受访者的观点：对方舱医院现有情况表示理解。

(续表)

报道内容	点评
记者：这边的电热毯能用吗？ 患者3：能用。 记者：是可以用的是吧？这也能充电的吧？ 患者3：可以充电,不冷,有电热毯不冷。 记者：您好,咱这儿现在有热水吗？ 患者4：在外面打的。 记者：是有热水的？ 患者4：外面有开水的。	
【记者现场同期声】 看到这里医护人员正在忙碌,看到这边其实每个医护人员都非常忙碌。比如当一个患者特别难受的时候,可能需要两个医护人员陪伴才能去上厕所。	记者关注3：就医。记者同期声用"看到这里""看到这边"等直接的词语介绍现场情况。
医护人员(搀扶患者)：慢慢走,不着急。	
【记者现场同期声】 看一下这是方舱医院的厕所,这里设置了50个这样简易的厕所,每天都有人来固定打扫,可以看到这里便捷厕所的废水正在由专门的车收走。 记者：您好,这是专门消毒吗？ 环卫工人：对。 【记者现场同期声】 看到了正在挨个从厕所里把这些废水抽走,来进行专门的消毒。	记者关注4：如厕问题,涉及消毒、废水处理。体现方舱医院虽设施简陋,但安全、踏实。
【记者出镜】 正如刚才那位市民所说,这座方舱医院的建成用了特别短的时间,所以这个医院很多细节还有待磨合的地方,但是大家都对此表示出了忍耐与理解。很快武汉地区将有13座这样的方舱医院正式建成并投入使用,预计将一共提供床位近万个,我们也将持续关注。	总结：借用受访者的话,有说服力地指出,方舱医院虽有细节待提升,但总体上可以实现功能,并被大家认可。结尾提及未来的方舱医院投入数量、床位数,后续跟进报道。

第四章 现场出镜报道

图 4-3 中央电视台新闻频道：记者探访武昌方舱医院

案例推荐理由：

本报道主题内容为记者探访救治新型冠状病毒肺炎患者的方舱医院，了解其内部基础设施、饮食条件、卫生状况等配置。从报道可以看出，采访是针对网络传言"方舱医院特别差、什么都没有"进行回应的，这些也是人民群众当时最为关心的话题。

报道采用记录日常生活的视频博客 Vlog 形式，记者全副武装进入方舱医院，以亲身观察和与患者面对面交流为形式，让观众跟随记者脚步，看到方舱医院内的真实情况，由观众自行判断，有力地抨击了随意杜撰、信手拈来的网络谣言。

当传统的新闻报道与 Vlog 相融合时，受众可以切身感受时下新闻热点，并以第一视角观察事件，内容虽散碎却真实，报道形式质朴无华，反而令观众愿意接受，为新闻媒介演化发展提供新的可能性。

第三节　出镜采访的拍摄与剪辑要求

有人认为，拍摄与剪辑不是出镜记者的事，不需要专门了解。事实上，出镜记者一样需要有很好的视听语言思维,包括对拍摄、剪辑知识技能的了解。从整个节目的编导和创作角度来说,出镜记者还必须会拍摄和剪辑,建立专业、规范的拍摄和剪辑思维可以有效保证出镜记者与摄像、编辑之间的合作,提高工作效率与节目制作质量。美国著名新闻杂志《60分钟》对出镜记者的摄像非常讲究,构图、镜头运动规范而具有表达力,一方面表现出摄像记者的素养,另一方面也反映了团队成员卓越的沟通与协作。

一、拍摄注意事项

现场报道中出镜记者与摄像记者的工作关系是:出镜记者是主要的,要告诉摄像记者报道内容。摄像记者应选择信息正确、信息量较大的背景画面,进行视听语言创作。

(一)光线背景的观察与选择

记者现场采访的拍摄地点要典型,背景要包含采访内容的信息,有多个采访对象时,不要总在同一个位置进行采访,应更换采访方位,多几个角度,以突显变化。尽量寻找好的光照条件进行拍摄。

(二)镜头的运动与稳定性

使用三脚架拍摄以保持镜头稳定。镜头可以从记者摇移到现场,也可以从现场摇移到记者,以增大视听语言的信息量,增强镜头运动的灵活性。重要采访应设计现场报道分镜脚本,以确保拍摄及剪辑质量。初学者也应设计现场报道分镜脚本,以帮助建立规范的现场报道视听语言感觉。

(三)拍摄时实时监听

拍摄时一定要用耳机实时监听,检查采访同期声是否录上,同时检查音量和声音质量。采访音量大小和环境声要完美结合。例如,采访某个工厂,有机械声、车床声作为背景,说明工厂正在生产;如果没有这些背景声,则很有可能是工厂已经停产了。又如,采访某个小区的老年人,背景如果有些鸟或狗的叫声,则可以衬托出老年生活的安逸。

二、采访对话场面的拍摄要求

无论在新闻现场还是在演播室采访,对话场面的拍摄有规范的视听语言要求。规范的采访对话场面应有两台以上摄像机进行拍摄,如果只有一台,则需要按照两台以上摄像机位的镜头要求补拍相关镜头。主要有以下三种角度及布局。

(一)第一种角度及布局

2人+2人镜头构图时,面对镜头的人物应占画面三分之二,背对镜头的人物占画面三分之一。"通常的拍摄处理方式是一组外反拍角度。前景的演员(背对着镜头)在外发拍镜头中鼻尖不应超出面颊轮廓线——从这种角度我们根本看不到他的鼻子。"①

图4-4是一种典型的布局,两个人物到两个人物,两个主镜头都是外反拍位置。

图4-4　2人+2人镜头构图

(二)第二种角度及布局

1人+2人,一个内反拍角度可以与一个外反拍镜头组合使用。在内反拍镜头中被单独表现的人物更为突出,因此受访者通常多用内反拍镜头。

---

① [乌拉圭]丹尼艾尔·阿里洪(Daniel Arijon).电影语言的语法.陈国铎,黎锡等译.北京:北京联合出版公司,2013:35.

图 4-5 的布局为两个人物到一个人物,一个主镜头是外反拍,另一个是内反拍。该拍摄方法可以采取两种方案。

图 4-5 1人＋2人镜头构图

(三) 第三种角度及布局

1人＋1人,用内反拍镜头分别拍摄两个人物。在每个主镜头里只拍摄一个人物。

第四章 现场出镜报道

图 4-6 的布局为一个人物到一个人物,两个主镜头都是内反拍角度。

图 4-6　1 人＋1 人镜头构图

一个外反拍和一个内反拍位置的结合在画面上造成数量对比(number contrast)。外反拍镜头包括两个人物,而内反拍镜头只表现一个人物。

以上三种方式均可以用以表现受访者说话、记者提问、受访者听问题及反应镜头、记者听问题及反应镜头等情况。这样拍摄后剪辑出来的画面本身具有叙事功能,而且有助于表现出镜记者及受访者的体态语信息,强化现场感和出镜记者的职业魅力。

要注意受访者在镜头中有适当的观望空间,不能太小也不能太大。出镜记者可以用外反拍镜头或内反拍镜头,以反映记者的工作状态,也有利于后期剪辑插画面之用。拍摄时不要随意变动摄像机机位和两个人的位置,防止出现越轴现象。

> **小贴士**
>
> 出镜记者在开始报道前,应先说"开始"或"第一条开始""第二条开始"等,然后说报道内容,这样便于编辑人员后期快速找到剪辑点,提高工作效率。

三、剪辑注意事项

后期剪辑中,报道主体和目的要明晰,记者采访声音、同期声使用等剪辑逻辑合理,符合受众心理,根据内容要求剪辑适当的长度,重点突出,简洁明了,要注意将采访声音应与现场同期声加以调整。

比如,记者在采访中,为表示尊重每一个受访者,也许都会说"请问";又如"问题也是有的"这样的语句有可能被多个受访者提及,在剪辑时要进行精简,把重复的零碎的语句剪掉。

四、出镜记者与团队的协作

出镜记者应与摄像师有良好的沟通,建立互动、融洽的工作关系。记者在现场的表现与摄像师的视听语言表达水平有很大关系,近景、中景,有没有反拍,默契的摄像师能够在角度选择景别设计和镜头运动方向等给予节目更好的视觉表达,良好的沟通和高效的团队协作是提高节目制作水准的重要保证。

从一定程度讲,编导、摄像师、录音师也是记者,大家都在采访,只是出镜记者充当了代言人的角色。因此,团队的素质和目标的统一性非常重要,在拍摄现场,出镜记者应与摄制组其他人员互相配合、互相尊重,共同完成采访工作。

在《双城的创伤》(《新闻调查》栏目)节目结束前,有一个成功的1分40秒的长镜头:柴静正和被采访的小学生坐在小土坡上说话,忽然其中一个小学生起身离开了土坡,头也不回地走了。镜头从远去的小学生背影摇到柴静,停留了几秒,柴静从沉思中回过神来,对着镜头一气呵成地完成了这次节目的结束语。虽然那个小学生突然离去,但是摄像师却并没有中断拍摄,也没有推镜头,而是将镜头跟着那个孩子走,一直到他消失镜头再摇回来,柴静才接着说……此时摄像师与柴静之间已经建立了工作默契,真实的镜头展现了柴静和摄像师的共同思考与认识。

第四节　直播连线报道

新闻直播由于实时、全面、真实的特点受到各媒体的广泛重视，每逢新闻大事件，各大媒体都要投入精兵强将、精心策划安排，打响新闻直播的大战役。尽管新闻直播的报道样式也是由新闻播报、现场报道、新闻专题等传统报道样式加上演播室与现场直播连线等，但因其实时性的特点，无论对媒体实力还是对报道人员素质都是重要的考验。

一、直播对演播室主持人和现场记者的要求

新闻直播是一个复杂的系统流程，具有多讯道节目制作的特点，能够进行全方位的即时报道。演播室主持人须播报最新情况、与前方记者连线、采访请到演播室的专家、衔接背景资料、主持人之间的互动等，工作头绪多且有许多不确定性。因此，直播主持人需要有丰富的新闻从业经验，在导演和其他工种同事的紧密配合下串联起演播室和新闻现场不同时空、多种形式的新闻报道。

直播前，导演会与演播室主持人再仔细对一遍所有的流程节段。一部分提词内容是事先写好的，可以根据自己的表达习惯略微改动一些。但是直播时尽量不要依赖提示屏幕上的提词，不要有太强的播报感，尽量记忆关键内容，直播时将其复述出来，提词只是一种信息准确的辅助，这就对直播主持人的瞬时记忆和复述能力提出很高要求。对于直播现场的记者来说，观察发现的能力和业务的娴熟非常重要。因此，无论是演播室主持人还是现场记者，都十分强调"业务水平"。

直播主持人应充分了解直播相关的新闻背景。直播时，同样一个主题的内容，可能现场的记者有一些介绍，现场的受访者也会介绍一些，而有些信息在事先准备的短片中也会包含，这就要求演播室主持人能够认真听现场的报道，根据事先准备的材料补充上面三者遗漏或仍需要强调的信息，以及及时的评论，不能不顾现场的实际报道情况死板教条地介绍导演事先给的信息，使内容重复、直播节奏拖沓，让观众感到倦怠。

（一）认真对待每一件事，准备工作要做好

直播时间紧、任务重，在收到流程和任务安排后，要认真领会，将整套方案做到心中有数，重点研读自己负责的部分并做好标记，标出衔接不明确的地方，在碰头会上与导演确认。

即便是已经确定的直播方案，直播前或当天还可能有变化，因此参与直播的主持人和记者一定要对整个流程都了解，同时要有接受变化的心理准备和随机应变的能力。例如，实习记者王晨莹[①]在谈到参加同济大学110周年校庆大直播现场报道的体会说："前一天下午碰头会上，一名现场记者因为身体不适临时退出，导演将原本四人的分工重新分配，我承接了那名记者的绝大部分工作。晚上10:00，还在整理材料时，临时接到导演通知，任务分工有变，把一段长达30分钟的采访直播加给我。还好之前对整个流程都有所了解，才能够临危不惧，有条不紊地用了不到两小时重新准备、理顺、吃透材料，心理上自然也会更有把握。"

王晨莹参与直播环节（图4-7）：

图4-7 王晨莹正在同济大学110周年校庆大直播现场进行报道

（1）8:15—9:30 四平路校区开学典礼现场采访参与同跑校友＋募资志愿者；

---

① 当天现场报道实习记者王晨莹：同济大学政治与国际关系学院2013级国际关系专业研究生。

(2) 11:00—11:30　大礼堂门口采访印章纪念品换领点志愿者＋印章设计者＋校友；

(3) 13:00—13:20　南楼116采访返校毕业十年班级；

(4) 14:30—15:30　学苑食堂捐赠点采访志愿者＋校友；

(5) 16:00—16:30　音乐广场采访校友；

(6) 16:45—17:15　樱花大道采访心愿卡志愿者＋校友；

(7) 19:28—19:30　外滩Soho直播倒计时。

(二) 沉着应对突发情况,身心素质很重要

直播过程中情况一直在变化,但开弓没有回头箭,虽然直播方案在时间、地点、受访者等方面都经过了精确策划,但是,现场就是现场,往往会有各种状况,这也是新闻直播新鲜性和生动性的体现,直播记者也会感到一种工作的"挑战感"和"刺激感"。白岩松说自己在多次的直播中明白一个道理:现场直播考验的决不仅是一个人的业务能力,还有心理素质。

"原本我最早的一场采访是9:00左右,但因为开学典礼现场流程与之前导演组拿到的有出入,就需要通过临时采访校友来补足时间。要打响直播场外采访'第一炮',内心的紧张自然不必说。但情况紧急,首要任务是让自己迅速进入'战斗'状态,与导演找来的校友做简短沟通,提前把采访过程中可能问到的问题跟他们过一遍,让双方都有所准备,从而保证了这'第一炮'得到导演组的一致认可,自己的信心也即刻树立起来。"王晨莹说。

临时增加采访的情况时有发生,由于现场直播的受访者具有很大的不确定性,因此要学会善用身边资源。例如,"通过交谈得知,作为我们这一组助理的志愿者的生日竟然与校庆同日,这就是一个非常好的采访点!诸如此类,在等待导播指令的过程中,与周围热情的校友攀谈,选择积极性较高、语言表达能力较强的对象进行采访,使得整个直播增添了故事性与趣味性。"王晨莹说。

除了心理素质以外,身体素质也非常重要,直播往往是"大体量"的综合报道,无论是演播室主持人还是现场记者,持续工作的时间长,即使中间没有切到自己工作环节时,也要思考准备接下来的报道。要求主持人和记者都要有很好的耐力,平时注意锻炼身体,习惯于抓住间歇的时间积极休息。笔者在同济大学110周年校庆大直播报道中担任演播室主持人(图4-8),从早上8点连续工作到晚上7点,其间一直在演播室里进行播报、评论、介绍等,中间吃饭也只能是在播放纪录片时应付一下。

"一天的直播下来,最紧张的环节是19:28—19:30在外滩Soho天台上的倒计时。短短两分钟,对我的心理素质和身体素质都是极大的考验。其一,经过一整天的直播,体力消耗很大;其二,天台风大温度低,我又恐高;其三,两分钟的串词不允许出错,紧跟非常重要的倒计时环节……我们提前一小时到达拍摄地点,为了这两分钟,一刻不停地演练,一遍又一遍,按着秒表进行模拟。在导演对我做了一个'收'的手势后,我迅速撤离镜头前,眼泪差点夺眶而出,我成功了!"王晨莹说。

图4-8　同济大学110周年校庆大直播
（演播室主持人饶丹云、张雨）

（三）周全考虑深入细节,日常积累不可少

直播通常是大型报道,模拟训练很难达到工作要求,而且效果也不好,因此主持人和记者都要在平时打好现场报道基本功,培养在现场良好的观察力、感悟力和表达力,与导演和同事多交流,这样"摸着石头过河"才能一步步积累一些细节的经验。一名优秀的记者在报道时能够将感官体验包括细节传达给受众,让人产生身临其境的直观感受。报道前可以进行换位思考,假设自己是观众,希望听到、看到什么,在报道过程中,对这些问题进行跟踪、报道。同时,也要考虑到观众不希望看到什么,比如来往乱入镜头的行人等,应提前安排同事维护秩序,等等。

随着技术的更新和新闻时效性的进一步加强,除了大型专题性的直播报道以外,近年来,各大媒体对于突发性新闻也逐渐采用直播报道,以期得到先声夺人的效果。这种直播没有充裕的时间进行细节策划,因此,整个报道应以现场记者的观察和发现为主,而演播室主持人则以观众代言人的角度向现场记者提问并进行串联。例如,到达现场的记者要迅速了解相关情况,拟出主要的报道内容和线索,并及时反馈给演播室主持人,稍后演播室主持人便可以凭借这些报道线索进行连线提问,同时,演播室主持人还可以站在观众的角度考虑,将观众的疑问提出,由出镜记者根据现场情况回答相关内容。

二、直播案例解析

白岩松,1997年香港回归央视72小时直播现场报道。

香港回归报道是我国大型直播报道的里程碑,著名记者白岩松在香港回归报道中担任现场出镜记者,他以准确而个性化的表达方式成就了多个精彩的经典报道段落。

(一)意境交融的开场白——现场观察引出

大会开始前一个多小时,天空突降大雨,所有人都担心,如果继续大雨倾盆,气氛以及报道都会受影响。但谁也没有想到,大会开始前20分钟,天空奇迹般地放晴了。于是白岩松说出了这样的开场白:"一场大雨洗刷的是中国百年的屈辱,而风雨过后,是中国晴朗的天空。"①

(二)蕴含历史深情的感悟——现场感受激发

由于离直播还有一段时间,白岩松去桥边内地管理站的休息室,在里面看到一张巨幅照片,是邓小平南行时落脚于此放眼香港的珍贵图片。一瞬间感慨万千,伟人一句"1997年要到香港去看一看"竟成为遗愿,这个遗愿也已变成国人心中挥不去的伤感。"于是我想,一会儿直播中,我应该把我的感触说给国人,让大家知道,就在离管理线二百米不到的地方,有一双伟人的眼睛和我们一起为部队送行,为屈辱的历史送行。"②

(三)豪迈化用的结束语——现场心情的迸发

历史时刻终于到了,当第一辆驻港部队的车辆从白岩松前面的管理线经过时,他几乎能听见车辆和管理线之间的金属碰撞所发出的声音,当时对白岩松的

---

① 白岩松.痛并快乐着.武汉:长江文艺出版社,2016:104.
②③ 白岩松.痛并快乐着.武汉:长江文艺出版社,2016:105.

震动非常大,他脱口而出:"各位观众,这条线并不长,车速也并不快,但是今天驻香港部队,越过管理线的这一小步,却是中华民族的一大步,为了这一步,中华民族等了百年。"这句话巧妙地化用了美国宇航员阿姆斯特朗登月时的一句话:我的一小步是人类的一大步。"虽有模仿之嫌,但我一直觉得,在经过百年风雨,部队入港一瞬间,中华民族如释重负,这句话是合适的。"③

(四)填补直播空档——仍需经验支撑

车到大桥另一端的香港海关出口,白岩松下了车便接过话筒,开始了这一头部队正式进入香港的报道,本来时间只有10分钟,但由于部队入港时间要符合事先谈好的时间,他的报道被延长到20多分钟,事先的准备显然不够,只能根据现场的情况作应急报道。"时间好像很长,直到摄像告诉我:'好,不用说了。'我才从直播状态中释放出来。也因此这一段报道不管别人怎么说,我总有很多不满意的地方,如果后方提前告诉我要延长多少时间,如果以前能有更多直播的经验,我一定会在时间突然延长的情况下把报道做得更充实,更没有水分。"①

(五)充满诗意的现场描述——观察与思考的交融

7月1日,进入香港后的一段报道,在一路大雨一路车轮与雨水碰撞的声音中,终于到达目的地。等候在终点的记者翟树杰和白岩松会合,最后一段直播在他俩的合作中结束。"我至今没有看到我们两个'雨人'报道时的形象是怎样的。但我记住我俩的话:'刚才驻港部队的车流像一条线,把祖国和香港紧紧地连在了一起,一路上虽然有风有雨,但中国人一定会战胜风雨到达目的地。'"②

白岩松具有扎实的写作功底,还爱好流行音乐。在中国广播报社做编辑时,白岩松曾想写一本专门介绍流行音乐的书,他在报道中也会经常借用流行音乐的歌词,他影响力很大的一本书的书名"痛并快乐着"即取自歌手齐秦的一首歌的歌词。白岩松在香港回归时的现场报道以及以后的新闻报道语言中,我们都可以感受到这一点,带有诗情的,具有韵律感的语句经常出现在他的点评中,这也成为他评论的一个重要的语言特色。

---

① 白岩松.痛并快乐着.武汉:长江文艺出版社,2016:105-106.
② 白岩松.痛并快乐着.武汉:长江文艺出版社,2016:107.

第四章　现场出镜报道

第五节　体育明星赛事解说魅力解析

体育赛事报道是现场报道的重要领域,大量运用现场报道和直播报道,以满足体育爱好者了解全方位的信息和第一时间欣赏赛事的需求。体育知识的专业性很强,体育迷们本身常常就是专家,因此其他类别主持人一般很难兼做体育节目主持人。体育节目主持人需要对报道的比赛类型、球员资料、球迷关注动向等进行深入了解,形成专业积累,并有自己的见解和思考。

体育节目主持人与新闻主持人的工作目标是一致的,只是内容从其他新闻转向了体育。相比之下,体育新闻的娱乐性较强,在体育报道中允许插入一些个人感情和娱乐成分,因此对体育节目主持人也有相应要求。例如,观众对于比赛者个性上的特点与比赛结果一样感兴趣,体育节目主持人除了具备体育知识以外,还应对各种情况有广泛了解。但同时,体育比赛又有非常严肃的一面,要求主持人在工作中尽可能严谨不出差错,比如足球比赛中将比分或胜负方念错,将会造成难以弥补的后果,有些球迷会认为这是伤害了他们。

体育节目主持人的一项基础工作是反复念姓名和号码,这要求体育节目主持人一定要有伶俐的口齿、良好的记忆力,平时要主动加以练习。例如,编制一组上场队员的姓名、号码的卡片,反复练习,对于外国运动员,姓名往往较长,但在紧张的比赛中,没有时间也没有必要念出全名,因此,不用费劲地去熟悉姓名中的名字,除非正好有两名或两名以上的运动员是相同的姓氏。比赛解说前,应尽早拿到上场队员阵容及候补队员的名单,提前熟悉。

比赛实况解说是相对独特的一项体育报道工作,要求具备全面的专业知识和相关积累,才能在转播或直播中对比赛进行专业、深入的即时评论。

最后,体育报道与体育活动一样,往往是"大兵团"作战,节目主持人应与团队融为一体,正是有着许许多多记者、编辑、技术人员的努力工作,才保证了节目的成功。

拘于篇幅所限,本书不再全面赘述,仅从近年来颇受欢迎的体育明星赛事解说案例进行解析。

近年来,由体育明星担当赛事解说员受到媒体和观众的青睐。2012年伦敦奥运报道,中央电视台解说嘉宾大腕云集,郎平、姚明、李小鹏、胡佳、张国政、周雅菲等多名明星运动员参与现场解说赛事。在抵达伦敦之初,退役明星解说团即受到粉丝的热烈欢迎。比赛实况陆续播出后,他们的解说受到一路追捧,观众在网络上展开对体育明星嘉宾解说的大讨论。新浪微博上,关于"李小鹏解说"的微博数不胜数。中央电视台《新闻联播》专门对体育明星解说进行了报道,主持人张斌则邀请几位解说嘉宾做客《奥运风云会》栏目,畅谈解说奥运的感受。

这些体育明星以专业视角、个性表达,帮助观众欣赏精彩赛事,引领观众分享丰富的体育文化。"小巨人"姚明的幽默点评,名帅郎平的理性分析,奥运冠军李小鹏的揭秘解说,世界游泳冠军周雅菲的激情演绎等,无疑成为此次奥运转播靓丽的风景线,也为观众留下许多精彩的解说瞬间。

一、明星的巨大传播力

"明星运动员参与赛事解说既是受众对体育电视节目的要求,也是电视台提高体育赛事转播专业化水平的重要手段。"[①]郎平、姚明等人本来就是大家熟悉和喜爱的明星运动员,而"解说"给予他们与观众一起观战、评论的身份,他们在电视荧屏上的出现自然会引起更多人的关注。一些资深体育记者普遍认为,凡是世界水平的运动员,都聪明过人且极富个性。体育明星在对场上比赛进行个性化解说的同时,也展现了其独特的人格魅力。可以说,当更多人选择用娱乐的态度解读奥运,当更多人看重比赛过程、享受比赛时,体育明星的加盟无疑为赛事解说提供了更多想象空间和多样的色彩,增强了比赛信息的传播力。

姚明对于篮球的专业性,加上独有的"姚氏幽默",让球迷们对姚明的解说充满期待。早在2008年,姚明就在NBA全明星赛期间客串解说,让球迷们感到非常新鲜。2011年亚锦赛,退役后的姚明应邀担任中央电视台亚锦赛解说嘉宾,决赛中当约旦投丢最后一球时,姚明兴奋地挥起拳头的镜头让观众印象深刻。在奥运前的斯坦科维奇杯上,姚明现场观战,很勤勉地记笔记、画战术,"就是为

---

① 周雅菲.基于明星运动员参与体育赛事解说的SWOT理论分析(硕士论文).北京:北京体育大学,2013:7.

了奥运会做准备",而他对自己解说的定位是"不会说得太专业,我更倾向于大白话,深入浅出"。伦敦奥运会上,姚明解说了多场篮球比赛,略有幽默的姚式解说给紧张的比赛添了一份轻松。谈及大小加索尔兄弟时,姚明爆料说:"小加索尔在刚到灰熊时就是给大加索尔捡球的",随后又赶紧加了一句,"我是开玩笑的"。看到中国队员孙悦一头红发时,姚明又幽默了一把:"孙悦的头发颜色和今天中国队的队服很配。"

"铁榔头"、排球名帅郎平的解说更偏重于冷静的分析和理性的判断,凸显专业水准。2004年,郎平曾解说雅典奥运会中国女排决赛。时隔八年,郎平认为自己在伦敦奥运会上的解说比较系统,因为每个场次都要讲。另外,郎平多年在国际上执教,对各个队的情况都比较了解,基本上不用查资料就知道每个人特点,解说起来比较轻松。对于观众来说,他们最想听的是郎平在第一时间的现场分析、建议和点评。记者们称赞,郎平在现场的每句话都说到点上了,什么是专业?这就是专业。作为一个誉满全球的优秀运动员,一个屡建功勋的资深教练,在解说中很自然地展露她看待比赛的态度,对成败得失的心理把握等,而这些也大大满足了观众的收视心理。

游泳世界冠军周雅菲在广州亚运会和上海世锦赛的解说得到广泛好评,连国家队的教练和队友都称赞她是有史以来最出色的游泳比赛解说员。周雅菲柔和、淡定、并非铿锵有力的语调里包含着丰富的信息,在关键时刻又能借助精彩的语言迸发出激情,给观众留下多个精彩的瞬间。

作为体育明星,无疑已经成为竞技水平、体育精神乃至国家荣誉的象征符号。他们的解说与评论,无形中也具有某种传播效应,给观众以权威的印象。而对于郎平来说,她不仅是"符号",她还是世界排坛名副其实的专家,是当之无愧的"意见领袖"。因而,无论是引领观众品味比赛过程,感受比赛中的情感跌宕,还是技战术的深入分析,都能够把观众牢牢地吸引住。

二、精湛的技战术剖析是征服受众的撒手锏

有美国学者提出:"在转播过程中,解说员起到了调和体育节目流与收视情境中注意力是否集中的特殊作用。对于体育赛事的叙事结构而言,解说员的直接描述是整个论述组织的核心部分,是电视体育解说员使受众与体育赛事文本

紧密相连并互相作用。"①显然,在受众对比赛的认知和欣赏上,解说员的不同表现会带来迥异的效果。受众会更注重解说员的专业素养,因为受众的需求不仅是观看比赛实况,更想了解比赛规则、技战术和背后的故事,从而更能融入比赛、享受比赛。竞技体育具有不确定性,不同的项目又有不同的技术和观赏特点。仅仅知道竞赛规则和一般的技战术,做公式化的解说,浮于表面的"公共观点",显然不能满足观众的深度需求。在这一点,体育明星占尽先机,他们可以将专业的体育知识以相对鲜活的方式传达给受众,并融入自己的亲身体验,使解说更具说服力和吸引力,更通俗易懂,防止"知沟"现象的产生。

(一) 深度而非流于贫乏的分析

"明星运动员大都在自己所从事的项目中有突出的运动成绩,对此项目的历史、特征和训练方法、运动员成长周期、竞赛规则、技战术特点、竞技规律,都有细致的了解和准确的把握。对于赛况,明星运动员可以从更加专业的视角解读比赛中每一个关键过程,对其进行前瞻性的点评和分析,满足广大体育爱好者的精神诉求。"②

伦敦奥运会女子排球B组小组赛,对阵双方是中国队和韩国队,这场比赛决定出线权,打得很艰苦。前3局中国队以2∶1领先韩国队,第4局中国队以22∶25输给了韩国队,双方2∶2平,进入决胜局。郎平此时说:"韩国队防守很出色,有些眼看救不起来的球也救起来了,而且救得特别低,前排拦网以后转身防守非常快,这是我们要学习的。我们可以向对方学习一些好的东西,把我们自己变得更强大。""我们吊球要少吊,对方根本就吊不死,要先打,以打为主。"

郎平还在解说间隙分析了当今世界女子排坛的发展趋向:"现在世界强队的攻守都非常平衡,很少像以前俄罗斯的快球,后排也不是很强化,包括古巴,有强攻就行了。另外一个特点就是男子化,但不是进攻力量男子化,而是进攻的速度、前攻和立体进攻相结合等。"后来在中央电视台《奥运风云录》栏目,郎平又谈到"中国队在对美国队的比赛前我给她们出主意:不到位的球,副攻先不要动,

---

① [美]阿隆·贝克.体育、媒体与政治认同.布鲁明顿:印第安纳大学出版社,1997:5.
② 周雅菲.基于明星运动员参与体育赛事解说的SWOT理论分析(硕士论文).北京:北京体育大学,2013:20.

注意后攻。因为他们后攻很厉害,一般来说,我们中国或者亚洲,不到位的全是四号位强攻。我说他们没有四号位强攻,但是他们后攻比较厉害,他们打立体的东西比较多,我就提醒注意这个,结果上去就拦了三个。"这些精彩的技战术分析带有内幕性质,让受众听得过瘾,既长知识,又有趣味,也是一般解说员不能做到的。

中央电视台索福瑞提供的数据显示,伦敦奥运的水上赛事成为最受中国观众关注的体育项目,屡屡产生破6的收视高点,大大超过了乒乓球、羽毛球等中国传统的强势项目。高收视率除了和运动员的成绩动人心魄有关以外,解说员的精彩解说也起到推波助澜的作用。解说员在比赛现场快速、多变的情况下,把比赛的实况用准确、生动的语言迅速描述出来,并把赛场上的激情传递给观众。赛后在中央电视台《奥运游泳日记》节目中,周雅菲从专业角度把200米和1 500米自由泳的差距打了一个比方,相当于田径800米和10 000米两个项目的差距,通常人们很难看到兼顾800米和10 000米的田径运动员。这样的比方不仅浅显易懂,而且使人们对选手的专业素质有了更清晰的认知。周雅菲在每次解说前都会去国家队了解运动员的现状,与教练聊天,教练也会把一些他们对自己运动员的定位、训练、身体、心理近况等告诉她,这是非常难得的内部资料。例如,前国家游泳队总教练、上海交通大学兼职教授陈运鹏非常客观地对中国选手孙杨和韩国选手朴泰桓进行过实力分析,周雅菲也将这些收获运用到赛事的解说中,使得这段解说既有专业深度,又有巅峰对决的戏剧性。

其他担任解说的体育明星也显示了其优秀的思维素质、语言表达能力和判断问题的准确性,他们不仅是运动方面的天才,在思维、判断、语言表达等方面也很有才华,这与伦敦奥运会期间外媒对于中国运动员"机器人"的质疑形成了有力的反击。

(二) 充满悬念的预判

称自己与周雅菲是白金搭档的中央电视台资深解说员韩乔生说:"周雅菲给我的感觉,不像是一个刚刚从游泳队退下来的运动员,更像是一个体育学院里从事体育研究的学院派。那谈吐,那说话的逻辑性,那分析能力! 比如,这个运动员是否具备冲金实力,雅菲能从对手和教练等多个方面去谈。"

体育明星能带给观众平常感受不到的东西,他们往往会将赛事放到一个历史的角度去观察,不仅将近期的情况纵向比较,还与其他国家的运动员横向比较,从而做出现场预判,这种对比赛结果的预判极大地激发了观众探究的兴趣,而这种预判能力,则是建立在坚实的专业积累之上。郎平作为优秀运动员出身的资深教练员,对比赛现场的预判大胆准确,这样的解说会给观众极大的心理满足感和戏剧印证般的快感。同时,体育明星的洞察力也正是专业解说员需要弥补和提高的地方。但是,身为体育明星面对大众做出的即时反应存在一定的风险,判断的正误、预测的准确性都直接反映了他们的职业素养。因此,除了深厚的专业知识以外,更需要体育明星们历经风雨后的淡定、老练和犀利。郎平自述当嘉宾解说其实比当教练还紧张。

"担任此次奥运解说明星运动员的平均运动年限为19.55年。多年的运动经历、赛事体验,造就了他们对体育、对个人项目独到的理解;对每位运动员的技战术特点、性格秉性、比赛时的心理特点非常熟悉。"[①]现场直播比赛的解说员必须对所需要的信息了如指掌,而且最好是记在脑海里,许多时候是没有时间在现场查阅资料的。但这种紧张反而会给受众带来现场感,使受众更期待他们对于现场情况的第一反应。当然赛场风云变幻,往往也会有争议发生,这就需要作为解说员的体育明星们摆正心态和位置,保持冷静和客观,以免在话筒前出现失误。

三、对体育文化的深刻体验是联系受众的情感纽带

"体育大国"想要成为"体育强国",就必须吸引大众,让更多的体育观众变身体育的参与者。而且不只是参与到体育活动中,更需要参与到当代体育文化的分享和建构里。以"虎扑网"为代表的篮球评论类等网站的兴起,正说明受众越来越注重对体育文化的需求。中央电视台奥运解说的内容从金牌至上、国家利益至上,转变到更多地关注人性与个性,不压抑情感,捕捉中国健儿以及外国运动员的闪光点,等等,运用体育明星嘉宾现场评论,传递更具真情实感的体育文化理念,以激情与观众共鸣。

(一)体育文化的深刻体验者

"体育的文化意义远比它对娱乐业和传媒业的重要性更加广泛。世界正在

---

① 周雅菲.基于明星运动员参与体育赛事解说的SWOT理论分析(硕士论文).北京:北京体育大学,2013:21.

变得越来越小，人们具有更高程度的社会和地理流动性，体育帮助人们保持着一种地方和国家的身份意识。体育记者帮助创建和保持这种文化意义。"①奥运会可以说是观众最广泛的体育赛事，这种大兵团作战的比赛方式，很自然地唤起人们的国家情怀。同时，体育比赛的魅力不仅在于运动员高超的技能和水平，更在于他们积极进取、勇于拼搏和团结协作的精神，这一点在体育明星的多处解说中都可感受到。当中国队处于劣势时，郎平总会镇定地说"我们还有机会"。哪怕对方只差一分就赢了，她也从不简单地惋惜或责备，每次都会稳定大家的情绪，并指明努力的方向和赛事的趋势。

"我觉得中国队在对塞尔维亚和土耳其的比赛中，打得非常好，在对美国队、巴西队这些老道、网上有实力的球队，我们有一些起伏，特别是打巴西的时候，我们也打到了5局，打到了关键分、关键局，这对我们下面的四分之一决赛和半决赛来说都是宝贵的经验，进入四分之一决赛以后都是强手，希望我们在对强手的比赛中要坚定地相信自己。另外还是要注意场上临场的应变，因为对手水平比较高，一定会在场上有不同的打法，我们的拦防、发球都要有所变化，这样我们才能牢牢掌握住自己的主动权。"郎平解说道。

尽管中国女排在小组赛的表现不尽如人意，但郎平具有建设性的分析式解说，让观众感受到她看待成败的态度、积极做事的精神，分享到体育文化的理念。著名社会学家费孝通认为，公平竞争、光明磊落、团队意识这三种精神"其实是人类社会赖以健全和发展的基本精神。体育运动的目的就是通过实践来培养和锻炼这种基本精神，受过良好训练的人重要的是再把这种精神贯彻到一个人的生活和工作中去，使他所处的社会能健全发展"②。体育明星们多年在激烈的竞技场中摸爬滚打，体会非常深刻，因此在解说中会自然地把握这些精神特质，而非停留在比赛表面。正如周雅菲在解说中对菲尔普斯高超的游泳水平及拼搏精神由衷的赞美等，都表现出了对体育精神的尊重和体育明星的风度。

赛场上的拼搏只是瞬间，而留在人们记忆中的感动和领悟却是长久的，甚至是永恒的。雅斯贝尔斯说："在体育运动中，我们仍发现和感觉到某种毕竟是伟

---

① ［英］菲尔·安德鲁斯.体育新闻——从入门到精通.北京：中国人民大学出版社，2010：22.
② 费孝通.费孝通论文化与文化自觉.北京：群言出版社，2007.

大的东西弥漫于这个事业上。体育运动不仅是游戏,不仅是心灵的创造,也同样是一种升华,也是一种精神上的恢复。"①

(二)运动员生涯是他们情感的集结地

专职体育解说员大多负责多个专项的解说,而且久经沙场,从某种意义上说,他们也是专家,但他们不是职业运动员,因此难以像运动员那样对自己的昔日队友、今日的比赛队员做到了如指掌,并带有深刻的情感寄寓。体育明星对所从事的运动投入的感情是常人不可比拟的,这份深厚的情感帮助他们更准确地把握比赛运动员的内心世界,从而在解说中通过语言与受众进行情感沟通,传递更多的情感信息,点燃受众内心的激情。

曾经的奥运冠军、现在北京体育大学竞技体校副校长张国政谈起自己解说的感受:"以前是自己参赛,现在以另一种方式参加,也是奥运梦想的另一种延续。心情特别激动,仿佛自己在比赛一样。"周雅菲说:"我一直特别希望能够站在一名专业运动员的角度解说比赛,因为毕竟我是运动员出身,对这个项目有很深的感情,也有很专业的见解。"

女子200米蝶泳决赛,焦刘洋在最后50米奋力冲刺,周雅菲流着泪喊道:

焦刘洋!焦刘洋加油!焦刘洋等待了四年的时刻!焦刘洋!这个冠军属于焦刘洋!焦刘洋!

赛后周雅菲解释了当时的情况,她跟焦刘洋在备战北京奥运会时就是队友,私底下也是非常好的朋友,她非常了解焦刘洋在过去四年中所有付出的努力和汗水都是为了这块金牌。这种深厚的感情在奥运比赛的瞬间迸发了出来,此时观众不仅不觉得煽情,反而受到她的感染,一同流下热泪。

四枚奥运会金牌得主李小鹏在体操项目中,以揭秘式的解说,穿插了许多与运动员有关的小故事。在男团夺冠时,他已经按捺不住了,一直在挥舞着拳头,感觉比自己拿了冠军还要兴奋。"我觉得比我上去比赛的时候还要紧张,每一次他们上去我都感觉心里面特别揪得慌,然后手心就开始冒汗,特别想自己发力,但是自己又不是运动员了,然后要说话,但是又不能当作自己在场,因为是在向

---

① 雅斯贝尔斯.时代的精神状况.上海:上海译文出版社,1997.

所有的观众介绍体操……"

网友对他们的精彩评论给了两个关键词:"专业""激情"。专业缘于他们是运动家,激情缘于他们曾是运动员,有着长期、深刻的运动生涯经历。

四、体育明星解说的未来发展

中央电视台《奥运风云会》(2012.8.10)节目主持人张斌与郎平有这样一段对话:

张斌:未来最好的解说员很可能就是最好的运动员,比如我们看到BBC的奥运主播是莱茵克尔,其实只有你们知道那个竞赛场当中真正发生过什么。你没有参与过那样激烈的搏杀的斗争,你不可能完全知晓的。

郎平:对,因为我们体会比较深,你还能体会到运动员当时的那种心情,又想赢又怕输,又怎么样才能放得开,其实是非常微妙的,我觉得这个是挺关键的。

明星运动员参与赛事解说已成为一种流行的解说模式。美国NBA历史上最伟大的中锋之一沙奎尔·奥尼尔(Shaquille Oneal),2011年7月加盟TNT,与查尔斯·巴克利(Charles Barkley)、肯尼·史密斯(Kenny Smith)等人一起搭档出任NBA解说工作。曾两次蝉联温布尔顿网球锦标赛男子单打冠军,被誉为"超级红星"的网球运动员约翰·麦肯罗(John McEnroe)加盟娱乐与体育电视网(ESPN)担任网球解说。当然,并非所有的退役运动员都能胜任解说,解说员除了专业知识和体育精神外,还应该具有优秀的语言表达能力、敏锐的现场观察力、缜密的综合分析能力等,同时还应经过多次的现场锻炼和经验积累。由于运动员长期从事训练和比赛,缺乏多元化的知识积累和多向度的思维。地方方言、话语不流畅、用语不准确、过于口语话、感情过分流露、主观立场把握等问题时有发生,仍需加以改进。

即使是姚明,其解说也不如他在赛场上所向披靡。虽然偶有亮点,但大多数时间,姚明不是闷声不语,就是开口声音太过低沉,让球迷们几乎忘记了他的存在。郎平在2004年雅典奥运会的第一次解说也表现平平,当时因为没有解说的经历,在中国队0∶2落后的时候不知道说什么,心里特别紧张,心都提到嗓子眼里了,就按一名运动员、教练员的心情去体验了,基本就没怎么说,到后面中国队打顺了才开始说。后来郎平的掌控能力比以前强很多,不过郎平每次解说完,仍会感叹"不容易"。周雅菲则说,虽然赛前做了很多准备工作,但比赛总有很多不确定性,用什么不用什么只有到了具体比赛时才知道,还得心跟着比赛走。

欧美国家早已经开始对退役明星运动员参与解说的专业培训。《挑战麦克风》一文中写道"自从 2008 年以后的每个夏天,锡拉丘兹大学的'Sportscaster U'专业培训课程都会迎来一些不同的学生——NBA 球员,这门课程是由锡拉丘兹大学解说员马特·帕克以及 ESPN 解说员戴夫·莱恩创办的,旨在帮助运动员学会从事解说方面的工作,所以很多 NBA 球员都会利用夏天的机会前来学习"。周雅菲认为,明星运动员作为有独特优势的队伍,做好赛事解说人才资源的开发具有重要的现实意义。应该使明星运动员更清醒地认识到自己在解说中所面临的问题,注意加强这方面的研究,充分发挥明星运动员作为解说员的优势,挖掘每个人的个性、培养每个人的特色,为观众和媒体带来惊喜。

随着受众的体育素养、媒介素养的不断提升,欣赏比赛、享受比赛心态的普遍化,受众期待解说员不仅是引领他们欣赏比赛的"玩家",还要是具有资深专业素养的"行家",最好还有个性化的色彩和有特点的语言表达方式。当前,众多赛事的商业化运作、媒体赛事转播方式创新以及观众的喜好都会促进体育明星们参与到更多的赛事解说中。因此,对于体育明星乃至有志于此的退役运动员来说,除了努力提高语言表达水平,了解观众收视心理,还需更新专业知识、优化能力结构,做好与专职解说员的磨合与互补,提高现场观察力和赛事解读能力,积累丰富的解说和评论经验,同时,追求并强化自己的个性化风格。由此,才能真正地担负起解说员的重任,为观众奉献信息丰富、蕴含体育精神内涵、个性突出的体育解说。

第六节 现场出镜报道训练

一、基础训练

(一)与陌生人交谈的能力

找机会与陌生人交谈,每次 5 分钟以上,体会面对面的交流感和亲和力。交谈后自我总结交谈内容和技巧,与大家交流与陌生人交谈的体会。

(二)当众语言表达的能力

训练目的是当众自如说话。平时可在社团活动或其他课程的课堂展示汇报上训练自己,不要准备详细稿子,打腹稿或准备主要的关键词,每人找机会练习两次,然后在课堂上交流当众自如说话的体会,了解当众自如说话的技巧,树立当众自如说话的信心。

何润锋从小性格内向、沉默,高中时第一次参加辩论队的经历,使他对语言表达产生兴趣,开始努力与他人沟通。1995年考入中国人民大学国际关系专业,学业之余担任学校演讲辩论协会会长,时而亲自上场辩论,时而在幕后做教练,还曾带队参加全国大学生辩论赛,风风火火的辩论赛事锻炼了他的语言表达能力,也为日后的记者生涯奠定了基础。

二、出镜报道作业训练要领

训练的宗旨首先是了解和掌握记者出镜报道的规范,要求各项评价指标达到规范性,在此基础上鼓励大胆创新,并将创新付诸实践。

例如,在观摩作品时,人物采访很多时候是超近景,对于人物表情细节的刻画非常清晰,有些学生针对自己的选题希望尝试采用这样的拍摄方法来强化效果是可行的,而不是"一刀切"地要求选用较为正规的近景或中景景别,总之要与现场报道整体的视听语言相协调。

(一)设备准备

摄像机一台、外接话筒或无线话筒一只、话筒线一根、三脚架一副、存储卡、灯光、外接监视器。需事先检查调试好设备,确保能正常使用,话筒、话筒连线无故障,存储卡有足够容量,电池的电量充足,三脚架及云台能正常使用,等等。如果使用单反照相机拍摄,要注意单反相机的音频插孔是耳机插孔,而外接话筒线的插头多数是卡侬插头,需要准备转接头与单反相机的音频入口匹配。

(二)采访内容准备

了解新闻背景,设计采访提纲,预先设置问题。注意采访内容不能都先写好背出来,要做真实采访,以达到好的训练效果。采访人数和问题根据采访需要而定,至少有3个问题,2~3个受访者,可以一个问题问一个人,相同问题也可以平行问2~3个人,待后期时做平行剪辑。受访者应尽量多,获取多个角度的内容,不仅为了拍摄形式的需要,也为了养成注重客观性的职业习惯。

(三)真实报道

状态自如,客观真实。训练包括现场出镜串场和采访两个方面,要求到真实的场景进行现场报道,如学校食堂,要反映出现场丰富的信息量。不要做模拟报道,如在校园模拟C919首飞现场的报道就不可行。寻找真实的采访对象,不能用"托",保持采访的未知性和真实性,这样才能训练出正确的采访状态,否则就成为"虚假的完美"的表演式采访。

(四)出镜地点的选择

出镜报道训练前,应认真观察新闻现场,选择出镜地点,设计出镜路线。出镜地点应包含报道信息,与报道内容形成整体,是"有意味的背景",而非随意选择的背景。

(五)出镜形象设计

出镜记者在现场的形象是"寓设计于不设计之中",首先要简单大方,不喧宾夺主,同时又充分考虑服装、发型与现场报道的场景协调,并符合当次报道的主题。

(六)语体运用恰当

现场报道的语体与新闻播报、演播室访谈有所不同,是较为积极、亢奋的生活化的语言,语速较快,吸引观众的主动性强。有些现场报道中语体运用不当,使用偏亲切、交谈式的语体,提不起观众的兴趣,也失去了现场感。

(七)话筒使用

采访时,话筒不必凑得太近,采访话筒是指向性话筒,收声效果较好。摄像前应注意实时监听,待调试好音量再开始拍摄。采访过程中,有些受访者会下意识接过话筒说话,采访者应示意不可或在录制前向受访者说明。

三、现场出镜报道作业要求

学生可以小组为单位,自行策划、采访、剪辑一条完整的现场出镜报道,内容包含现场描述、现场采访、现场评论及串场部分。

(1)剪辑成片,时间在4分钟以内,至少包括3个问题,2~3个受访者,同期

第四章　现场出镜报道

声剪辑合乎逻辑。

（2）报道应具有现场感，新闻信息量大，普通话规范，内容表达清晰且有一定的语言特点，没有学生腔。

（3）景别有全、中、近景区别，有出镜记者、受访者单人镜、双人镜等镜头区别，包括提问镜头、反应镜头等，无越轴，内反拍、外反拍镜头运用合理。

（4）出镜记者有站立和走动出镜，开始语、结束语有静态和动态出镜的区别（固定镜头、移动镜头），正确使用话筒。注意镜头下的松弛和生活化以及服装、化妆的室外特点。

（5）使用三脚架拍摄以保持稳定，使用外接有线话筒或无线话筒以保证拾音清晰。

（6）后期剪辑时出镜记者采访同期声与画外解说的声音要调平。

（7）提交作业文案为节目剪成后整理出的文案。

延伸阅读

一、如何"套近乎"？（作者童宁，有删改）[①]

采访时，接近对象是关键，继而要使受访者能够很快和你熟悉起来，这一切都要做得自然而然得心应手。遇到好说话的对象还好办，遇上不好说话或心情不好的采访对象呢？这就要求记者有时候要"套近乎"，去接近受访者。从职业道德角度讲，记者采访时也应该在待人接物方面有礼貌、讲文明、落落大方。

（一）怎样打招呼

开头的第一句话就是和人打招呼，俗话说，"礼多人不怪"，没有上来就向人家发问的，那样观众会觉得记者没大没小，没有教养，不懂事。

1. 尊称长辈

吐尔逊大叔，今年您种了多少亩棉花？

请问您多大年纪了？

[①] 童宁. 记者采访：有谁用书面语采访啊. https://mp.weixin.qq.com/s/-3DTm4ovUtN1oC9SeHMZHg. 2017-05-28. 2019-11-08.

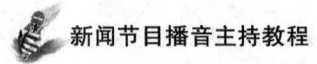

2. 敬称平辈

对同代人、平辈人可在语气上作客气、彬彬有礼地处理。

现在广大电视观众对你的身体情况非常关心,我想问你一下现在的感觉怎么样?

吴师傅您好,祝贺您乔迁之喜……

3. 称呼晚辈

在语气和动作带有记者对孩子的爱昵。

你好,是喜忠吧?我是特地从太原来找你的,当时怎么那么大勇气下去?

小朋友,你好,哟,你的书包怎么这么沉呢?打开让阿姨看看都是什么书,行吗?

4. 称呼职务

总书记,我想提个问题,就是说……

车长同志,旅客反映买一张票加40元钱,我想不是车上的事?

5. 客气招呼

招呼中带有问候、客气、鼓励、赞扬的口吻,表达一种敬佩之情。

总理,您辛苦了,请问您这是第几次参加义务植树?

6. 外交辞令

大使阁下,再次欢迎来到我们中央电视台演播室。

7. 自报家门

哎,老李,你好,我们是《东方时空》的,找你好难找啊。

(二) 说些家常话

多说家常话!好像对某人某事某现象熟得不得了,这样,你的"近乎"就"套"上了,采访对象就和你熟识了,也就亲近了。在《走马上任新部长》中,记者用聊家常的口吻,以如数家珍般的语气,向吴仪同志提问,这便是"套近乎"的一种"手法":

记者:吴部长,我们知道您大学里学的是石油化工专业,曾长期在基层做技术工作,到现在被任命为国家对外贸易经济合作部部长,这是一个很大的跨度。我们想知道,您认为的优势是什么?

吴仪:首先我要感谢人民代表对我的信任。关于我的经历问题,你说得很对……

第四章 现场出镜报道

由于记者和吴仪的"家常话"说得好,吴仪也愿意接记者的这个话茬,从吴仪的谈话中,不也看到她也在和我们的记者"套近乎"吗?记者在采访文化部部长刘忠德时,也是采用"说些家常话"的"手法":

记者:刘部长,我发现您这书架中有很多建筑方面的书,您过去是学建筑的吗?听说您还爱好文学,年轻的时候还写过小说。

刘忠德:我是学建筑结构的,但小的时候很喜欢文学。我记得在中学的时候,参加的课外活动全是文学方面的。至于你所说的写小说那已经是很久以前的事了。

(三)找共同语言

记者在采访时,要调动现场采访的能力,迅速在脑子组织能引起对方共鸣的材料,找共同语言,以便迅速沟通,消除心灵上的陌生感。那么,究竟什么是共同语言呢?记者具有一定的眼光,对社会、政治、经济、文化及世界观的看法与受访者能达成共识,双方讨论起来有话说。当然,这一切要建立在对对方的了解、理解之上。这些了解与理解就是案头准备工作。

记者:举世瞩目的中美知识产权谈判是一个艰苦的过程。我们从报纸上看到,在最终达成协议后,您的谈判对手希尔斯对您有一个评价,说你既是一个精明坚韧的谈判对手,又是一个友好合作的伙伴。新闻界也对您有一个评价,认为您是一个精明干练的领导。对此,您自己有什么看法?

吴仪:关于中美知识产权谈判,的确是一个非常艰苦的过程。这次谈判所以能够取得成功,我认为首先应该归功于国务院领导的亲自指挥,应该归功于国务院各个部委的大力支持和配合,也要归功于谈判团全体成员的辛勤工作。至于说我个人,只是起到了一个第一线的组织和指挥长的作用。我也听到、看到了社会上一些对我的赞美之词。说心里话,我感到十分惭愧,真可谓是"盛名之下,其实难副",我今后一定要百倍努力地工作,正像鲁迅先生所教导的那样,俯首甘为孺子牛。

记者:谢谢您接受我们的采访。(礼貌的结束语。)

记者在做了许多资料分析的基础上,问题具体,又是一个很好的细节:"您的谈判对手希尔斯对您有一个评价……"任何一个对象听到对自己如此了解、如此摸底的提问,不啻打了一针兴奋剂。采访对象说起来毫无障碍,侃起来滔滔不绝,时不时地会妙语连珠,左右逢源,出来的效果让观众激动不已,让记者心中暗喜,最后也让采访对象自己感叹自己。这是合作默契的表现,这就是找到共同语言的最佳结局。

(四)别忘结束语

结束语虽然简单且简短,但体现一个人的教养,有时少说那么一句"再见"或"谢谢",就让人有虎头蛇尾、草率收兵、匆匆离去的感觉。

二、中央电视台《新闻调查》栏目介绍[①]

《新闻调查》是中央电视台唯一一档深度调查类的节目,时长45分钟,每周一期,在百姓和高端都有着广泛的影响。在中国社会发生重大变革的时候,《新闻调查》注重研究真问题,探索新表达,以记者调查采访的形式,探寻事实真相,追求理性、平衡和深入,为促进和推动社会和谐进步发挥着点点滴滴的作用。[②]

(一)创办

1996年初,《新闻调查》栏目开始组建,并夺得中央电视台周五黄金时段晚间9点时段。双机拍摄、记者现场采访、现场评述,对事件多角度分析、递进式探究——从形式到内容,《新闻调查》呈现出独特的形貌。

如果说1993年5月1日开播的《东方时空》是中央电视台加强新闻评论性节目的第一步,1994年4月1日推出《焦点访谈》让评论性节目进入晚间黄金时间是加强新闻评论性节目的第二步,那么,《新闻调查》的创办则是这一思路的第三步举措。创办者对它有这样的期许:容量更大、更有深度、更为客观、系统、权威。

(二)形式

《新闻调查》最终形成了一个相对稳定的节目表现形式:电视调查文体。就是以展示记者调查行为为主的新闻报道方式,它和以事件为主的新闻报道完全不同。与记者相关的主要是以下两个要素。

第一,调查手段。调查通过记者来完成,"记者既是调查主体,同时也是一个节目的结构元素,他是调查行为的实施者、调查过程的表现者,所以,调查记者就理所当然地成为这个栏目的外化标志和品牌形象"。[③] 一个没有调查记者出现的节

[①] 摘自央视网及中央电视台《新闻调查》栏目工作手册。
[②] 新闻调查_央视网(cctv.com).2019-12-04.
[③] 张洁,吴征.调查新闻调查.北京:文化艺术出版社,2006:34.

目,不应该是《新闻调查》的节目,而调查记者缺乏良好表现的节目,也绝对不是好的调查节目。一个调查节目的完成,需要调动多种电视语汇,但是唯独调查记者的行为以及由此展开的调查过程是《新闻调查》最具调查个性和最具优势的语汇。

第二,调查的路径。记者的调查路径是围绕悬念展开的,每一次调查行为都是通过悬念的提出、悬念的求证、悬念的解决来完成的。悬念的开始是调查的开始、悬念的结束也是调查的结束。

(三) 记者

在确立了这样一种调查体例之后,记者的表现就变得尤为重要。

第一,质疑的精神。《新闻调查》的记者必须要有怀疑一切的介入态度和打破砂锅问到底的工作作风。

第二,平衡的意识。《新闻调查》的记者应该让事件中的冲突双方和不同的利益集团有同等的发言机会。

第三,平等的视角。在《新闻调查》记者面前,只有被调查者这一相同的身份,没有尊卑贵贱之别。

第四,平静的心态。《新闻调查》的记者要多一份理性、少一份冲动,这会有助于对事物做出更准确的判断。

《新闻调查》的记者应以层层剥笋、步步追问的方式,构建《新闻调查》独有的话语机制。可以通过简单的采访完成对事件的叙述,可以用机智的对话完成对事件的调查和印证,也可以用尖锐的提问深入事件更深的层面,还可以用平等真诚的交流进入被调查者的内心世界。

课后观摩

中央电视台新闻频道、凤凰卫视中文台、凤凰卫视资讯台。

王志:《第二次革命》《新闻调查》。

何润锋:凤凰卫视资讯台成立10周年系列报道。

柴静:《北京:"非典"阻击战》《一只猫的非正常死亡》《新闻调查》。

美国CBS广播公司新闻节目《60分钟》。

第五章
演播室新闻播报

第一节　新闻稿件与新闻播报节目

一、新闻稿件的特点与新闻播报

新闻写作以叙述为主,语言高度概括简练,逻辑性强。第一,新闻稿件必须具备真实性,真实是新闻传播可信度的保障;第二,新闻稿件必须具备新鲜性,即时效性,时效性是新闻传播的重要价值所在;第三,新闻稿件应当短小精悍,简洁是新闻传播的内在要求。

新闻稿件的特点对新闻播报产生规定性影响,因此新闻播报首先要体会新闻语体真实、客观、准确、郑重的本质风格特点,不能把个人的好恶掺杂在播报稿件的态度中。新闻的时效性要求主持人有很强的时间观念,应提前做好播报准备,容不得翻来覆去琢磨播报技巧,拿到稿子很快就播出。因此平时要刻苦练习,在扎实的语言基本功基础上沉着、从容地播报稿件。工作作风要严谨,一言既出,驷马难追。

主持人播读的稿件,不完全是原始素材。主持人看到的画面,已是摄像记者和电视编辑对客观现实的提炼、剪辑,因此渗透了其主观意图。除了出镜记者以外,多数情况新闻主持人特别是主播深入新闻一线较少,因此主持人要更多地深入一线,深入生活,一方面增强感性认识,在播报时方能体现出真情实感,给观众以真实、客观的感受;另一方面由于深入采访实践,在播报时会更有传播的主动性和专业性。

二、新闻播报节目的样态

新闻播报是新闻播音员主持人以有声语言和体态语为创造手段,通过广播电台、电视台、网络,用话筒、镜头,把新闻用有声语言(或图像与声音)传送出去的报道活动。其语言具有庄重、朴实、清新、明快的特点。播出形态包括新闻口播、新闻片配音。播出类别有综合新闻类和读报类。由于读报类节目多以说新闻为主,兼有评论,因此在本书第六章"演播室新闻评论"中详细介绍。

综合新闻一般包括简讯(短消息)、消息、新闻专题、新闻特写等类别。大多数新闻节目属于这一类型,有的偏资讯,即消息的数量多一些;有的除消息外,有一定数量的专题报道,如中央电视台《新闻联播》。

第二节 新闻播报的语言特点及表达技巧

一、新闻播报语言特点

新闻传播各类语体中,消息一直是保留书面语特征最多且最长久的传播语体。消息类新闻稿件取书面语准确、规范、严谨、简洁的长处,适应信息传播明确、简洁的特点,与报纸、通讯社相比,用于广播电视网络的消息文字稿根据其传播特点已做了简化和口语化处理,"而这种特殊的书面语体的原原本本的口头对应形式就是'播报'。"[①]播报因而具有吐字清晰、语势稳健、节奏明快、语言规整的特点。

播报式又称为播讲式,是广播电视网络传播中最独特、最鲜明的有声语言形态,也是当前新闻播音使用最多的一种。除个别需要宣读的特殊稿件以外,大多数新闻稿件使用播报式播出。它是一种半书面语半口语的语言样式,"既带有报告新闻的振奋、准确和简捷,又吸收了自然语式的轻松和自如"。[②]

---

① 吴郁.当代广播电视播音主持.上海:复旦大学出版社,2005:123.
② 高蕴英.教你播新闻.北京:中国广播电视出版社,2005:166.

张颂就新闻播音的表达,总结了播音语言的以下六个特点。①

(1) 规范性。播音语言的语音(声、韵、调)、词汇、语法、语调、语流都要符合普通话的要求,遵从普通话的规范。

(2) 庄重性。保持端庄、郑重的气质和态度,语流中充满庄重、可信的意味,声音真实、质朴、落落大方。

(3) 鼓动性。情真意挚,爱憎分明,引起共鸣。

(4) 时代感。具有时代气息和时代特点,语气洒脱,节奏紧凑,新鲜跳脱。

(5) 分寸感。语言表达准确恰当,不温不火。

(6) 亲切感。态度恳切谦和,息息相通。

我国的新闻播报风格,始自人民广播创办的延安时期,历经解放战争、社会主义经济和社会建设的各个时期,在一代代播音员的持续努力下,其有声语言样态和风格与受众形成传受默契,已然形成了中国气派的新闻播报风格特点。中央电视台《新闻联播》、中央人民广播电台《新闻与报纸摘要》堪称新闻播音在语言播报艺术上的典范。当然,根据栏目风格和个人外在及声音气质的不同,新闻播报的审美风格也有一些差别。例如,中央电视台《新闻联播》庄重大气,《中国新闻》明朗自信,《晚间新闻》轻松练达,等等。具体到播音员主持人来说,应将自己的个人特点、声音气质与栏目风格协调起来,形成自己的风格。例如,欧阳夏丹先后在东方电视台、中央电视台二套、中央电视台《新闻联播》播报新闻,接触不同的新闻节目,也尝试了不同的播报方式,在不断的探索与总结中逐渐确认了自己的强项和风格。

二、新闻播报有声语言表达技巧

(一) 情感内敛、真挚质朴

新闻播报有声语言表达审美上是质朴的,具体表现在语调起伏幅度小,华丽的色彩少,没有大起大落的表达方式,没有浓墨重彩的情感变换。新闻播报的这种语气语调特点,易于建立播报的权威感。

新闻播报要求忠于文字稿件,但不等同于"念字机器",新闻播报在表意准确

---

① 张颂.播音创作基础.北京:北京广播学院出版社,1990:8-14.

的基础上,要在态度上传达对于新闻事实正能量的肯定或对于违反社会普世价值行为的谴责。但同时,新闻主持人的情感表达应是内敛的,在新闻播报中应避免添加不必要的情绪。

(二) 内容清晰、语意明白

新闻播报应重视表意的准确性,严格按照稿件文本提供的内容,清晰、准确地传递新闻稿件的信息,因此,断句、句内的"停""连"都要求精准,以免产生歧义。

这里的清晰包含两层意思,一是吐字清晰,二是语意表达清晰。语意表达清晰是指能够将句子成分用重音、停顿、语气、节奏的手段予以区分,让受众从听觉上即能够明白语意。新闻播报的追求就是把新闻说明白、讲清楚,让受众透彻地了解新闻内容,因此对于句子成分尤其要重视,须准确理解新闻内容及内涵。有的学生读稿像没有标点符号一样,一个劲儿往前读,既缺乏表达技巧,也没有考虑观众的接受度。

(三) 吐字轻巧、流畅自如

新闻播报是向受众传达信息,自信、流畅很重要。语调虽不能大起大落,也需讲究轻重缓急、抑扬顿挫的变化,注意重音、停连、语气、节奏等技巧的运用,且这种变化要轻巧自如。有的学生播读时就像在一个音高上,缺乏变化,听起来不仅没有美感和吸引力,也容易使受众听觉疲劳。

新闻播报是在演播室对着话筒和镜头工作,不是大音量远距离的"喊",是在较近的距离和想象中的观众、听众面对面地报告,因此要掌握播报的速度、力度和态度,以及重音精,停顿少,平心静气,轻巧的发音吐字。语速稳中稍快,给人以简洁、明快之感。广播新闻一般每分钟200~220字,电视新闻每分钟220~240字,甚至更快,但不要一味追求速度,致使信息传递不清楚,给人以仓促之感。

实际上,有声语言表达技巧像味精一样,起着"提味"的作用,当然菜(新闻内容)本身要有营养。认识播报工作内涵的丰富性,可以克服对新闻播报工作肤浅表面的认识,主动探索和把握其创作规律,完成好这一创造性的工作。

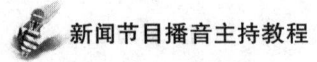

第三节　新闻播报训练

一、广播新闻播报训练

广播新闻播报练习是电视网络新闻播报的基础。因为广播语速较慢,且没有镜头表达、表情、服装等考虑,可以将注意力集中在新闻内容的表达技巧上。但在广播节目中,须对自己声音有更充分的认知。

(一) 正确使用话筒

1. 话筒前的录音

首先要了解个人说话音高、音量、音强等常态样式,通过试录音了解自己声音"过电"后的音色特点、吐字清晰度等,然后根据自身实际情况,与录音师沟通,调节录音设备上的音量、高低音开关,以得到较好的声音效果。

在话筒前录音既要有严肃认真、高效严谨的工作态度,又要克服紧张感,保持身心状态的松弛,以利于顺畅地录音。话筒是灵敏电器设备,要爱惜话筒,注意防潮、防摔。

2. 话筒前的用声方式

话筒前用声要适当、节制,让听者觉得清晰、舒服。嘴离话筒的距离,取决于个人说话的音量、音强等,也取决于话筒本身,以及想要取得的效果。一般来说,离话筒 6 英寸(1 英寸=2.54 厘米)是适当的讲话距离,太近既不卫生也不正确。新闻播报用声与演唱流行歌曲不同,很多流行歌曲需要用弱的声音去表达,甚至呼吸的声音,所以要离话筒很近。如果播报者的声音低沉、响亮,想让声音在播放的时候减弱些,就要离话筒远些。

摆正播报者与话筒的位置,并且与话筒的位置保持相对不变,使说话的声音穿过振动膜片,而不是直接对着话筒。当播报者与话筒靠得比较近时,所读的内容会有更亲近的感觉。而离话筒远些时,硬性宣传的内容通常听起来更可信一些。这种感觉在使用超灵敏的电容话筒时特别真切。出现近讲效应的同时,还会听到嘴里发出的噪音,如嘴的咂巴声和牙齿的磕碰声等,要注意控制发声的动作。

（二）新闻播报录音注意事项

（1）遵守录音棚录音操作规程和工作纪律。

（2）与话筒距离相对固定，嘴比话筒稍低一点，避免喷话筒情况的出现。

（3）坐在凳子的前三分之一处，便于调集力量用气发声。

（4）稿件置于话筒侧面的左前方或右前方，以便气流正面穿过话筒，不能低着头读，翻稿件的动作要轻，避免出杂音。

（5）音量适中，使用音量不要自以为是，要以技术录制不出现爆表，受众听感上舒服为准。

（6）一般来说，导播说开始，播报者心里默数3秒，然后开始播报。

（7）运用对象感，以与听众交流的感觉进行播报。

（三）广播新闻播报课堂录制

提前自选简讯一条（150字左右）、消息一条（400字左右）进行录音（不剪辑）。要求语音标准，普通话声母、韵母、调值规范，表达流畅、交流感好。播音状态、吐字发声符合新闻节目特点，具有信息传播的交流感和新闻媒体的权威感，克服港台腔和学生腔。

录制前应认真备稿，提高录音工作效率。录音用的稿件必须打印或手写，注意字体要适当，方便阅读。不允许照着手机屏幕读，因为手机屏幕较小，且容易变化和闪回，会影响训练播读稿件的状态。

二、电视新闻播报的要求

（一）对象感与交流状态

日常生活中，人们言语活动的交流对象都在场，而主持人面对电视摄像镜头播报时，交流对象不在场。为了在语言和情态上产生交流感，主持人必须在自己的眼前假设一些观众，播报时同这些假设的观众交流，运用对象感的技巧不间断地同想象中的对象交流。这种通过想象而与受众建立起的真实的交流状态，可以帮助主持人架起与受众进行信息和情感沟通的桥梁。

主持人可以想象摄像机镜头后坐着2～3个朋友或家人在看播报新闻或进行评论，用这种对象感牵引，可以获得持久的交流感，自然就有了亲和力。缺乏对象感在语言上表现为播讲时缺乏播讲愿望和兴趣,语气平淡呆板、速度或慢或快自说自话。在体态语方面则表现为不敢抬头与镜头交流,为抬头动作而抬头,眼睛没有真实地与镜头交流,没有真实地"看"镜头,眼神飘忽不定。

主持人在演播室里工作,很容易出现为播而播,表现自我的现象,或者怕播错而分散精力,从而忽略观众的存在。同时,主持人播报的稿件一般都是由编辑、记者撰写的,而主持人并没有亲眼见过稿件所写的事物与情景,这就需要主持人吃透稿件,结合平时对生活的体验和知识积累,对稿件中的情景进行再现,通过深入理解感受播报的内容,才能吸引受众,把受众带入所播内容的情境之中。

(二)表情、形体的运用

新闻播报要保持体态端庄优雅,具有良好的职业风范。既要有一定的亲和力,使受众感到舒服自然,又要有一定的权威感,以提升新闻的公信力。

新闻播报讲究"精气神",新闻主持人须运用适当的表情和形体与观众交流,但并非像演员那样丰富多变。表情中最重要的是眼神,在演播室播报新闻时,眼睛与镜头交流实际就是与观众交流,眼神应看向镜头的上缘到镜头中心的位置,看进镜头深处,眼神不要散,运用想象力设想与观众真实的眼神交流。交流感主要是通过眼神、语言表达的交流感形成,再加上面部表情和形体动作的辅助。新闻主持人运用表情、形体进行交流的空间很小,因此要十分注重眼神和语言交流感觉的训练和培养。还应注意表情与内容的和谐,例如,报道内容是关于战争或灾害的,微笑的表情就不对了。不同的新闻在表情、形体上的要求略有差异,例如,有的新闻主持人站立播报,有的走动出镜然后再坐下来播报等,须根据节目不同风格而定。

新闻播报大部分是近景,体态应保持端正,头不要明显地左右晃动。即使是一条新闻开头的"起范儿"与结束的"落幅",动作幅度都要小而简洁,否则在近景里幅度过大就会失之轻浮。下巴微收,眼睛平视镜头,下巴微收有利于头部端正,脸型拉长,拍摄效果好。

(三)镜前播报与提词器的使用技巧

新闻播报出镜练习初期,建议不使用提词器,即按照传统的新闻播报方式,做严格的记忆训练,锻炼迅速看稿、瞬间准确识读、记忆稿件内容的能力。

录制前应熟悉稿件,录制时不能频繁看稿,切忌一次只记住几个字,频繁低头。即使有时背不下来,低头看一眼也比照着念好,培养播报的由衷感觉和表达的自信。低头动作要自然,不能表现出是因为忘了内容而被迫低头看稿。播读的新闻打印稿字体的大小要适中,太小看起来费力,也容易看错。一般低头时间占三分之二,抬头时间占三分之一,或者各占一半时间。播报时注意力要高度集中,快看慢读,眼睛迅速地扫看内容,从容地播报出来,有一种"吃进去,吐出来"的感觉。

提词器既可以调节字的大小,又可以调节字的滚动速度,方便不同主持人视力及播报习惯不同随时调节。字的大小、滚动速度看似小问题,却会细微地影响主持人的面部表情和播报状态,因此,要根据自己的播报习惯调整好,以达到播报顺畅的目的。即便有提词器帮助,眼睛不要用力"盯"字,要像没有提词器存在似的,不要给观众留下刻意看提词器的印象。同时,用提词器不能忽视句中的意群,如果只是顺畅地读字,稿件中的意义没有准确表达,虽口齿清晰、语流顺畅,但意义模糊,反而本末倒置。

三、电视新闻播报训练

(一)电视演播室及准备工作

新闻播报在新闻演播室或虚拟演播室录制,主要有新闻演播台、演播室灯光、摄像机、话筒、提词器等设备。在演播室工作要遵守纪律,爱惜设备,保持安静,讲究卫生。

(1)技术支持教师介绍演播室设备构成及演播室注意事项,培养学生良好的演播室工作规范。录制过程须有技术支持教师协助,专业教师主要指导训练学生新闻主播的镜头感、镜头前的语言表达能力,时刻关注学生在镜头前的表现等,需要技术支持教师对演播室整个录制系统的监控和随时调适,因此,技术支持教师在这个环节的教学中十分重要。

(2)虚拟演播室利用虚拟成像技术,可节省制作成本。其优点是理论上背景可以无限次更换,缺点是没有实景的层次感、真实感好。拍摄时要注意主持人画面与背景抠像画面的协调。

(3)准备一条500字左右的电视新闻,熟读至基本能背。挑选细致、有责任心的学生担任字幕员。字幕员工作看似简单,但要跟踪每个学生的播报内容,适时调整字的滚动速度、暂停等,配合练习学生达到好的播报效果。字幕员工作可以由几个学生轮流负责。有的演播室是以主持人用手推动稿件通过摄像机传送稿件内容,则无需字幕员的工作。

(4) 指导教师做现场导播,对镜头景别是否适当,主播位置是否合适,声音大小调试,发型、服装等是否符合出镜要求等综合因素进行现场判断、指导调整,然后实施录制。

(5) 领夹式话筒夹在衬衣衣领处,距离嘴15厘米左右,话筒指向嘴的位置,自然说话即可,摄像师调试好音量再录音。话筒罩避免与其他物体(如头发)摩擦,尾线隐藏,尽量不穿化纤类服装,否则身体转动时衣服会发出明显的摩挲声。

(6) 准备好播出服装,要求女生提前化好妆,男生发型、面容略修饰。

做好充分的准备工作能够帮助学生树立信心,减少失误,使播报训练顺畅进行。

(二) 电视新闻播报出镜训练指导要点

学生第一次出镜播报都会有较大的心理压力,设备、灯光、演播室环境等都会让学生有紧张感。指导教师要耐心鼓励,同学之间也要互相支持,一旦适应了就会好很多。

(1) 眼神不能游移、闪烁,不要左顾右盼,要敢于看镜头,但也不能死盯着。眼睛近视的学生,不可以虚着眼睛看镜头,可戴眼镜或隐形眼镜调整视力。看提词器要像没看到一样,仿佛这些信息已了然于胸。

(2) 交流的状态,要利用想象力与假定的2～3个观众进行交流,当这种真实的交流感建立起来后,眼神自然就有亲切的交流感。

(3) 服装、化妆、发型符合新闻播报的要求。

(4) 下巴微收,眼睛平视,下巴动的幅度不要大。背肌挺直、略紧张,肩部放松,腰部、后颈部用力,保持挺拔。

(5) 用声状态不同于舞台,不能像舞台用声那么大力度。吸气、呼气的声音不要明显,气息不能懈怠,也不用紧绷,也不要总是提在高的位置,感觉是先提起来,然后放下来从容地说。

(6) 导播喊开始,或做开始手势,主持人停顿约3秒开始播报,这样有利于后期剪辑的顺畅。

每个学生录制完,在控制室观摩其他同学的出镜过程,以强化学习效果。课后将练习视频传给学生,供学生课后观看揣摩。

(三)演播室电视新闻播报录制要求

新闻播报时长 1.5 分钟以内(不剪辑)。要求镜头感明确,出镜状态、吐字发声符合新闻节目特点,具有信息传播的交流感和新闻媒体的权威感,克服方言语音与学生腔。作业前面不需要制作片头,提交出镜播报视频和新闻稿电子版即可。

(四)学生常见问题

(1)语音欠规范,eng\ing\zh\ch\sh 发音有缺陷,并非完全错误。

(2)吐字欠力度,应加强唇舌的吐字力度,使字音更清晰。

(3)朗读欠基本功,语气、重音、停连等基本表达技巧需要多加练习。

(4)有学生腔、唱读、朗读的状态,需要在心理上设定权威感,获得新闻播报应有的语气、语调。注意新闻播报和新闻评论在语气上的区别,二者都需要有交流感,新闻播报要注重信息的传递,有交流信息的感觉,评论要有交流观点的感觉。

(5)紧张,录制时应将注意力集中到播报内容上,以正确的语气语调去贯穿,就会降低紧张感。同时,多加练习,紧张感便会逐渐消失。

四、新闻播报训练材料

材料1:简讯(150字左右)

中国探月工程二期嫦娥二号任务发射场区指挥部指挥长李尚福 9 月 30 日说,根据目前预报的天气状况,嫦娥二号能够在首选窗口——10 月 1 日准时发射。射场区当天的气象预报表明,10 月 1 日发射窗口内将有小雨,从预定加注时间到窗口后一个小时内雷电概率较小,高空风和地面电场也没有制约发射的因素。

材料2:【台球】丁俊晖国锦赛出局①

2019 年斯诺克国际锦标赛继续进行,在连打 3 场中国德比之后,丁俊晖在

---

① 新闻来源:搜狐体育 http://www.sohu.com/a/332512967_114988? scm=1002.27140046.0.0-0&spm=smpc.fb-swimming-home.fd-news.53.1565848695114oryjwb1. 2019-08-09.

1/4 决赛迎来开赛以来最强对手——艾伦。比赛中丁俊晖状态一般,开局就连丢3局,最终3比6无缘四强,中国军团也在本届国锦赛全部出局。

材料3:【游泳】刘湘破世界杯纪录

2019年国际泳联游泳世界杯济南站比赛昨日揭幕。在女子50米仰泳决赛中,中国游泳女神刘湘以27秒35获得冠军,打破赛会纪录。

材料4:消息(400字左右)

2008年9月25日21时10分,长征二号F运载火箭载着神舟七号载人飞船,载着中华民族冲击太空新高度的梦想,飞上太空。

这是神舟飞船第七次飞入太空,也是中国人第三次登上太空。

继杨利伟实现中华民族飞天梦想,费俊龙和聂海胜进入轨道舱开展空间科学实验之后,今天,翟志刚、刘伯明、景海鹏三位中国航天员的金秋之行,肩负着全新的历史性使命——按照计划,他们将在此次太空飞行中,实现出舱行走。

中国人,将首次在太空中留下自己的足迹——这一看不见的足迹,必将作为最难忘的前进步伐,永载中华民族的记忆之中。

梦想有多远,前行的步伐就能迈多远。从1992年启动载人航天工程到1999年神舟一号试验飞船起飞,从神舟五号一人一天飞行到神舟六号两人多天飞行,在实现了一系列从梦想到现实的突破之后——中国载人航天,又一次迈到了一个重大的跨越关口。

材料5:昆明一市场火灾无人伤亡但致大面积过火,3责任人涉罪被刑拘[①]

8月15日,记者从云南省昆明市消防救援支队获悉,12日官渡区某市场发生火灾致使大面积仓库、厂房被烧。经查,该市场的所有者、管理者和起火仓库租户等3名事故责任人涉嫌重大责任事故责任罪。14日,官渡区公安分局对3名事故责任人依法进行了刑事拘留。昆明市消防救援支队发布通报称,事发后,昆明市委市政府和官渡区成立事故调查组对事故原因和责任展开调查处理。

前述通报还称,该起火灾虽未造成人员伤亡,但给人民群众财产带来了较大损失,是昆明市近几年来发生的过火面积比较大的一起火灾。该支队按照《消防

---

① 新闻来源:澎湃新闻 https://www.thepaper.cn/newsDetail_forward_4168146. 2019-08-15.

安全责任制实施办法》和《安全生产行政执法和刑事司法衔接工作办法》要求，积极推动区政府成立事故调查组，第一时间展开调查，迅速采取措施依法控制相关责任人。

同时，支队启动较大火灾事故调查应急预案，按照区域协作机制要求，从全市抽调了8名火调骨干参与事故调查。下一步，该支队将按照相关规定开展事故调查工作，尽早查清火灾原因、统计火灾损失。

材料6：盘点当日新闻，关注时事热点。欢迎收看《新闻点击》

目前，世界发现规模最大、保存最完整的古沉船"南海一号"两年前在广东阳江被打捞出水。今天，第一次向世人展示真容。沉船上的瓷器等文物陆续出水。至此，"南海一号"第一阶段的发掘工作已经结束。

"南海一号"是有八百多年历史的宋代沉船。2007年12月在阳江外海被打捞出水后，用了近两年时间完成清理淤泥工作。从上月18号开始，考古人员对它展开了第一阶段的试发掘工作，探测文物的分布为日后整体发掘制定周详计划。经过四十天的试发掘，首次看到了保存完好的南宋船体的甲板。同时，挖掘出的200多件瓷器经初步鉴定，大多为广东德化窑和江西景德镇窑瓷器。

这些文物都保存完整，而且一部分是首次被发现。估计南海一号船上有6万至8万件文物，包括了来自不同时期的钱币。2010年将继续下一阶段的发掘工作。预料需要至少十年才能完成整体发掘。

下面请看详细报道。

延伸阅读

合成机房一般管理条例：

（1）注意设备的安全使用；

（2）离开机房必须关掉总电源；

（3）保持机房里的卫生；

（4）机房内不许吸烟；

（5）不在机房内吃东西；

（6）不往操作台上放食物、水杯；

（7）不许非机房人员使用设备。

课后作业

1. 收听学习中央人民广播电台《新闻与报纸摘要》。观摩学习中央电视台《新闻联播》(海霞主播)、《新闻直播间》(天亮主播)。

2. 自选新闻进行播读练习。要求：普通话语音规范，内容表达清晰，没有学生腔，根据课堂讲授的新闻播报技巧进行口头练习并录音、录视频评析。

第六章
演播室新闻评论

第一节 新闻评论节目的兴起与发展

一、我国电视新闻评论节目的兴起与发展

新闻评论在形式和内容上都不同于新闻报道。它之所以存在和发展,是因为人们不仅需要了解新闻事实本身,还需要了解新闻事实产生的原因、发展方向及意义等。评论是新闻媒体的旗帜,平面媒体一般都有自己的评论员。最初,电视的评论功能受到质疑,因为电视的强项在于展示,讲究镜头的多彩与变化。评论本身强调深度,评论节目的主体就新闻事实进行评论,虽然会穿插新闻背景画面,但从视听语言的角度仍显单调。但是,电视传播面广的特质促使电视新闻评论节目不断创新,蓬勃发展起来。我国自1980年中央电视台开办第一档言论性节目《观察与思考》至今,电视新闻评论作为一种节目形态已经逐渐成熟。

《观察与思考》是全国第一个新闻深度报道节目,以报道社会焦点,针砭时弊为目的,收视率一直名列前茅。该栏目主持人肖晓琳,本科、研究生分别毕业于北京广播学院播音系和中国社会科学研究院新闻系,具有扎实的语言表达功底,亦具有良好的新闻素养,非常适合新闻评论节目主持,深受观众欢迎。2001年,肖晓琳荣获"金话筒"奖特别金奖。

20世纪90年代,电视成为强势媒体,出现了一批优秀的电视评论节目,也

涌现了一批优秀的记者型主持人和电视新闻评论员。1993年5月1日，中央电视台综合性杂志栏目《东方时空》开播，其子栏目《焦点时刻》以"新闻报道＋评论"的方式令人耳目一新。"新闻评论节目"这一节目形态随之走进观众视野。为进一步发挥电视评论节目的"旗帜"和"灵魂"作用，1993年底中央电视台组建新闻评论部，这对于中国新闻评论节目的发展具有里程碑意义。

1994年4月1日，中央电视台新闻评论部在原有栏目基础上开播《焦点访谈》，这是一种真正意义上的"形象化政论"。[①] 其节目定位是：时事追踪报道，新闻背景分析，社会热点透视，大众话题评说。《焦点访谈》采用演播室主持和现场采访相结合的结构方式，"先以演播室主持人引出当天节目的主题或话题，通过现场采访的形式完成对事实主体的叙述，再回到演播室由主持人实现对事件本身的评论。"[②]《焦点访谈》以中央电视台"黄金时段"播出的特殊位置、每天一期的高频率、关注全国乃至全世界各个领域的大视野，同时又以生动的纪实手法、多样的评析方式和自觉的导向意识，使电视新闻评论节目迈上了一个新台阶，产生了前所未有的社会效应。肖晓琳、白岩松、敬一丹、水均益、王利芬、王志、张泉灵等优秀的新闻节目主持人都曾主持该栏目。

《东方时空》在改版中也从最初的综合性杂志节目调整为新闻性杂志节目，1996年曾设立短小精悍的主持人评论小栏目《面对面》。《面对面》给予主持人较多的话语空间，使主持人的个性特点表现鲜明。还设立了周末群体谈话节目《实话实说》，通过主持人、嘉宾、现场观众的共同参与和直接对话，在生动活泼的气氛中就某一话题进行叙述、讨论或辩论，达到各抒己见、增进参与者以及广大观众之间交流、理解的目的。

1996年3月31日开播的凤凰卫视"三名战略"对新闻节目发展的贡献功不可没。凤凰卫视开办之初，倡导和实施"三名战略"（名记者、名主持人、名评论员）是结合自身特点制定的节目制作价值链和办台理念。作为一家商业电视台，凤凰卫视走的是一条品牌经营之路，其品牌经营内涵就是将人和电视节目两种因素结合起来，而人的因素无疑最能够彰显品牌特质。凤凰卫视选择这一突破

---

① 涂光晋.广播电视评论学.北京：新华出版社，1998：309.
② 满方，杨海燕.中国经典电视节目评析.上海：上海外语教育出版社，2007：114.

口深受美国电视业的影响和启发。美国老牌三大广播网（NBC、ABC、CBS）和CNN都致力打造明星主持人作为品牌发展之策。20世纪80年代中期，美国业内就有人指出，"在今天高强度的激烈竞争中，主持人必须是首席记者、高级编辑和超级明星的结合物"（《纽约时报杂志》1986年7月27日）。关于凤凰卫视"三名战略"中的名评论员，凤凰当家人刘长乐有一段话："当大家都在说同样一件事的时候，你愿意听到自己最熟悉与最信赖的专业人士的话，还是一位新人的话？这时候，一个知名的评论员就会战胜那些不知名的陌生人。这是我们的名评论员机制的最大成功。要知道，人们有时候看电视，其实就是为了看到那几个人。何况，我们的评论员首先是专家，同时还是电视明星。"①在这样的认知下，凤凰卫视开办了《时事开讲》，用名评论员来说事，对于名记者和名主持人也是如此。经过20多年的发展，凤凰卫视打造出吴小莉、窦文涛、陈鲁豫、陈晓楠、闾丘露薇等一批海内外耳熟能详的优秀主持人和记者。

  2003年6月，上海东方卫视《东方夜新闻》开播，采用"主持人＋评论员"模式，并对主持人和评论员的角色做了明确分工。这一创举也给学术界和业界带来思考：新闻主持人与新闻评论员的区别是什么？引发人们对主持人概念及外延的深度认知。

  2003年7月1日，中央电视台新闻频道正式开播，是专业播送新闻、评论、访谈的电视纯专业新闻频道。新闻频道的开播标志着新闻信息由"传播"时代进入"解读"时代。"解读"意味着梳理、分析、阐释、评论，其目标是不仅能够迅速、客观、公正地报道新闻，而且能够形成有影响力和深度的评论员观点。

  近年来，随着广播电视网络的媒体融合，新闻节目种类日益丰富，内容形态不断成熟。观众不仅可以看到主持人坐在明亮的演播室里播报新闻，还可以看到他们点评时事、采访嘉宾、连线记者、侃侃而谈的英姿。具有新闻评论能力也日渐成为新闻节目对主持人的重要要求。

---

① 师永刚.解密凤凰——凤凰卫视时事开讲影响力.北京：作家出版社，2004.

第二节　新闻评论的要求及分类

演播室新闻评论是由新闻主持人就某些新闻事件或政治、经济、社会等问题发表看法。对新闻事实或社会现象做出实事求是、合情合理的分析评论，是新闻评论主持人应当具备的能力，是打造主持人影响力的重要途径，也是观众的重要诉求。新闻评论堪称新闻主持人的"高级技能"，要求主持人不仅有优秀的新闻写作、思辨能力，伶俐的口才，还要有成熟的政治、政策素养，发表评论实事求是，有利于促进社会进步，讲求实际效果，因此对思维及语言的分寸感、方向性要求都很高。

一、新闻评论的时效性

过去，对新闻工作要求"倚马可待"，而今，对时效的要求更高。看看资深媒体人何润锋一天的工作安排：早上9点开始整理当天的新闻线索；10点例会前拿出一份《策划建议》，包括当天的新闻焦点、今日采访重点、本周焦点、中长期焦点、外电内容，例会后与主管领导协商挑选出当天的话题；11点开始动笔写稿子；下午5点之前要完稿；6点出镜点评《凤凰焦点直播》。出镜前还要抽时间化妆，常常只有10分钟的时间组织语言思考上场该说什么。因此新闻评论主持人必须养成与时间赛跑的习惯，这也是记者素养的一部分。需要注意的是，这种快速反应不是仓促应战，而是基于过硬的基础素养和平时积累思考的从容应对。如果反应迟钝，贻误"战机"，那就成了"马后炮"，也就失去了评论的作用。

二、新闻评论的权威性

权威性的重要基础是真实性，这里的真实性不仅指具体真实，而是具体真实和总体真实的统一。所谓"具体真实"是指新闻报道对具体的客观事实所做的真实的反映，而"总体真实"还要求对于新闻的价值判断、社会影响等做出真实的反映。传媒公信力指传媒使公众信任的力量，其基础是新闻信息和舆论观点的真实性与权威性。

第六章 演播室新闻评论

知名记者、著名新闻主持人、著名时事评论员,直接影响着新闻发布的权威性,对节目在公众中形成影响力、提升频道公信力具有重要作用。例如,凤凰卫视的曹景行、阮次山等本是资深报人,有丰富的采访经验并有长期的专栏记者和报刊主编经历,他们的资历和背景为评论的权威性奠定基础,也有力地推动了媒体的影响力。

三、演播室新闻评论分类

涂光晋教授认为,"评论"二字主要体现对事实、事件和现象的观念和态度,这种观念和态度可以体现在消息报道中的记者和主持人的语言中,可以体现在调查类报道的事实展示过程中,也可以体现在专题报道的主持人提问和专家分析中,更可以体现在谈话类节目的嘉宾表达和主持人对现场的调度引导和控制中……总之,评论应该是一种内容,而不应该是一种形态。我们在分析和制作节目时,为了理解的便利性,还是根据评论节目的形态对其进行简单分类。

电视(含新媒体)评论的表现手段丰富多样,借助画面、音响、屏幕文字及解说、论述性语言,在视与听、情与理的相互配合及相互补充中发挥传播和促进思考的效能。视听结合的评论节目形态主要有谈话体评论、媒体述评、主持人评论、新闻观察员和评论员的评论。谈话体评论将在本书第七章予以讨论。媒体述评是由播音员播发的专门评论类型,一般源于报刊及通讯社的评论稿件。本章主要探讨主持人评论(言论)。吴郁教授提出,主持人言论专指主持人以个人身份在节目中面向受众对新闻事实或社会现象直接发表的议论。主持人言论主要有两种形式:一是在新闻编排中插入的"三言两语"的点评;二是专门设置的新闻评论节目或环节。

(一)点评——新闻编排中插入的评论

新闻编排时,常在新闻导语、串联词或现场报道中,对新闻事实或社会现象做简短议论。点评的内容出自主持人对新闻或采访信息快速而敏锐的反应,是主持人对社会现实情况的了解与思考的反映。点评通常三言两语,语言运用要适应题旨情境,不一定要提供观点,可提供一种思维,或者一种看问题的角度和方法。点评无须深化、扩展,只找出可圈可点之细节加以阐说,或引起共鸣,或点明意义。点评虽篇幅短小,但需讲究角度独到和词句精炼,因此十分考验主持人的新闻素养和语言能力,以及对相关报道领域的熟悉程度。点评有时由编导事先在串联词或导语中写好,要求主持人要"吃透"新闻要义和编导意图,在语言表达上做到准确无误。

读报类节目的点评较为特殊。随着生活节奏加快,为方便人们对巨量信息尽快了解、梳理分类,将新闻经过筛选、总结、点评再加工的读报类节目受到观众欢迎。这类节目在新闻原料方面力求"简"字,没有普通新闻节目的画面、同期声、采访等内容,只是援引不同媒体的文字和照片,这就要求主持人具有很强的语言复述、概述能力,要把新闻说"活"。不同定位的读报栏目选择信息的侧重点虽不同,但都强调主持人的语态和评论具有个性化色彩。比如,杨锦麟的《有报天天读》,以国际及两岸三地时政新闻为主,杨锦麟老夫子般抑扬顿挫的语调及老辣犀利的点评,被赞"侠者风范";又如,《孟非读报》以贴近南京市民的民生新闻为主,孟非关注民生,倾情百姓,以贯穿"民生路线"取胜。

(二) 专门设置的新闻评论节目或环节

专门设置的新闻评论节目或杂志型新闻节目的评论环节,在节目中占有独立时段,这种评论通常称为主持人言论,少则三五百字,多则上千字,如《东方时空》改版前的《面对面》等。

主持人言论应由主持人自己执笔撰写,其最终播出内容应经过审稿。主持人撰写的评论不仅更适合主持人自己的语气、口吻和说话习惯,还能促使主持人从深度和广度参与新闻报道,从而快速成长,最终有利于推出风格化、有深度、成熟的新闻节目主持人。

尽管影像语言的电视新闻评论难以企及纯文字媒介的深刻性,但也要努力做到引发受众思考,撞击受众心灵。例如,2003年非典时期,白岩松在《央视论坛》的"危难显精神""战胜恐慌小汤山速度""高尚源自本分""失职者失官""非常时期,隐私有限,恐惧无益,信任是金""宜将剩勇追穷寇""谣言也是病毒"等评论中,从非典疫情发生、政府应对、社会恐慌心理、医生救治等各个侧面发表言论,在那段特殊时期,对于稳定观众情绪,给予力量,帮助人们树立战胜非典的坚定信念,产生了很好的社会影响。

(三) 新闻观察员与新闻评论员不同的角色定位

一般来说,新闻观察员只是把新闻背后的东西整理出来,告诉大家不同的看法，虽然也有自己的立场，但并不局限于一定要有鲜明观点。新闻观察员观察的对象应该是与新闻有关的内容，包括三个方面：首先是观察新闻活动现象，即对新闻传播活动中出现的各种现象进行观察；其次是观察新闻作品，即对报纸、电视等媒体看法的各种新闻作品进行观察；第三就是观察新闻事实，即对已经、正在或即将发生的新闻事件进行观察。

评论员有本台评论员和特约评论员，他们就当前社会普遍关心的问题或重大新闻事件、社会现象，直接面向观众发表意见、看法、立场和态度。评论员发表的意见应具有权威性。从某种程度上，有无本台评论员是媒体成熟与否的标志之一。

新闻观察员的角色定位稀释了评论员的浓度，由对新闻事件的解读更多地回到对于新闻报道本身的解读，降低了媒体代言人发表观点时的话语风险。这是新闻评论发展深化过程中的自然选择与变化，只有角色定位准确，才能真正发挥多种角度解读新闻的作用。

第三节　新闻评论主持人的职业要求与语言风格

演播室新闻评论与现场报道的即兴评论有所不同，演播室评论时间较充裕，评论状态也更为从容，因此更加注重信息背景的系统性和评论的广度与深度，更能体现主持人的思想深度、政策水平及语言组织能力。因此，担任新闻评论的主持人或评论员、观察员，一般都是资深的国际国内问题专家或在某一方面长期报道和关注的专家型记者。作为知名的新闻主持人，他们是"名嘴"，却与其他"名嘴"不同，他们应是思想锐利的"名嘴"。

一、新闻评论主持人的要求

（一）高度的社会责任感

主持人是栏目的品牌形象和标志，其形象要服从栏目的整体设计，主持人的公信力来自所在媒体的公信力，同时主持人的职业水准也直接影响媒体的公信力。因此，主持人对节目成败负有重要责任，镜头内外都应洁身自好，具有高度的社会责任感,慎重对待自己的"话语权"。优秀的新闻评论主持人都有浓厚的知识分子爱国情怀和尽"言责"的新闻理想。对于主持人的社会责任感,原中央电视台《新闻调查》栏目制片人张洁认为,"他必须对这个国家的发展、对民族的发展,对这个国家的诸多问题有足够的勇气来面对,而且他必须铁肩担道义"。可以说,新闻评论主持人应该自觉担当推动社会良性发展的责任。

例如,广播评论节目中,听众打进电话会有七秒延时,这七秒考验着主持人的社会责任感和职业能力,电台评论节目是开路的,听众的观点有时会偏颇甚至错误,作为主持人要认真接听,迅速做出判断确定是否接入该热线,如果接入,主持人该做什么样的即时评论等。

(二)深厚的理论功底与写作水平

新闻评论主持人应具有深厚的理论功底和写作水平。我国新闻评论节目近年来发展迅速,新闻主持人、评论员、观察员的工作内容和要求发生了细分和变化,各自的角色定位日渐明晰。但对于新闻评论主持人来说,写、说不分离是基点,也就是说,他们既是评论作者,又是评论的讲说或阐释者。他们应是口才出众的优秀记者,具有较高的政策理论水平,熟知国际国内相关方面情况,具有杰出的判断分析能力,同时具备出口成章的口才。新闻评论主持人还应具有科学务实的态度,在选题、搜集材料、写作时要做到求真务实,始终秉持理性、公正、科学的态度和精神,不能做自我推理或道德绑架。

在思想素质方面,新闻评论主持人应具有成熟的思维方式,在政策解读的分寸把握上有大局意识,能够正确处理敏感话题,尤其在纷繁复杂的形势面前保持理性冷静,坚持正确的舆论导向。

(三)深广的知识结构与丰厚的生活阅历

深广的知识结构给予评论员分析时事的格局。凤凰卫视新闻评论员的学科背景多为政治、经济、历史,且基本都做过专门的研究工作,是相关领域的专家,这也是他们的评论能够深入人心的原因。比如,曹景行1982年毕业于复旦大学历史系,大学毕业后进入上海社会科学院世界经济研究所,研究美国农业以及美国和亚太经贸关系。"做主持人时,我消耗的全是年轻时代的累积。"曹景行说,"在这种累积之上,每天看到的资讯和新闻,便自动在头脑中分类,比如巴以冲突,我30年前就开始关注,两岸关系关注了20年,中美关系关注了30多年……

对我来说,每个突发的新闻事件都能和原来所学到的知识结合起来,在历史的脉络上有系统地做新闻,就会很清楚、准确。"

又如,阮次山1974年毕业于台湾政治大学新闻系,后赴美国深造,获圣约翰大学东亚研究硕士学位,纽约大学政治研究所博士班研究生。再如,何亮亮1983年毕业于中国社会科学院研究生院新闻系国际新闻专业,曾从事社会经济方向的研究工作。

生活阅历是指一个人在生活过程中所有经历的总称以及由经历获得的社会经验。生活阅历既与一个人的年龄、生活内容丰富程度有关,更与其对生活的领悟有关。成功的评论员年龄普遍偏大,曹景行51岁加入凤凰卫视,阮次山和何亮亮分别在55岁和50岁时加入,深广的知识结构加上丰厚的生活阅历,使他们在分析新闻事件时,稳健老练,颇有深度。在一些媒体较早发达的国家,电视评论类节目主持人比中国同行更年长,丰富的人生阅历、新闻素养和工作经验的深厚积淀,加之人格魅力,使他们主持的节目在受众心中具有权威感,甚至被公众赋予"意见领袖"的期望。

中央电视台评论部创始人、电视改革先行者孙玉胜在《十年》中提出"记者—名记者—主持—名主持"的新闻节目主持人培养成长路径。当前,我国优秀的新闻评论节目主持人、评论员还十分缺乏,因此,应该不断完善培养、遴选机制,推进成熟的新闻评论节目主持人、评论员脱颖而出。

二、新闻评论主持人的语言风格

美国CBS著名新闻栏目《60分钟》总制片人唐·休伊特认为,"电视是'看'的艺术,更是'听'的艺术。电视的魅力不仅在于它有图像,还在于它有声音,我们不仅要关注图像,还要关注语言的质量"。他称自己的经验是"抓住观众的耳朵比抓住眼睛更重要"。[①] 在新闻评论节目中,主持人语言的质量和风格更为重要,切忌语言规范却空洞无物的"流畅的废话"。

新闻评论主持人的语言样态通常是演讲式、谈话式或感慨式,其主要语言目的是交流观点,以理服人,真诚、理性、客观地探讨问题,不可用教训人的语气。

---

① [美]唐·休伊特.美国黄金节目:60分钟.郭镇之译.北京:清华大学出版社,2005:360.

在批评报道和重大事理的剖析中,应该义正词严,态度鲜明。

(一)理共明、情共通——抽象与具象的结合

"大众传播媒体形成的精神世界,是利用大众传媒对感性世界的摹写和抽象。""人们通过人际沟通与感性世界直接联系,通过媒介沟通间接地认识感性世界。电视观众们理所当然地交融在他们同时处在的那两个并驾齐驱的感性世界,并受二者的双重影响。"①新闻评论担负着对新闻报道和社会生活的观察分析,鞭辟入里的抽象思维是其根本。观众不希望听到官话、套话,因此,主持人在观察时应有感性的视角,在具体表达时将理性分析与形象化的语言相结合,让观众容易理解,唤起切身感受,既有理趣又有情趣的评论才适合媒体传播,也才能达到与观众理共明、情共通的目的。白岩松常用"稀释"抽象概念的方式阐释,避免空喊口号或贴上理论的标签。评论内容若流于喊口号,缺乏真情实感和具体、形象的内容,则难以与观众产生共鸣。

(二)"动听"与"耐驳"

新闻评论主持人的语言既要有思辨性,还要通俗易懂,这也是播音主持专业在入学考试时都将"即兴评述"作为重点考查项目的主要原因。

梁启超曾就写论说文提过两点意见:一曰"动听";二曰"耐驳"。"动听"即是对演说的要求,内容听来顺耳,平易通俗,易于接受,且要有修辞节奏、音韵的美感。例如,经常会设置一些富于交流感的设问、无疑而问或自问自答等。"耐驳"则是要语言逻辑严密,论据得当,论证有力,观点能立得住,引起受众的理性思考。这两点同样适用于论说体的新闻评论。新闻评论的语言要求字词准确、用语精当、得体,句段之间层次明晰,不绕不涩,干净利落易于接受。

鲁迅在《读的文章和听的文字》中谈到"诉于耳的方法和诉于目的时候是全然两样的。所谓听众者,凡事都没有读者似的留心。简洁的文字,有着穿透读者心胸的力量,然而在听众心里,却毫不相干地过去了。听众者,是从赘辩之中,拾取兴趣和理解的"。因此,要做好书面语和口语的结合,既要练达易懂,又要意理分明,还要有修辞节奏上的美感。说到底,还是写作与演讲基本功的结合,新闻评论主持人应在长期的学习、思考、实践中不断锤炼自己的语言功力。

---

① [美]约翰·菲斯克.理解大众文化.北京:中央编译出版社,2001:113.

（三）鲜明的语体风格

语言始终是主持人与观众交流沟通最重要的手段，从语言内容到表达方式，与体态语、风度、气质共同构成吸引观众的"场效应"，从而产生个性化的风格。在各种主持人中，"很显然，每一种角色都包含着不同的讲话惯例：发话人如何表现自己，如何适应并承认观众"。① 因此，新闻评论主持人的语体风格和"讲话惯例"就呈现出具体的特点。

"讲话惯例"或有两层意思。一是对于不同的节目类型，主持人的讲话惯例不同，有一定的套路或惯例。例如，综艺、少儿、生活服务节目等主持人的话语方式不尽相同。二是不同的主持人也有着不同的讲话惯例，或者说独特的话语方式、说话特点，这对于建立主持人的个性化形象非常重要。例如，上海新闻综合频道的印海蓉，声音知性沉稳、温而不露，是一名较有气质涵养的新闻女主播。

新闻评论主持人的个性化评论可提供多个视角，多种见解，为观众提供参照系，有助于人们对新闻事件评价的主动参与和平等交流。不同主持人的评论既呈现思维的不同，也呈现有声语言表达的不同风格。主持人应在平时的新闻评论写作和节目主持中发掘自我风格，有意识地体悟自己的语言习惯，包括思维习惯、语言修辞表达以及声音高低抑扬、语言节奏等语体风格，强化自身的特点和优势，使其成为自身风格和魅力的一部分。

好的稿件具有鲜明的语体风格。语体风格是一名成熟的主持人，特别是新闻评论主持人的显著标志。主持人深入参与节目、写作评论，在写作、语言表达过程中逐渐形成自己特有的思维表达风格，从而有利于形成自己的主持风格。白岩松在他《痛并快乐着》一书中讲述了最初在《东方时空》做评论的经历：每天出镜评论3分钟，每天要写1 000多字。这样坚持两年下来，他的评论能力飞速提升，也让观众熟悉和接受了他的评论语体风格。他经常使用修辞感较强的排比句式，借用一些流行歌曲歌词或时尚话语，犀利中有调侃，大白话中有哲理，别开生面的阐述角度构成他主持特色中重要的一面。

"质疑"是王志不同于其他主持人鲜明而独特的风格。质疑贯穿于王志的思维和语言，他的同事称之为"外科大夫式"采访。王志常常将评论融于提问

---

① ［美］罗伯特・C・艾伦.重组话语频道.北京：中国社会科学出版社，2000：106.

之中，使提问更有内涵。例如，在《李昌平：守望三农》中有这样一段提问："我发现你在谈农民问题的时候非常流畅，而问你个人遭遇的时候，你要经过思考才回答。"

三、新闻评论主持人的主要语言形式

（一）讲述

优秀的新闻主持人基本都是"讲故事"高手，这里的讲故事与文艺作品演播的讲故事不同，并非讲究语言的跌宕起伏、感情的大起大落、故事情境的生动再现，而是要把事情经过即事实链条讲得简练、清楚、完整。并且内容也不能讲得"太干"，要对稿件进行口语化重建，这也是新闻节目主持人之所以为主持人而非评论员的重要特点。白岩松在《面对面》里讲过一个医德的故事。前面的节目是《焦点时刻》栏目《北京急诊室不急》，在接下来的3分钟评论里，白岩松用大部分时间讲了一个完整的小故事，只用了大概20秒借他母亲之口提供了一个评论，结果获得了当年的新闻评论金奖。

那是1974年，我爸当时去天津看病，我家在内蒙古，非常远。在"文革"时期到那儿看病，不是看病，是出差，承担着非常重要的使命。但是他咳嗽不舒服，办完事去医院看了一下，结果医生当时一看知道他是癌症，但是因为他是一个人来的，又不愿意告诉他，所以就让他留下来住院观察。我爸说不行我要走，票都买了，还给医生看，你看我这票等等。但是医生说不行，你必须住院，也不好告诉事实。僵持这么一段时间，我爸说："我找主任。"医生一走，我父亲溜了，当我父亲晚上要走的时候，大喇叭传来："内蒙古来的，谁谁谁找。"父亲说："谁呀？"原来，医生找他。因为医生记起了给他看的车次。这个故事是我父亲去世很多年以后我母亲给我讲的，我母亲在给我讲完这个故事的时候给我讲了这样一段话，"如果有现在的医疗条件加上那个时候的医德，也许你爸爸的病能治好。"

主持人以第一人称口吻，从个人经历和感受中讲述道理，让人觉得感同身受，不仅顺理成章，而且彰显真挚的力量。白岩松直言，评论的力量"重要的在于过程"。过程叙说类似一篇简洁的记叙文，如果没有扎实的文学功底和良好的口头讲述能力，"过程"也未必能够具有评论的力量。

(二) 概括、关联、类比

以典型实例或现象铺陈,依托新闻事实归纳、推理、概括形成结论,再进行关联、类比,提炼思想、亮明观点,是新闻评论主持人常用的语言形式。关联的基础是发散思维,发散性思维是主持人能力素质的一个主要特点,能够将不同的事物、现象以一定的思维链条进行关联,从而对比、思考形成新的观点。下面是白岩松的一段评论。

您好观众朋友,欢迎打开《新闻周刊》。在本周,由于受著名导演斯皮尔伯格辞去北京开闭幕式艺术顾问一则新闻的影响,世界上有些人或者组织将北京奥运政治化的某些做法也陆续地走进了我们的视线。有些人看到这样的新闻很生气,很不理解,甚至很委屈。其实,更宽容地看待这一切也是我们办奥运的一种另类收获。我们是第一次办奥运,有很多事儿要适应,回头看过去每一届奥运会各种各样的杂音也都不少。让体育是和平的盛会,而不被政治化,毕竟还只是一种人们美好的理想。你越宽容看待,杂音越闹不大。就在本周四,外交部新闻发言人透露,包括美国总统布什、法国总统萨科奇在内的国外百余位国家元首、政府首脑和王室成员表示希望来北京参加奥运会开幕式,这就是世界的主流声音,别被杂音闹得心烦意乱。好了,接下来共同走进本周。①

这段评论中,白岩松将问题称为"杂音",引导公众一方面要有正确的心态,"更宽容地看待这一切也是我们办奥运的一种另类收获";另一方面要看到事物发展的主流,并轻松断言"你越宽容看待,杂音越闹不大"。主持人在逻辑上将负面事件与正面事件通过一定的逻辑进行关联、对比,并得出结论,面对这样的"硬新闻",在语言上反而用拉家常的"松活"语气,表现了中国自信和包容,体现出泱泱大国的气度。

四、开掘新闻评论深度的方法

(一) 纵深解读

对公众普遍关心的新闻及时发表意见和观点,对事件或现象进行纵深解读,

---

① 中央电视台《新闻周刊》节目,2008-02-23 播出。

是扩大媒体和新闻主持人影响力的重要途径。尤其对于时事新闻、政府决策,如果只是单纯地传达,不仅有悖媒体的责任,也降低了媒体及主持人的公信力。如果能够对政策推出的背景、政策发布后情况的预测以及可能遇到的问题等进行多方面、多角度的解读,既可满足公众深入了解政策的需求、引领公众的理解或思考,也彰显媒体的责任感与主动性。

因此,新闻评论主持人必须对国内外情况进行持久细致的了解和研究,成为相关方面的专家,可以根据自己的知识结构和兴趣爱好,在经济、国际关系、贸易、法律等方面进行长期的深入学习和研究,这样结合具体的新闻事件才能够做出有深度的解读。

(二)多向思维

新闻评论的重要作用是为受众提供思维的角度和启发,因此主持人的发散思维尤为重要。发散性思维具体表现在对于一个新闻事实或社会现象,能够从纵向、横向、逆向等多个向度进行开掘性的思考,引发受众的共鸣与深思。例如,资深媒体人何润锋经常运用国际政治关系、博弈论的知识进行多角度报道,挖掘新闻背后蕴藏的含义。他擅长"细节性"分析:在准备奥巴马和意大利贝鲁尼会面话题时,捕捉到两人"先伸手再缩手"的小细节,再从两人的私人关系以及奥巴马对当时意大利现状的评价说开去,解读事件背后的政治、社会意义。

发散性思维不是为发散而发散,而是在对新闻事实和社会现象正确认识的基础上,利用自己新闻素养的储备对其进行关联、类比、对比等思维加工,从而提供给受众更加立体、丰富的思维体验。

(三)独家与独特

当今时代资讯爆炸,新闻的第一源头往往是共享的,过去抢独家新闻的节目创优方式已逐渐消失。如何把共享的新闻资源变为第二落点,把第二落点变为第一落点而成为独家表达,是各媒体及栏目竞争的重要领域。其中,对新闻信息的解读角度和解读深度是其核心竞争力的体现。例如,找到社会和大众对某一问题关注的"痛点",不仅需要对信息的全面掌握,更需要分析判断能力,由此,新闻评论节目主持人、评论员才能成为媒体权威度和公信力的重要支撑。

(四)信息处理与数据挖掘

甄别和滤取有效信息的能力本身就体现了新闻评论主持人的职业敏感、洞察力和行业积累。凤凰卫视评论员曹景行每天看十几种报纸,搜集海内外相关信息,他还利用人脉关系,了解新闻背景和各方立场。在《时事开讲》栏目中,曹景行通过对信息的分析消化,研究出有说服力的观点,职业的信息搜集、研究能力有效地支撑了他评论的权威性。

当今大数据时代,数据成为新闻评论分析的重要依据。数据新闻量化研究为评论带来不容置辩的论证力量,确保了论据的客观与准确。

(五)胸襟和视野

新闻评论在立意和态度上要高屋建瓴,能够为受众提供事件的大背景和开阔的视野,引领受众在更高的层面理解新闻事件和现象,进入严肃的思考,建立栏目的权威感和思维高度。

笔者曾在新闻专题片《聚焦南水北调中线工程》[①]中(图6-1),讲了这样一段结束语:

图6-1　演播室新闻评论:聚焦南水北调中线工程(饶丹云主持)

据介绍,南水北调中线工程将于2002年正式动工上马,丹江口大坝加高前的四通一平等前期准备工作也由汉江集团从2002年元月份正式启动,其他配套的渠道建设、分水设施、沿途绿化等工作也将陆续启动,预计2010年全线竣工。

---

① 电视专题片《聚焦南水北调中线工程》,2001年获湖北广播电视奖一等奖,主创:饶丹云、汪虹。

南水北调是生产力发展布局对水资源合理配置的要求,因此从一个更高的层面来看,南水北调不仅仅是一个水利工程,它还引发了人们对于水资源优化配置,水资源再生利用,以及人们用水观念的思考。因而在南水北调规划思路中有一个总的原则,这就是著名的"三先""三后",即先节水,后调水,先防污,后通水,先生态,后用水。那么对于即将开工的南水北调中线工程来说,不仅需要资金、技术以及施工等方面到位,更需要人们用水意识到位,保护生态的观念到位,只有这样,才能保证这项造福子孙的世纪工程发挥出巨大的效益。到那时,北方地区的人民,以及到北京参加奥运会的全世界的朋友都将喝到清澈甘甜的丹江水,我们期待着这一天早日到来。好,观众朋友,感谢您收看本次节目,再见!

这段评论为这部新闻专题片做了很好的结语,也为该片获得湖北省广播电视一等奖起到推动作用。

五、中国古典小说评点的启发

评点是中国小说理论中闪耀着奇特理论光辉的部分。由来已久的明清评点派在中国古代文艺批评领域独树一帜,其灵活性、综合性、启发性的评论特点与当今媒体新闻评论的个性化风格有异曲同工之妙。凤凰卫视评论节目主持人杨锦麟就颇有这种评点风格。

评点派小说理论上带有直观性、经验性的理论形态,与西方纯思辨的、抽象级别较高的理论不同,是思理入妙、要言不烦的灵感式评论。评点的点与妙悟有关系,是一种突发性思维,如醍醐灌顶、当头棒喝。同时又是一种阻断式思维,符合灵感的特征,为小说研究提供了有容量、有张力的特殊思想材料。比如,毛忠岗评《三国演义》,"同花异果,同枝异叶之妙""横云断岭,横桥锁溪之秒"(连断的妙处);又如,金圣叹批《水浒》,"怨毒著书,庶民之义",等等许多精彩评点。

评点与诗文评论有很深的关系,它将阅读、欣赏、评论三者结合起来,体现了中国人往往不离事而合理的思维方式。其具体形式有序、跋、小说评点、作品的开篇、结语及内容的评点、笔记、书信、专题论文等。常常开头有序,序后有读法,每回前面有总评,每回中有眉批、夹批、旁批,对精彩的句子作圈点,等等,对小说作多方面的评析和欣赏。

评点是一种依附于作品的灵活多样的形式,同时又体现出综合性的思维成果,具有"小大由之"的特点。评点的优点是富于启发意义,能产生多方面的体会、多种联想。缺点是不精确,概念许多时候寓于形象之中,容易造成概念的多义性。比如,"《水浒》所叙,叙一百八人,人有其性情,人有其气质,人有其形状,人有其声口。"①值得注意的是,还把个人的性格与其生活阅历、社会环境联系起来,强调其不同的个性特质。比如,"鲁达粗鲁是性急,史进粗鲁是少年任气,李逵粗鲁是蛮,武松粗鲁是豪杰不受羁勒,阮小七粗鲁是悲愤无说处。"②

体育节目评论在这一点上表现突出。体育评论与节目进程相伴,体育比赛信息观众基本从画面上能够获取,体育评论员要注意深化,能够说出画面以外的东西,减少叙述成分,加强分析评论。中央电视台体育评论员蔡猛说,要能够随着比赛进程深入浅出地进行评论,有时还可融进哲理性的东西,如"进攻并非成功"等简要的评论,还有一次蔡猛在转播乒乓球比赛时称赞某位运动员的表现是"张飞绣花,粗中有细",这些精彩的点评短小精悍,灵动自然。

六、新闻评论案例评析

材料1:减产为何却增收?③(节选)

(获2017年度中国新闻奖电视评论类一等奖)

【演播室】 主播:今天是2017年的最后一天。年终总结,我们关注一下粮食生产。国家统计局本月发布了2017年全国粮食产量公告,黑龙江省结束了连续13年粮食增产的纪录,减产近4亿5千万公斤。而与此同时,来自省农业部门的数据显示:今年,黑龙江农村居民人均可支配收入增速有望突破8%,是近三年来增幅最快的一年。黑龙江农业减的是产量,增的是效益,这一减一增,体现的是黑龙江省推进农业供给侧结构性改革的可喜成果。

【演播室】 主播:黑龙江粮食总产和商品量连续多年保持全国第一,黑龙

---

① 金圣叹.金批水浒传(卷之一《水浒》序三).西安:三秦出版社,1998:7.
② 金圣叹.金批水浒传(卷之二《读第五才子书法》).西安:三秦出版社,1998:16.
③ 黑龙江广播电视台新闻频道《新闻在线》,2017-12-31首发,主创:杨国栋、金威、杨凯、刘峰、姜禹。

江人一直把保证全国粮食供给作为自己的责任和使命。但是,缺少市场导向的增产,就像不断增重的包袱,持续地拖累着中国农业。农业要发展,必须要调整结构!

【演播室】 主播:农业的减法,从玉米做起。可是为什么要减玉米呢?

"减法",让黑龙江减掉了市场上不需要的大路货;"加法",让黑龙江增加了更多的优质农产品,而减和加的最终结果,就是优化了农业种植结构,适应了农业供给侧结构性改革的要求。今年年初,国务院给黑龙江点了赞,称赞"黑龙江玉米收储制度改革有序推进,总体看,无论是结构调整还是深化改革,都好于预期,已经取得巨大成效"。特别值得一说的是,原来备受国家呵护的玉米被抱出"摇车"之后,非但没有成为市场的弃儿,反而成为热销的"金娃娃"。

【演播室】 主播:党的十九大报告中指出,新时代,我国社会的主要矛盾已经转化为人民日益增长的美好生活需要和不平衡、不充分的发展之间的矛盾,习近平总书记称黑龙江是"维护国家粮食安全的压舱石"。新时代,赋予这块"压舱石"的新任务,就是要适应农产品消费结构升级的迫切需要,提供更多高质量的适销对路的农产品,满足人们从"吃饱"向"吃好、吃得安全、吃得营养健康"的需求转变,从而也让龙江人民的钱袋子更鼓,推进乡村振兴!

推荐理由: 新闻关注反常,作为中国第一产粮大省,黑龙江结束了连续13年的粮食增产,这是一个反常现象,减产却增收,这更反常。作品以思辨的高度揭示了黑龙江粮食产量降了下来,农民钱袋子鼓起来的根本原因,提出了更注重质量,更注重市场新需求,更注重效益的观点,为正在进行战略性调整的中国农业提供了方向。虽是地方新闻,却有全国意义。[①]

点评: 主题重大,评论深刻,及时回应了社会关切,体现了媒体的责任感和使命感;故事精彩,以小故事讲述农民的心路历程和抉择效果,为深化主题给出了接地气的形象诠释;语言生动鲜活,彰显了东北人的语言魅力,使这条评论既严肃又活泼有趣,富有感染力;形式新颖,用主持人评述与大屏特技相结合的方式让报道活起来。

---

① 中国新闻奖评选委员会办公室.中国新闻奖作品选 2017 年度第二十八届.北京:新华出版社,2018:137.

第六章 演播室新闻评论

材料2：广播评论：带着感情去拆违①

（获2017年度中国新闻奖广播评论类一等奖）

【演播室】 主持人：黄浦区小东门区块被列入今年上海22个市级重点环境整治地块，作为典型的老城厢地区，房屋老旧，违建普遍，安全隐患随处可见。但老城厢的违建又和其他地方不同，许多都是居住困难的家庭迫不得已所为，很难简单地一拆了之。小东门街道千方百计把帮助居民解决实际困难与拆违并举，带着感情去拆违。请听本台记者周导、胡旻珏发来的报道。

记者：在小东门街道党工委书记周晨看来，拆违分很多种，工字头的违建，别墅区的违建，还有出租牟利的违建，拆这些丝毫不需要手软。但在老城厢，他们去年拆除的1380处违建，80%是老百姓最基本的生活设施，两平方米放一张床，一平方米放个灶头，甚至是0.5平方米能有个洗澡的地方，当看到这些，拆违的这把锤子怎么还下得去手。不拆肯定不行，安全隐患重重，火灾时有发生，但拆那真的是动到了居民的骨头里，周晨说在老城厢一定要带着感情去拆违。

周晨：实事求是地说这些老百姓都是生活所迫，才有这些违建，所以我们一直在说我们是不是带着感情去拆这些违建，依法地拆除违建，但同时呢，我们又要了解老百姓的一些合理的生活诉求，可以说这些诉求都是一些基本的诉求。

记者：4排楼113号住着33户人家，今年50出头的卢文先和丈夫儿子蜗居在1楼的一间11平方米的客堂间，5年前他们在外面搭了一个两平方米的卫生间，一家三口终于不用吃喝拉撒睡都在一个屋子里。当第一次听到居委干部上门宣传，这个卫生间必须要拆，她几乎把居委干部轰了出去。

居民：一拆，我的卫生间没了，没有洗澡、没有卫生间，多不方便。后来街道里弄都跟我们谈好了，他说拆管拆，保证能够安排我们。

记者：可老城厢就这点地方，光是他们门洞，几乎家家都有违建，街道党政办副主任高平带着记者走进了113号1楼的一间屋子。

居委会工作人员：最早这里是我们搞生产组、搞加工的，我们这次拆违，就把这个收回来了，这房子街道收回，然后就给拆掉违建的6户人家做了厨卫。

---

① 上海广播电视台上海新闻广播《990早新闻》，2017-02-27首发，主创：周导，胡旻珏。

记者：这间大约50平方米的房屋，分割出了12个小间，6间厨房、6间卫浴，还配齐了基本的厨卫设施。卢文先笑着说比自己搭的违建还要宽敞。

居民：现在解决了后顾之忧，一间洗澡的还有一间烧饭的搞得很好，我们这里几乎家家都很受益。

记者：高平介绍说，他们为帮助居民，采取了四种不同的方式。第一种是街道拿出自己的房子给居民建厨房间卫生间，就像四排楼路113号这种。第二种是违建拆除后，在居民自己屋内因地制宜地进行改善。第三种则是向市属单位租房打造综合性服务设施，就像已经投入使用的邻里屋里厢，集中提供公共厨房间、家庭式浴室以及洗衣等其他服务。第四种则是在居民家附近由街道出资租借其他居民的房子。

街道工作人员：如果说居民旁边的人家是借掉的，我们街道把他借下来，然后做灶间，给居民使用，我们签一份使用协议，不收任何费用。

记者：从去年至今小东门街道已经累计为居民改善生活设施共计569户室内厨房，546户室内卫生间，通过公共服务设施直接受益40户居民约100人，便民覆盖超过4000人。回顾这一年多曾经抬头只见一线天，低头甚至没有路的老城厢大变样。更难得的是，违建拆除后，居民们的生活条件还得到很大改善。周晨说，老城厢的旧区改造或许还要再等等，但环境综合整治不能等。

周晨：这只是个开始，只要老城厢一天在，我们就要带着感情去做这件事。这个区域的旧区改造可能还要一段时间，但是我们不等，我们还是要用现有的资源尽可能地为老百姓做实事。

【演播室】 主持人：请听本台首席记者周导发来的记者手记"带着感情去拆违"。

【记者手记（周导）】 记者见多了那种拆违的场面，城管、特保，有时还有警察站成一圈，周围还拉起警戒的布条，挖掘机推土机隆隆作响，土方车鱼贯进出，现场飞沙走石，尘土飞扬，这种拆违需要的是坚定。而在老城厢拆违，则是要带着感情。小东门街道的书记说得对，这里的违建多数是为了谋生而不是谋利，这里的居民居住得异常困难，边上搭个小间是为了烧饭或者是为了放个马桶。违法建筑拆可以没商量，但又不得不为居民基本的生活考虑。小东门街道可以说是挖空心思为居民想办法，一户一策。这样的拆违和帮助并举谁会不欢迎呢？

记者在居民中间听到的多是溢美之词。当然,天底下最难的是做到每个人的获得感是一样的。就在记者采访离开的时候,就被一位居民堵住了去路,说别人家都好,为什么偏偏把一排电表安在了他家门前过道的墙上,等等,对街道的抱怨不绝于耳,街道干部站在一旁灰头土脸。说心里话,基层工作人员奔进奔出,在资源极度有限的情况下,要为每家每户解决问题,一户也不能含糊,可以说是在做天底下最难的题目,这不仅需要带着感情去工作,而除了感情,还要有一颗能听得了各种抱怨的坚强的心,而且不管这抱怨是有理还是无理。

推荐理由: 上海开展环境综合整治两年多,各媒体的报道不计其数,《带着感情去拆违》能脱颖而出,源自既饱含深情、打动人心,又帮助政府部门及时提炼和总结了拆违新方法,充分体现了媒体的新闻敏锐和社会责任,也突出了广播评论不仅要观点明确,更要浅显易懂、深入浅出。

记者采访了老城厢居民、街道干部,用有限的篇幅细致地介绍了整治前后的变化,同时配以记者手记,用广播独有的声音评论形式展现——带着感情去拆违,正是政府部门为民办实事的生动体现。①

材料3:疫情是大考,疫情下抓经济是必答题②

[欧阳夏丹主播](图6-2)

主播说联播,今天我来说。

国家卫健委今天通报了新冠肺炎疫情防控的三个"首次",和高点的时候相比,三个重要数据有明显下降,应该说,疫情形势有进一步向好的变化,国务院联防联控机制发布意见指出,防控疫情,现在要精准施策,分区分级。在做好防控的同时,还要积极复工复产。

为什么要强调分区分级呢?我们可以看到,在一些地方,虽然也有疫情发生,但病例不多,疫情趋势变化还是比较稳定的,和当地庞大的人口基数来对比,应该说是属于明显的"非疫情防控重点地区"。在这些地方,复工复产的呼声是

---

① 中国新闻奖评选委员会办公室.中国新闻奖作品选2017年度第二十八届.北京:新华出版社,2018:122.

② 中央电视台新闻客户端,2020年2月18日23:08。

很高的。做好科学防控的同时,还得把经济发展抓起来,如果仍然不管三七二十一,一味地抓防控,对复工复产不上心,不用力,这就是"懒政"。

疫情是大考,疫情之下抓经济更是必答题。我们也注意到有的省份已经开始按照风险等级来划分区域了,制定差异化、精准化的防控策略,取消了一些不必要的、比较极端的限制措施。能统筹,有担当,科学施策,这才是这份必答题的正确答案。

推荐理由: 这条短小精悍不足400字的新闻评论是对硬新闻软处理的典型例子,内容组织结构简洁清晰,以复述事实—阐明观点—复述事实—阐明观点,即夹叙夹议进行串联。比如,列出事实:数据下降,然后指明观点——疫情向好;又如,以事实佐证联防联

图6-2 演播室新闻评论:疫情是大考,疫情下抓经济是必答题(欧阳夏丹主播)

控精准分级,佐证疫情与经济的关系等,为观众阐明在科学防控疫情背景下,分区分级精准施策举措这个新闻热点的重要意义。这条评论在新兴媒体融合发展的语境下,凭借简短化、可视化、碎片化的传播形态吸引了大量的用户注意力,让受众特别是年轻群体通过话语方式的认同感获得对话题的兴趣,增加新闻的曝光度与传播覆盖面,达到主流媒体对大众传播的效果与目的。

其视听语言表现形式颇有创新,欧阳夏丹采用竖屏形式出镜,便于受众在手机端等新媒体观看,重点内容用提示字幕字号加大标粗予以突出。演播台摆放呈现一定倾斜度,主持人以侧坐正看的方式出镜,给人灵活、融通、以个人身份交流的感觉,增强个性化色彩。视像的远近恰到好处,目光坚定且具有吸引力,"她的目光就让人想听完内容"(观众语)。深豆绿色上装色彩素雅且有彩度,稳重里透着生气,配以金色大号胸针,加上亮栗色的发色,提亮整体视觉效果。使用通俗化的语言,如"不管三七二十一""必答题的正确答案",观点明确,坚定有力。

媒体平台发布的原稿与欧阳夏丹演播的内容略有不同，多处在口语化方面进行了处理，以个人评论交流的语气拉近与受众距离，让人愿意听。例如：

疫情趋势变化较为稳定。

改为：疫情趋势变化还是比较稳定的。

在这些地方，复工复产的呼声很高。

改为：那么在这些地方，复工复产的呼声是很高的。

这是"懒政"。

改为：这就是"懒政"。

第四节　优秀新闻评论节目及其主持人

一、白岩松及其主持的新闻评论节目

白岩松，中央电视台记者，著名主持人。1985年考入北京广播学院（现中国传媒大学）新闻系，1989年分配至中央人民广播电台中国广播报，1993年初进入中央电视台《东方时空》，后担任中央电视台新闻评论部主持人至今。他先后参加了香港回归、三峡大江截流、98抗洪救灾、国庆50周年庆典、澳门回归、北京申办2008年奥运会、中国加入WTO、悉尼奥运会、雅典奥运会、北京奥运会直播、多次"两会"报道等重大活动的报道。先后主持新闻栏目《焦点访谈》《新闻会客厅》《央视论坛》《新闻周刊》《感动中国》《新闻1+1》等。获中国金话筒奖"中国播音与主持"大奖特等奖、"长江韬奋奖""中国十大杰出青年"等荣誉。

作为一名优秀的新闻评论主持人，白岩松主持的专业性受到业界推崇、观众喜爱，其社会责任感受到社会广泛好评。节目策划、现场采访、撰稿、出镜主持，他都能出色担当，他思想深刻却善于用通俗易懂的大白话点评，他烛照社会众生但从未失去真诚，他理性沉稳的思考里巧用诗意的语言表达，他乐为媒体与受众之间的桥梁，因而评论视角总是体现平民化色彩。白岩松自觉投身电视新闻改革进程，勇于自新、勇于变化，伴随中国电视新闻的步伐，他也成长为一名资深的

著名新闻节目主持人。

在近三十年的电视新闻记者、主持人生涯中,白岩松一直战斗在新闻工作的第一线。他曾用这样的话来总结:"变化的只是时间,不变的是认真负责做新闻的理念,对新闻的真实性和过程性的追求,以及为观众记录梳理新闻的责任心。"当各级电视台主持人通过成为制片人而发展为节目核心的做法渐成潮流的时候,白岩松断然辞去制片人职务。他希望回到一个独立的白岩松,他"要以白岩松的方式继续做主持人,而不是以制片人的方式"①。

下面简要介绍白岩松主持的多个新闻栏目。

(一)《面对面》

1996年,《东方时空》设置子栏目《面对面》,主持人在组织、串联整个节目的同时,每天要拿出三分钟的时间与观众"面对面"交谈,可以由个人所见所闻有感而发,也可以依托前后节目的内容缘事而议,独立成篇或连续系列播出。当时,中国新闻节目主持尤其是新闻评论都处在探索时期,白岩松初出茅庐,在议题选择、材料运用、语言表达等方面,以特有的新闻敏感和文字语言的驾驭能力得到观众的青睐。他在《东方时空》《面对面》等节目中出色的采访和评论,使其日后有机会参加中央电视台多个重大新闻直播报道。

(二)《新闻周刊》

《新闻周刊》是中央电视台新闻频道一档周播综述型的新闻杂志类节目。此类涵盖一周新闻事件和热点人物的节目,国外同行形象地谓之"新闻胶囊",精心遴选的新闻为受众节省了阅读的时间和精力,并提供独特的报道和评论视角。《新闻周刊》具有两个重要品质:一是评论;二是对于一周内已经公知的新闻,选择、制作不公知的角度、观点和细节。白岩松在《新闻周刊》中不仅是主持人,最初还担任过制片人,在栏目中起着主导作用。由于其专业地位和广泛的影响力,也使他的点评语言特色得以延续和深化。

(三)《央视论坛》

《央视论坛》是中央电视台新闻频道一档纯粹的评论性栏目。它不采集新

---

① 朱羽君,高传智.进退之间——中国电视新闻从业人员心态录.北京:中国传媒大学出版社,2005:67.

闻,而是对各种媒体提供的新闻事实中引人注目、具有谈论空间的内容进行评论、分析和解读。在新闻频道里,它的功能相当于平面媒体的"时评"或评论员文章,其栏目追求可以用一句话概括:透过现象看本质。白岩松在《央视论坛》初期,是以"本台评论员"身份解读新闻、评点事实。栏目邀请一批熟悉政府方针政策、具有深厚专业背景的专家组成相对固定的特约评论员队伍,播出时以主持人与特约评论员对话的方式,对重大新闻背景、重大社会现象和社会问题进行评论、分析,发表观点。

(四)《新闻1+1》

2008年,电视新闻分析与言论性直播节目《新闻1+1》亮相中央电视台新闻频道。"1+1"即一名主持人加一名新闻观察员在演播室展开双人谈话模式,每期一个话题,围绕时事政策、公共话题、突发事件三大类选题,主持人提出问题、引发思考,"新闻观察员"白岩松进行深度解析。《新闻1+1》在中央电视台首次引入"新闻观察员"的身份,白岩松则从"主持人"转型为"新闻观察员",意味着他对新闻事件的解读可以更加灵活,可以更多地从新闻传播的角度出发,话题评论伸缩有弹性,使他更能游刃有余。

二、杨锦麟及其主持的新闻评论节目

杨锦麟毕业于厦门大学历史系,赴香港后一直从事新闻媒体工作,先后担任多家媒体记者、编辑主任、主笔、杂志主编,亦是香港多份报刊的专栏作家、《亚洲周刊》特约作者。擅长两岸三地时政评论,所著文字已达数百万字,是香港知名的两岸关系问题专家。由他主持的《有报天天读》,观众反应热烈,成为凤凰卫视最受观众喜爱的节目之一。该节目是观众午饭后热烈期待的"饭后点心",亦是全球华人沟通的重要纽带。

《有报天天读》刚开播时,杨锦麟开玩笑说:"我这把年纪转行干电视,是'再就业'工程。一般电视都是用一些靓女辣妹,凤凰卫视却让我这个报界出身的老头子来发挥余热。"几个月后,《有报天天读》好评如潮,杨锦麟却拿一个朋友的打油诗开涮自己:"老杨读报,吓人一跳,国语不准,英文走调,体形太胖,样子太老。"

一年后,《有报天天读》成了凤凰卫视的王牌节目之一。杨锦麟大乐,又拿观众来信中的几句话说事。信中说:"我除了喜欢《有报天天读》带来的资讯,更喜欢杨先生的'变音国语',喜欢杨先生嬉笑怒骂,即便是摇一摇扇,呷一呷茶,都是风度翩翩。一点没有夸张和恭维,真的,你是我见过的最性感的糟老头子。哈哈,点题一个字:糟!"

杨锦麟觉得,观众喜欢《有报天天读》的一个原因是"真"。不掩饰,不造作,不矫情,虽然有时候不免会说错话,读错字,或者读音不够字正腔圆。"真"之外,还有一个"朴"。不虚伪,嬉笑怒骂,皆成文章,在电视上表现真性情。①

三、美国电视新闻杂志《60分钟》及其主持人

《60分钟》是美国哥伦比亚广播公司(CBS)于1968年9月创办的一档电视新闻杂志栏目,因节目每次播出1小时而得名。该栏目是美国新闻历史上资历最老、收视率最高的十大电视节目之一。CBS的新闻栏目也在《60分钟》首次实现盈利。它还是美国电视节目中获得美国电视最高奖——艾美奖(Emmy Awards)最多的节目之一。艾美奖的评委们认为,《60分钟》"用简单而有效的方式深入了故事的核心,进入了人物内心,编排自由、富有活力,开创了一种新的节目样式"。

《60分钟》让每期节目的出镜记者在演播室做简短述评,栏目的主持人都是记者,而记者同时也是主持人,这也使记者与观众可以直接面对面,从而造就了迈克·华莱士、丹·拉瑟等知名记者型主持人。他们具有高超的提问技巧、正直可信和感染人的个性魅力。同时,明星记者型主持人的推出又成为《60分钟》笑傲江湖的重要法宝。《60分钟》制作精良,在拍摄手法上注重对主持人的摄影造型,突显新闻节目主持人的权威感。

每期《60分钟》基本由三个独立的新闻深度报道和一个新闻评论板块组成,每个深度报道约13分钟,评论板块约4分钟。其节目理念在于通过具体事件,探讨大的社会背景之下的重大问题,其内容多半为涉及政府和社会政策、司法公正、灾难、社会正义等"硬新闻"主题,在报道风格上,栏目坚持新闻性、故事性、客观性、冲突性、深入性和透彻性。

---

① 怀宇.南方都市报,2008-01-22.

第六章 演播室新闻评论

关于《60分钟》的成功秘诀,制片人唐·休伊特认为,《60分钟》成功的公式可以简化为几个字,那就是——给我讲一个故事。①

第五节 新闻评论出镜训练

一、新闻评论出镜稿件的写作

(一)选题的重要性

选题应体现主持人强烈的社会责任感,对国家、民族命运的深切关注,或对社会和群众的深入了解。一般选择当前的热点话题、热点事件,内容有信息、有新闻价值。如此,主持人的人格力量才能在选题中得以发挥,也自然会赢得观众的厚爱。

(二)新闻评论稿与报章体新闻评论的区别

新闻评论稿随语言表达一带而过,虽然视频可以反复播放,但终究不像报章体评论文章那样有较多的逻辑层级、严密的概念、缜密的推理过程等。虽也有深入和递进,相对来说更讲究"点拨""提醒",而非全面论证。

评论要有的放矢,要言不烦,以新闻事件为引子,夹叙夹议。要善于写短评,句型上避免复杂的复句、过长的句子,善于用一些形象感强、受众容易理解的关键词点到为止。评论的效果往往是"点化",而非真正意义上的"说服",可多做350～400字的短评写作训练。

(三)评论视角——从细节出发

新闻评论特别是新闻编排中插入的评论,短小精悍,评论视角尤为重要。往往是侧面观察,从细节、小角度切入,结合群众利益,达到鞭挞世事、人文关怀的目的。评论应尽量做到个性解读,将自己的生活阅历融入其中,言为心声,说出大家想说的话,说大家都听得懂的话。

(四)体现语言节奏

新闻评论稿的写作与有声表达是一体的,既要彰显评论逻辑,也要体现语言

---

① [美]唐·休伊特.60分钟——黄金档电视栏目的50年历程.北京:清华大学出版社,2004.

的风格与节奏。写的过程中就要考虑说出来的效果、观众的接受心理,类似演讲稿的写作,让观众爱听、耐听,听了以后能记住主要内容。要处理好表达的分寸,拿捏好这个"度",要在实践中逐步积累经验。

二、新闻评论的有声语言表达

(一)表达清晰

表达清晰并非单纯是口齿清晰,还要求语意清晰、逻辑清晰。这样观众不仅听清楚字音、语句,还能听清楚逻辑观点。

新闻评论语言伴随着评论者敏捷的思维,一般语速较快,注意快中要不失稳健,力求受众听清楚。有些学生训练时缺乏停顿,语意也就无法清晰了。语言表达重在说理,干练、流畅、不拖泥带水。

使用精粹的口语,尽量避免"嗯""呢"等口头禅,不要为了追求口语化,刻意加"嗯、啊、这样"等"水词",这些"水词"会削弱评论力量,降低主持人评论的权威性和专业度。

(二)与观众交流思想的语气

新闻评论主持人要对内容了然于胸,真正关注这个事件的发展,然后以与观众交流思想的语气进行评论,这样才能条分缕析、切中要害,彰显态度观点。而不能只用啊、呢、嗯等语气助词,做假的评论状态,交流思想也就无从谈起。

犀利、尖锐的语气在一些批评性言论中不可避免,但应注意批评首先应当以理服人,本着"治病救人"的建设性态度平等交流,而非单纯地批评、讽刺、挖苦。要进行善意、"有格调"的批评,语气犀利而不乏风趣,态度鲜明而又点到为止。用平等尊重、探讨商榷的语气,而不是居高临下,武断地下结论,引发观众参与思考,使评论能够真正促使问题的解决,推进社会进步。

(三)彰显个性特点的语态

语态是说话的态度和方式。有人说,中国电视语态改变自崔永元始。将评论内容做一定程度的口语化,像自己说话一样地评论。说自己的话,自己说话。或幽默风趣,或和蔼可亲,或尖锐犀利,不必遮掩或隐藏,可以将自身的个性魅力彰显出来,也是构建节目魅力、吸引受众的有效手段。当然,这种个性特点既包括评论思维、评论视角的特点,也包括有声语言的节奏、语气的个性特点。

三、即兴评述能力构建

根据一定主题,将大脑中形成的一系列词语、句段,按照一定的语法规则组织成叙述或评论,从内容上讲对新闻传播类学生并不难。训练重点,一是要能够清晰、从容、自信地转化为口头表达;二是要在即兴上下功夫。课堂上练习的评论基本都是提前准备好的,甚至是背下来的,对于即兴评述能力,平时可进行如下练习。

(一) 口头复述练习

新闻主持人必须具有很强的复述能力。口头复述是一种把听到或阅读的内容信息经过记忆、理解、加工,然后将这些内容口头表达出来。"进行口头复述练习的目的在于提高听、读的敏锐感知能力、加强记忆能力及按照逻辑线索全面把握材料内容的能力。"①复述时,应注意既能够把握原材料主要内容的准确性,又能够进行总体概括和全面勾勒,而非字字句句死记硬背,还能够从一个新的角度进行归纳和复述。

练习时,可选取独立篇目的新闻报道进行复述,也可选取某日某报新闻版的新闻,摘编成一组 5 分钟的口头新闻复述,不用提词器,可以写下主要内容适当提示自己,注意锻炼述说的能力,而非背诵。

(二) 口头描述练习

描述,顾名思义,像绘画一般描绘式的叙述,是通过观察将人、事、物、景等对象的特征及形态用形象的语言表述出来。它具有直观性、具体性、形象性等特点。记者在现场报道中经常用到口头描述,但这种描述往往不是"白描",通常是从现场情况的描述联想到其他情况或引发某种思索。

口头描述对记者的基础语言素质要求很高,因为它是由现场的情景直接转化为口头语言,词句的准确、精当,语法的正确等基本功就显现出来了,琐碎、零散的词句达不到描述现场的效果。口头描述训练的目的不仅是提高观察能力,还有敏捷的思考联想能力,以及迅速组织语言的能力。

---

① 付程. 实用播音教程第 2 册:语言表达. 北京:北京广播学院出版社,2003:278.

口头描述可以用一幅画、一张照片、一段视频,进行循序渐进的练习。时间以1.5分钟以内为宜,因为新闻现场报道中的描述往往更短,在练习中应追求语言的简洁、明晰,表述的精当,不可拖泥带水,反复拖沓。

(三)口头评述练习

口头评述不可能有像议论文那样的篇章结构予以支撑,评述时重在亮明观点、把握角度和论证方法,以及对于评述语言的构思与使用。评述包括评论和叙述,它是在前面复述和描述能力训练的基础上进一步深化和综合的练习。它可以在复述的基础上评论,也可以在描述的基础上评论,可以先评后述,也可以先述后评、夹评夹述。

口头评述的逻辑论证力量难以与书面评论相比,因此,须借用演讲和辩论的方法,将观点强调、梳理出来,给受众留下深刻、鲜明的印象。一方面,运用修辞手法增强语言在听觉上的力度和美感,例如排比、设问、比喻、顶针、用典、引用等;另一方面,运用辩论技巧,如击中要害、借力打力、移花接木等手法,善于从一些小的切口引申,或提出问题进行反思、反击,通过评述升华原报道论题,使其更有普遍意义。

口头评述练习可以一篇新闻稿、一张图片或一段新闻视频为素材,自拟一题进行评述。练习初期,先写出评述的主要内容或大纲、关键词语等,再进行口头评述。口头评述时要求脱稿,准备的内容只作为思维支撑,不能以背替代思考。然后过渡到不准备即开始评论。要求评论时间在3分钟以内。若时间允许,每名学生可以给予两次同题练习机会,第一遍练习经过教师、同学点评后进行修改,然后再说第二遍。课后可以单独练习,也可以小组练习。张颂曾谈到他给学生的一个即兴评述练习方法:"每天5分钟。先是叙述4分钟,然后评论1分钟;一年之后,叙述1分钟,然后评论4分钟。"笔者在给学生练习时,都会以"我的低碳生活"为题进行即兴评述,一则学生有话可说,二则集体评说,有助于提升学生的环保意识和社会责任感。

(四)评述实例

以下评论夹叙夹议,在叙说的部分又包含讲述、描述,另有一些专业词汇,在语言表达上有一定难度,需达到在顺畅的叙述中说理。

云南：生态高速公路是这样建成的

观众朋友，近日多家媒体都在重要时段或重要位置报道了我国首条生态高速公路在云南通车的消息。也就是昆明至曼谷国际大通道的重要路段——思茅到小勐养的高速公路于4月6号正式通车，这是我国第一条穿过国家级热带雨林自然保护区的高速公路，也是一条集旅游、生态、环保于一体的高速公路。

近些年来，我国的高速公路发展迅速，人们在为交通发展带来经济社会进步而欢欣的同时也在担忧：大规模的建设势必会破坏自然风貌，公路建设与生态保护能否实现同步？思茅至西双版纳小勐养高速公路的建成，以"生态高速公路"的样式，给这一忧虑提供了具体答案。

那么，这条高速公路的生态二字是怎样实现的呢？

从1997年提出项目设想开始，思小路项目的规划和设计花了将近6年的时间，开展了一系列的课题研究，对施工中可能遇到的各种环保问题进行了充分考虑，力求打磨出一个完美的方案。

修建这条路最大的难题是对西双版纳傣族自治州小勐养热带雨林保护区的穿越。怎样最有效地保护热带雨林这一"地球之肺""地球上的绿宝石"，成为摆在思小路设计和建设者面前的一个严峻课题。

首先，为了避免公路建设可能带来的保护区破碎化，影响动物迁徙和交流，有关部门从五种路线设计方案中，最后选择了沿老路建设的方案，尽量顺应老路、适应地形，为野生动物迁徙留出通道。而这个方案中，曲线超过了线路总长的70%，全线累计直线路段仅19公里。山随路转，不仅使公路线形更加平顺、柔和、优美，也有效地减少了对山体的开挖。

在具体施工时，他们彻底放弃了传统的"大开大挖"方式，取而代之的是提出了"宁填勿挖、宁桥勿填、宁隧勿挖"的原则，增加了大量的桥梁、隧道工程，使得高速公路沿线的植物、植被和地貌得到了更好的保护。

当然，无论是顺应山形修路，还是架桥修隧道，都要耗费大量资金，为了"生态"这两个字，思小路从30亿元的概算投资增加到39.95亿元，增加了近10亿元，以这样的大手笔来保护生态，建设者们认为特别值。

同时，这条高速公路与保护区完全分隔，野生动物上不了高速路，车和人更

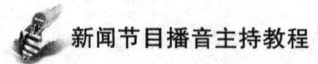

是到不了保护区域,真正体现了"车在林中行,人在画中游"的妙境。并且首次在公路重点段设立景观区和休息区,突出了保护自然、融入自然、回归自然、享受自然的定位和人文关怀的理念。

我们在关于这条公路通车庆典的报道中看到,现代化的公路,身着绚丽服饰的各族群众的笑脸,美丽的孔雀,绿云般的森林等等,给我们一种和谐、温暖的感觉,毋庸置疑,思小高速公路的开通对促进云南省对外开放以及中国—东盟自由贸易区建设将发挥积极作用,更重要的是,它的建成体现了我们在经济快速发展中与自然和谐相处的诚意,同时提供了一个成功的范式。

四、新闻评论出镜训练

据笔者的教学经验,新闻传播类大部分学生有着良好的口才和语言表达素质,表达观点的逻辑性、层次性好,他们的思维素质和写作水平为新闻评论做了有力支撑,具有很好的潜质。新闻评论出境训练中,主要是在普通话语音、吐字力度和清晰度、语气语调的妥当以及镜头前、话筒前语言表达的自如自信等方面进行锤炼。

(一)出镜训练指导要点

新闻评论节目在新闻演播室或虚拟演播室录制。

(1)提前准备并熟悉新闻评论稿,3分钟以内,不要死记硬背,背稿子不是评论的语气和状态。不用提词器,记关键词、逻辑链条。

(2)眼睛平视摄像机镜头,思维及状态集中到说理上,而非追求熟练的播报感。

(3)服装、化妆知性大方,符合新闻节目主持人的审美要求。发型不能遮眼,尽量不要遮住耳朵。坐姿肩平、背挺拔,注意背肌力量。

(4)在虚拟演播室录制时要注意主持人构图与背景抠像画面的和谐。

(5)拍摄时出现停顿,应通过换景别或换机位的方式接着拍摄,避免同一景别后期剪辑形成的跳点引起观众视觉不适。

(二)常见问题分析

1. 克服港台腔和学生腔

有些学生受港台影视剧影响,不自觉地模仿港台地区说普通话的语调。须知,语言一旦脱离相应的地域,会给人不伦不类的感觉,从而失去公信力和权威感。

学生腔是由于学生在心理上没有置于媒体工作者的定位,没有正确把握自己的"身份感",以学生自我的身份进行新闻评论,致使语气"稚嫩",给观众"小孩儿教训大人"的感觉,评论缺乏内在的力量。练习时要在内心建立媒体工作者的职业感和责任心,找准评论的点、关键词,不要像念材料似的,要有信念感支撑,相信自己说的道理。

2. 过分依赖稿件

有的学生吐字清晰,但过分依赖稿件,"太溜了",说话的速度太均匀,虽是精心准备,却失去了与观众真实交流的感觉。要有"生—熟—生"的练习过程,在熟悉评论内容后要以交流感为引领,真诚地与想象中的观众进行交流,不要拘于一字一句地背,个别词语的替换或语气的停顿反而令交流更为自然。

(三)训练方式及要求

(1) 一人,类似《中国新闻周刊》中主持人的新闻评述,有叙述有评论。

(2) 两人,类似《新闻1+1》,两名学生任意组合完成,可以分工叙述和评论,也可以两人都有叙述有评论。

具体训练方式可根据班级同学数量和课时量决定。

(四)演播室新闻评论出镜作业要求

单人,新闻评论时长2.5分钟(允许剪辑),不允许超时,要求自己撰写新闻评论。语音标准,表达流畅,交流感好,镜头感明确,主持语气、表情、姿态符合新闻评论节目特点,突显记者型主持人特点。既能流畅地讲述,也能进行或犀利或幽默的点评,以达到交流思想和融通信息的目的。

提交的视频作业不用自加片头、不需要对上下期进行回顾或串联。

延伸阅读

中央电视台新闻中心评论部主持人具体工作职责(摘录):①

(1) 值班期间每天按要求准时到岗,如遇特殊情况须按通知时间到岗。

---

① CCTV新闻中心评论部栏目组工作手册。

(2) 值班期间每天应主动参与节目串词的撰写工作,提供个人见解和观点,与值班责任编辑共同讨论完成节目串词的写作。稿件经主任审核后,尽量按已审稿件播出,如有内容修改必须事先报请值班主任批准。

(3) 自觉提高业务水平,不得出现断句错误、表达错误或读错音等现象,录制节目或直播期间必须保持精神高度集中,任何情况下不得扮怪相或做出有可能损害主持人形象的举动。

(4) 参与节目前期的采访时,应以积极的姿态主动参与策划工作,尽可能多地掌握原始信息和资料,透彻理解策划文案和编导的意图,并建设性地支持相关节目编辑和策划人员的工作。

(5) 值班空当期有救场的责任,应服从为节目需要的调班安排。

课后作业

1. 自选一档新闻评论节目观摩,撰写500字以内的再点评。
2. 提交新闻评论作业视频、电子文本留存。

课后观摩节目

中央电视台:《新闻周刊》《新闻1+1》。

凤凰卫视中文台:《有报天天读》。

凤凰卫视资讯台:《新闻今日谈》。

第七章
演播室新闻访谈

第一节 新闻访谈节目及其主持人定位

一、新闻访谈节目及其分类

谈话节目是主持人节目中一种重要的节目形态,它以人与人之间的谈话这种最基本、最普通、最直接的交流作为节目的形式和内容进行传播。谈话类节目能够简便地在短时间内给予受众更多的信息,且非常适合广播电视及新媒体传播。优秀的访谈节目是思想的拥抱、心灵的呼唤,彰显主持人与嘉宾谈话的能力和谈话的境界。因此,谈话类节目主持人常被冠以"名嘴"。在当今人工智能日益深入影响的时代,新闻主播已经受到挑战,但香港浸会大学黄煜认为,深度访谈仍然是媒体专业的学生和从业者应该着力培养的重要的内容生产能力。

访谈节目,通常指包括专访和谈话两种节目形态的统称。新闻访谈节目专访的意味更强,谈话的成分相对较少。新闻节目虽然信息变换迅速,但观点、思想的交流与碰撞永远是新闻节目的重要内容,因此,新闻访谈节目及其主持人始终受到媒体重视,也受到观众的关注与欢迎。新闻访谈节目有一对一、一对多和群体访谈等形式。从宽泛的角度来说,内容上包括时政新闻、社会新闻、财经新闻、体育新闻等,如《东方之子》《面对面》《波士堂》《财经朗眼》等访谈栏目都有上佳表现,并受到观众欢迎。

主持人专访源于记者专访,采访的记者固定下来,进行固定的栏目包装,记者成为主持人,因此成为主持人专访。专访对象一般为新闻当事人、新闻人物、专家学者、政府官员、评论员等,专访一般在专门的新闻演播室、虚拟演播室或新闻现场临时选定的固定场所进行。新闻类专访一般分为人物类、意见性和事件性三种。实际上这三种专访常有交叉融合,分类界定只是相对有所侧重。

(一)人物类专访

人物类专访是对一段时期的新闻人物的采访,主要对其事业的探访,也可涉及生活话题。人物专访重在于事件、意见中彰显人物的精神品格,"写意传神",挖掘其心路历程,使受众得到启迪。人物类专访具有很强的人文特征,所谈内容相对宽泛,采访时间宽裕、容量较大,尤其需要主持人在访谈中做到"形散而神不散",既有内在的逻辑条理,又在看似"散点"的提问中引来出彩的回答。

(二)意见性专访

意见性专访属于专题采访,主持人和嘉宾更关注眼下要讨论的话题,而不是一些个人问题。意见性专访多为对政策的解读,以及对时局的深入分析与评论。

(三)事件性专访

事件性专访也属于专题采访,专访目的在于从深度和广度向受众展示事件的全貌和重点,并揭示其本质和意义。

二、新闻访谈节目的价值追求及主持人定位

什么样的谈话内容是可以在媒体平台上分享和被围观的?这体现着媒体的价值追求。需要注意的是,隐私、个人信息、行业机密等不可以暴露。从谈话内容来讲,那些信息量大、公众感兴趣的、信息渠道不容易获得的内容更能得到受众欢迎。大众传媒是实现由点到面的信息传播的工具,面向成千上万的对象,强调受众的共同兴趣点。

访谈节目中的新闻对象,往往已是新闻的第二落点,再次考量所访人物、话题、事件的新闻性,设问角度要有别于已有的新闻报道。因此,要追求硬新闻的软着陆,需注意其广度、多角度的展开,挖掘与展示未被发现的、有价值的独特面,紧密贴近当今观众的需求,根据观众需求及舆论引导方向找准与被访者的切入点、结合面。

访谈节目主持人作为受众与媒体的桥梁,担负着两个方面的职责:一方面,

作为受众的代言人,在专访中提的问题应是受众最想知道、最感兴趣的;另一方面,主持人作为媒体传播者,其专访应同时起到以正视听、引导舆论的作用。[①] 在群体访谈中,主持人除了让各方充分发表观点,还应是观点的平衡者和整合者,适度表达自己的看法以穿针引线或抛砖引玉,而不能滥用话语权自说自话。

《东方之子》栏目组工作手册有这样一段话:"价值体系的多样性,是现代化的一个重要特征。大到社会群体,小到节目制作者,都无法统一于单一的评价标准。而且,任何对于财富、成功等表层价值的过度张扬,也无助于人们追求真正的幸福。因此,《东方之子》不应该成为一把标尺,但可以成为一面镜子,照见我们的时代,照见丰富的人生体验,也照亮我们的内心"。

在人物访谈中,不以介绍人物经历与业绩为主,不铺陈其成功的具体过程,透过表层现象与经历,引导被访者展示真实的内心世界,着重揭示人物的"变",即面对时代变化、生活变动时人物的应变能力和行为选择。新闻便会因人而生动,因个人的参与、体会、独特视角而具有可看性。

访谈节目的信誉,一方面来自专访对象,另一方面来自主持人。正确认识专访内容的新闻价值,并在访谈中不断开掘其新闻价值,以体现节目的价值追求。对于节目组来说,选择合适的专访嘉宾,并于每期节目专访中贯穿节目的价值追求,通过多期节目的积累,才能在受众心中形成累加的信誉效应,从而奠定节目的品格,让主持人也走进受众心里,成为节目的品牌。

第二节 新闻访谈节目主持人的要求

新闻访谈节目主持人历来受到较高的关注,受众对他们也有着很高的期许和要求。因为节目内容是主持人与嘉宾的谈话,新闻访谈节目的兴起本身就体现了社会的开放与包容。新闻访谈节目主持人对一档节目的参与度高、有策划和一定的取舍权,话语开放度高,善于提问和控制场面。

---

① 吴郁.当代广播电视播音主持.上海:复旦大学出版社,2005:138.

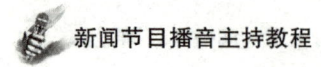

一、德配其位——良好的公信力与新闻素养

"信息来源的信誉是影响信息的重要因素。信息来源需要具备权威性、专业性、知名度高、重要等特征,这样由他发出的讯息,其信誉就高,效果就好。"①访谈节目主持人要调动气氛、引领话题、控制节奏、把握尺度,还要当好观众代言人、栏目形象代表和品牌标志,作为公众人物与各类专家、当事人进行访谈。因此,主持人应有很好的公信力,要德配其位,既要有良好的新闻职业道德,还应有高尚的个人品德,在公德和私德方面对自己都有高要求。

优秀的新闻素养是保证新闻访谈质量的重要基础。确定选题后,主持人要在短时间内尽可能多地熟悉节目的相关材料,详尽了解访谈对象及事件的背景情况,与执行策划、编导商讨节目的指向、主题,了解策划意图。节目组编导通常会为主持人准备相应的背景材料,主持人在尽力"吃透"这些材料之外,还应该自己做一些文献阅读和背景了解,因为只有将访谈的内容背景内化于心,才能在访谈进程中做出公允的评价和准确的判断,而不致偏题、跑题或对访谈重心拿捏不当。

二、营造场域——个性访谈与高效倾听

(一)谈话的能力要素

谈话的能力主要指访谈技巧,有"世界最负盛名的王牌主持人"之称的美国有线新闻网(CNN)主持人拉里·金曾总结说,"一个好的主持人要做到无论面对何时、何地、何人都能有话题、有问题"。主持人一般都具有优秀的语言表达能力,但要达到拉里·金所说的这种职业化,还需要职业训练和实践的积累锤炼。

1. 营造积极的谈话场

综艺节目主持人倪萍道出了主持人工作中普适的、最基本的原则:"主持人的工作看似简单,实际很复杂。困难在于你是在与人做交流,观众要在你的节目中获得需求,你又要在观众的反馈中吸收所需要的信息。这种双向交流的分寸很难把握好,所以起点必须坦率、真诚,你别无选择"。

---

① 胡正荣.传播学总论.北京:北京广播学院出版社,1997.

主持人在访谈中首要坦率、真诚,嘉宾既是访谈对象,也是主持人主动恳谈的朋友,提问时常以个人视点或感受出发,避免"提问机器"式的机械采访,这样才能激发嘉宾的交流欲望,迸发出真情流露和精彩的妙语瞬间。主持人要通过富于交流感的语言表达,精心设计的提问,以及眼神、表情、手势等体态语的交流,营造积极的谈话场,使访谈对象很快进入谈话状态,达到沟通自如、交流自然。长于谈话的节目主持人往往比较幽默与诙谐,受众不希望主持人拘谨刻板、话语中规中矩、缺少幽默感、提问与交谈欠缺水准。

打开"话匣子"的方法有很多,拉里·金认为,"拿一个人最亲近的事物作为谈话的开端,绝对能让他充分开放自己"。① 主持人提问的最终目的是协助访谈对象说出有价值的内容,主持人如果能像日常交谈一样,适时地回应、感慨、议论,不仅能激起访谈对象进一步开放自己的"话匣子",也是替观众回应、感慨、议论,可能与观众不谋而合,也可能与观众有些差异,但这些相合和差异更能吸引观众继续关注访谈内容。对于群体访谈节目,如《波士堂》,有多名被访嘉宾及在场观众,还需要主持人能够营造轻松、愉快、活泼的集体交谈氛围。

2. 个性化的语言表达

语言表达个性首先包括说话时语言组织层面的"惯例"。人们常说"言为心声"。首先,由于思维方式、性格、阅历、教育背景等不同,体现出语言组织的差异。比如,习惯使用理性色彩的长句式,还是生动活泼充满生活气息的短句;习惯使用丰富的词汇准确表达,还是简单的词汇辞简义丰;习惯使用说理性的语言,还是情感性较强的语言;与人沟通习惯正式还是随便或是幽默;等等。其次,语言表达个性包括说话时物理生理层面的特点,例如音色、音高、音强、语速,吐字力度,语调是否有抑扬顿挫、轻重缓急等语言外部的差异性。除此之外,还包括说话时体态语方面的特点,如眼神、习惯性的抿嘴、微笑、点头、手势等。

主持人在语言表达上应有自觉的个性化追求,摒弃教条化、模式化的语言表达。主持人应自我体会和认识上述三类的差异,在栏目组成员的帮助及观众的反馈评价中逐步培育自己的语言表达风格。形成自己的风格首先要找到自我,分析自身在语言思维组织、吐字发声、体态语上的特点,扬长避短、去粗取精,还

---

① 拉里·金.妙语12诀.徐仲秋译.海口:海南出版社,1996.

应研究与节目特点的契合、观众的认可等,在自我基础上形成特色。但也不要一味追求个性化而本末倒置,孤芳自赏更会被观众唾弃。

总体而言,"平实"是访谈节目主持人谈话的基础风格,不要出现过多虚词。例如,"付出极大努力""承受巨大伤害"之类的评价性语言应尽量换成具体的细节陈述。需要抒发感慨时应尽量引用人物自身的精辟语言,而不要自己做"抒情"状,给人虚情假意的感觉。华丽、生僻、过于书面化或过于口语化的语言,都不适合访谈节目主持人。

新闻节目访谈往往涉及焦点问题,更需要做到"语气平和,内容尖锐",这也是主持人职业修养、个人修养在语言表达中的集中体现。白岩松在《痛并快乐着》(2000年)一书中写道:"可能在很长时间里,小崔(崔永元)都会继续以幽默的风格面对观众,然而细心的观众一定会从他的'斜眼歪嘴的坏笑'后面看出他的严肃来,因为幽默只是小崔的手段,而严肃才是他笑容后面的目的。"[①]

访谈节目主持人往往形成较鲜明的主持风格。例如,窦文涛在《锵锵三人行》中的表现,平民化的侃谈、没有结论的落幕,只是点燃、启发,让嘉宾和观众享受清谈的乐趣。又如,第一财经科创类访谈节目《创时代》主持人杨帆,谈话风格年轻且有朝气,善于思考和探究,适合科创类节目充满新事物新期待的特点。《广播电视词典》中提道:"节目主持风格与节目主持人的思想、学识、修养、性格、气质等密切相关,并形成主持风格相对稳定的部分。""风格是主持人成于内形于外的精神个性在节目中的具体体现。"节目主持人追求主持风格的过程,也是主持人自我关照、自我修养、自我完善的过程。

3. 逻辑结构与细节选用

新闻访谈应有清晰的逻辑线,在采访逻辑结构的设计上要有"水袖功夫",做到"长袖善舞"。按照逻辑板块,注意问题设计的大、小结合。在不同板块的转换中要过渡自然,具体过渡方式主持人可以事先准备,更多时候是在谈话中认真聆听并寻找合适的时机切入或转换。因此,对于访谈主持人来说,沉稳的心态和谈话经验的积累非常重要。

在访谈的逻辑线上,细节犹如小河中的垫脚石,往往给你提供最扎实的方向

---

① 白岩松.痛并快乐着.武汉:长江文艺出版社,2016:65.

感。选择细节和运用细节一直是主持人访谈的"秘笈"。2003年非典期间,《面对面》节目主持人王志对王岐山的专访堪称教科书级的采访。其中的一个细节是,采访之前,王志收集了那段时间北京流传的关于非典的小道消息和谣传短信,借此向王岐山提问,让观众得到了直接说明真相的回答,也给政府提供了一个直接向公众公开信息的巧妙契机。在人物类访谈中,一些细节、别人的评价、具体的观点等往往成为主持人切入受访者内心世界、抓住人物精神品格的捷径。

4. 提问的角度与方式

专访中的提问方式多种多样,不拘一格。主持人根据具体情况灵活运用正问、反问、追问、设问、迂回问等方式,力求使每一个问号都成为精品。除一般应遵循的年龄、身份等社交礼仪以外,还应针对不同的专访主题内容做恰当的提问角度与方式的设计。问题要问得自然,合乎逻辑,既要符合生活逻辑,又要符合事物发展逻辑。

特别是调查性访问,尤其要保持冷静平和,坚定而有耐心,并非厉言厉色,但却深入有力量。这类访问往往社会关注度大,为了使访谈深入,向社会各界传递事实与真相,不能偏袒任一方。在这种情境下,单刀直入的发问虽显得生硬,却正是恰当的提问方式。在这方面中央电视台王志的专访被视为学习的典范。2003年,《新闻调查》播出了王志对刘姝威的专访《与神话较量的人》,其中王志的提问方式很犀利,甚至不近人情,有些甚至是明知故问,但恰恰向受众展开了事实,最终有利于彰显正义。例如:

为什么你很在意他是怎么得到的?〔指刘姝威在《金融内参》(保密级)上发表的文章〕

起诉苏中宾的消息为什么对你有那么大的震动?(指蓝田诬告记者苏中宾之事,苏曾写过揭露蓝田水产市场萧条冷落的报道)

你作为一个学者,为什么让你的生命陷入另一种状况?

你不喜欢他打电话的方式?(指蓝田老总获取刘姝威家庭电话并直接打电话)

提问的角度与方式取决于具体的专访主题内容,也受到主持人性格和职业追求的影响。王志认为,质疑是接近真相的重要方法。这期节目有一段短兵相接的对话十分精彩,刘姝威是一位很有个性的学者,专访时"蓝田事件"还未有定论,刘姝威本人也受到很大压力,因此在访谈中时有凝滞,但在王志镇定地坚持下,最终刘姝威做了理性而有分量的分析,反而获得比意想更大的收获。摘录如下:

  刘姝威:银行没有及时采取行动的原因,不是因为技术上的原因。

  王志:照你这么说,没有人关注蓝田的问题不是由于技术上的原因?

  刘姝威:从技术上……而是由于技术以外的原因。

  王志:你指的这个因素是什么?

  刘姝威:就是什么呢,作为一个上市公司的话……如果这个因素不消除的话,保证我们的信贷安全是很难的。

  王志:你指的这个因素是在商业规则之内呢,还是之外?

  刘姝威:我想这不是市场经济允许的。要是在一个健康的市场经济中,这些因素是不能存在的……

  王志:你指的这个因素是权力吗?

  刘姝威:你说呢?

  王志:我问你。

  刘姝威:我问你。你听了我讲述的话,你认为这个因素是什么?

  王志:你是当事人。

  刘姝威:这个问题我想应该让公众来分析吧。现在的问题是:如果是权力的话,这就有一个——他为什么会用他掌握的权力干出这种事?怎么才能够制止他运用手中的权力干这种事?这是我们应该思考的问题。那么对于决策部门来讲,是不了了之呢,还是要一查到底呢?如果这个问题你不一查到底的话,以后他还这么干;如果这个因素你再纵容它存在下去的话,银行没法办,行长无法当,这是很危险的。

  总之,提问的角度与方式,始终体现着主持人及节目策划、编导对于选题内容的理解和认识水平,对于选题社会影响的分析与预判。因此,提问的角度和方式是"术",主持人和栏目组成员都要时刻在访谈内容的新闻价值、社会价值方面做深入的研究,这才是访谈的"道"之所在。

5. 时间感与谈话场节奏控制

时间感通常指我们心理上对时间流逝的自我觉知,这种内在的生物钟机制对记者在现场直播报道和访谈中都起着重要作用。访谈节目一般为录播,虽然访谈节目录制时间较为宽裕,但时间感是主持人对于采访逻辑、采访进程把握的综合体现,也会影响节目的录制效率和演播室的使用效率。访谈内容在后期会做一定的剪辑处理,但作为主持人,要尽量保持谈话内容在问题结构、逻辑性上接近"成品"的质量,减少后期工作量。松散、啰唆、逻辑性差的访谈不仅增加后期编辑人员的工作,剪辑本身也会破坏谈话的流畅感,破坏访谈节目的"质感"。

时间感具体体现在对于谈话现场节奏的控制力。这种节奏的控制,是指在访谈录制运行过程中,主持人应时刻注意气氛的松弛与紧张、访谈进程的顺利与滞涩、访谈对象的开放与审慎、访谈时间的长短等,是一种综合能力的体现。不太成熟的主持人应在访谈前做好设计和准备,逐渐培养自己的控场能力,准备要充分,但也要给现场发挥留有余地,不能变成背稿似的"僵硬"状态。相对成熟的主持人应注意在维持访谈节奏的"顺溜"之外,时刻保持好奇心,让访谈出彩,以防"油腻平庸"之感。

对于群体访谈,主持人的主要控场作用是串联、穿插、转换等,要做到将现场分散的言论组织串联,临场应变,激活谈话参与者的交流欲望。崔永元在一次谈话节目研讨会上说过他举话筒的秘密,这个秘密是要在每次《实话实说》的录制前与现场观众沟通,用以提醒观众控制发言时间。当他一只手举着话筒时,观众可以尽情地讲;当看到他换一只手举话筒时,观众就要简练一点了;如果他用两只手举着话筒,就希望观众赶快结束发言吧;当他的两只手在微微晃动,呈作揖状时,就一定要结束发言了。崔永元用这个小的设计和沟通策略,既掌控了节目的录制时间进程,又保护了观众的发言积极性。

访谈节目本身就要求主持人底蕴深厚、思维敏捷,因为策划文案再精细,都不能替代主持人现场的思考和发挥。这就要求主持人不仅要有很好的文化底蕴和开阔的视野,碰到任何选题都能"大致兼容",同时还有很强的快速学习能力,对于选题所涵盖专业领域内容能够快速吸收和分析。这也是一些财经、体育类节目选用有专业知识阅历背景主持人的原因。例如,《财经郎眼》主持人王牧笛的表现既具有财经的专业性又谙熟访谈主持人的通识和技巧。

(二)倾听的能力

"听""说"一体,交谈的乐趣在于交流,谈说和倾听缺一不可,传播和反馈都存在才能实现顺畅的交流。主持人认真聆听,既是敬业的体现,也是访谈的技巧。对采访对象充满关切,根据采访对象的回答,及时回应或跟进问题,才是真诚而有效的交流,也才能让受众喜欢访谈内容和主持人。拉里·金在《如何随时随地和随便什么人谈话》(*How to talk to Anyone, Anytime, Anywhere*)中说:"我们无法因为'说话'而知道更多的事情。因此,如果你今天想要知道一些事情,你所要做的,就是聆听。"

实际上即便做足了准备,也与采访对象进行过沟通,在访谈录制过程中,还是会不断产生新的想法、话题,受访者回答的内容也有可能偏离主持人事先预备的框架。因此,主持人在访谈中的倾听十分重要,一方面要将偏离的话题适时拉回到正题来,且不能造成受访者的尴尬和不悦;另一方面要在保持原有采访框架基础上,从对方所谈的内容中听出重要有价值的线索,引导受访者予以生发,这个过程由不得深思熟虑,是思想高度集中、对相关话题内容熟悉且敏锐思考之下的即兴反应。

要做到高效的倾听,既需要主持人有深入探究的敬业精神,也需要主持人具有敏捷的思维能力,对访谈相关知识信息的学习了解和广博的知识基础,这样才能听出门道、听出精彩,听出采访的切入点和生发点。

三、境由心生——社会责任感与人文关怀

社会责任感是主持人做好访谈的内驱力,而人文关怀是主持人必须浸润在访谈中的态度和基点。人文关怀既包括对访谈对象,也包括访谈内容对受众的周到考虑,"问"是为了获得优质的"答"并服务受众,而非显摆自己。

谈话的较高境界,应为言之有物而不杂,且有观点的碰撞,能够体现人性的温度、世情的宽度和理性的深度。其万变中的不变是观众更喜欢听故事,主持人要做有内容的交流者,不是一个"伟大的"交流者,而是交流"伟大的"内容。

多元达成和谐,要尊重来自现场嘉宾、场外采访、网友、实地踏勘等多元的声音。要时刻注意尊重、平等,态度决定一切。特别是在采访一些有争议的对象

时,更要注意平等的心态,力戒主观。主持人对人物的了解、判断,对事物的理解、认识,可以有个人的表述,但必须有客观的内核。例如,在先进人物的访谈中,既要突出人物的先进性、独特性,又要显示人物的丰富性、多层次。对于有些批评性或有争议问题的采访,主持人的质疑应根植于公众的质疑,这是一种追求真实的精神,但不能外化成记者的态度。

四、促进沟通——交谈礼仪与体态语

交谈礼仪不仅体现在主持人的语言上,更直观地体现在其眼神、表情、手势、坐姿等体态语上,因此体态语对于面对面交流的重要性毋庸多言。一个人的体态语,有些是成长过程中有意无意习得的,有些是适应心理的自然需要下意识地引发出来的,还有些则是通过训练、教导形成的。"丰富的体态语贯穿于整个交际过程中,它往往能够真实地反映出一个人的心理活动、性格特征、价值观念等。"①许多传播学者认为,人际传播中无意识流露出的行为提示,比有意发出的语言符号更值得注意,一个人的体态语大都来自下意识,因此很难抑制。

主持人在嘉宾谈话时的体态应以沉静专注为主,避免因自己的频繁或下意识的体态语,如状态松弛或细碎动作等,分散采访对象和观众的注意力。在访谈中要察言观色,善于观察采访对象的体态语,为跟踪提问、主动营造谈话氛围提供帮助。

五、内外兼修——学识内涵与人格魅力

大凡优秀的主持人无不具有鲜明的个人魅力,广博的学识、深刻的思想、可亲的态度、潇洒的外表、优雅的举止、诙谐的言谈都可以成为个人魅力的标示。毋庸置疑,访谈主持人首先应该是一个大家愿意与之交谈的人,同时又是一个观众愿意看他/她谈话的人,有着良好的亲和力。这种个人魅力包含了学识、气质、人格,对于交谈之道的谙悟以及与人愉快相处的教养,还应该是正直可信、有感染力、注重人文关怀的。

不同的访谈主持人展现出不同的个人魅力。王志在《面对面》中对政府官员

---

① 熊征宇.体态语和礼仪.北京:中国经济出版社,2005:105.

的专访,大气沉稳,虽露锋芒却有着很强的专业性;水均益对国际政要和知名人士的访谈轻松雅致,颇有外交官风采;杨澜对社会名人的访谈深谙观众心理,于谈笑风生中探寻人性光辉和人生哲理。他们的个人魅力成为吸引受众的重要因素,也带给栏目一定的人格特色。

因此,从某种角度讲,主持人不能频繁更替,一方面不利于主持人经过时间打磨形成风格,另一方面也不利于培养观众的接受习惯,从而降低主持人的影响力和号召力。

第三节 优秀新闻访谈节目及其主持人

一、崔永元及其访谈特色

崔永元,1981年考入北京广播学院(现中国传媒大学)新闻系。1985年毕业后进入中央人民广播电台任记者,到中央电视台客串策划东方时空等节目。1996年以《实话实说》主持人崭露头角,大受欢迎。两次获主持人"金话筒"奖,四次荣获中央电视台"十佳播音员主持人"奖,著有《不过如此》一书。至今,人们一提到崔永元,仍会"条件反射"地想到《实话实说》,他的机智幽默让嘉宾在全国电视观众面前敞开心扉。崔永元是一名颇有平民意识的主持人,他平实的话语每每奏出弦外之音,以小见大,鞭辟入里地展现出事物的本质,折射出他的机智与诙谐,形成他特有的平而不淡、大巧若拙的风格。崔永元的主持语言成为一些电视工作者和社会学者"研究考察"的对象。

崔永元及其主持的中央电视台《实话实说》节目,在中国电视谈话节目中具有重要地位。《实话实说》节目形式为群体现场交谈,时长40分钟。通过主持人、嘉宾、观众的共同参与和直接对话,在生动活泼的气氛中,展开社会生活或人生体验的某一话题。经过叙述、讨论或辩论,达到各抒己见,增进参与者之间交流和理解的目的。

《实话实说》节目创办于1996年,是中国最早的具有广泛影响力的谈话节目。《实话实说》节目关注社会问题,倡导人文关怀,主张反映多种声音,追求真实自然的谈话方式,深受广大电视观众喜爱,广受社会各界和电视同仁的好评,荣膺四届中国新闻一等奖和中国电视名牌栏目,以及最受观众欢迎的电视谈话节目和最受大学生喜欢的电视节目等多种奖项。

(一)课堂观摩《小崔说事》之"百年清华,艺术同行"

思考并讨论以下问题:

(1)本访谈的主题是什么?如何引出主题?

(2)本访谈设置了哪几个主要话轮?话轮是如何转换和过渡的?

(3)你印象最深的两个问题是什么?

(4)本访谈最后是如何结束的?

(二)实例分析:《新闻会客厅》之"小崔会客:EMBA 农村感受"[①](摘录)

该节目是 2006 年两会期间播出的一档关于农民、农村话题的访谈节目,崔永元主持。访谈分四个部分:第一部分嘉宾身份介绍、访谈背景介绍;第二部分访问四位嘉宾,其中有两次与场外互动,电话连线与访谈嘉宾乡村感受有联系的两位采访对象;第三部分观众提问;第四部分总结。

访谈的重点环节,即嘉宾访谈部分,崔永元与前三位嘉宾主要聊的是在农村的吃、住等感性认识,与第四位嘉宾聊到了对农村捐款以及帮助农民建立品牌意识等理性内容。节目围绕两会期间讨论的农民生活、农村发展的重要问题进行访谈,没有唱高调或直白地显露问题,而是通过四位 EMBA 嘉宾的亲身体验显示农民、农村的现实状况,以引起社会广泛关注并寻求解决途径。本次访谈崔永元秉承了他一贯的谈话风格,将严肃的内核寓于轻松、诙谐的交谈之中,其本人对农民、农村问题的真诚关切显露于中,最后结尾"假如我是乡长"的嘉宾微演讲也正是要唤起广大观众乃至全社会对于农民、农村问题的思考、献计献策。从访谈技巧看,崔永元的每一次提问都带有强烈的替观众发问的意味,因而问题看似简单,却都是围绕主题展开,基本上每个问题都能得到有价值的回答。纵观崔永元的话语,体现了相当强的功能性,即主持人在访谈中的断、连、转、收(或起、承、转、合)的控场作用,就像他手中的一根绳子,回应、感慨、评论、启发、总结,伸展

---

① 中央电视台《新闻会客厅》2006 年中央电视台全国两会报道,央视国际 www.cctv.com,2006-03-14。

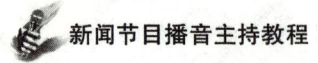

自如,有效地增强了这样一个严肃话题节目的可看性。

以下是具体的访谈内容及点评。

访谈内容	点　评
崔永元:EMBA什么意思你们给讲讲? 赵松青:工商管理硕士,高级工商管理硕士。 崔永元:那就叫高级工商管理硕士就行,EMBA是缩写,是简单的称呼。应该说你们现在在这个国家里,或者在这些城市里,应该是衣食无忧的人,没有问题是吧? 罗川:我估计吧。 崔永元:肯定是,而且资产是过剩的人,下辈子都花不完的人。但是就是这样几个朋友,他们为了配合我们节目的需要,这次到农村体验生活去了,每个人都去了,您去的是哪儿? 罗川:陕西省。 崔永元:是第一次去这么基层的地方吗? 罗川:生活得那么近是第一次去。 崔永元:对,当时我们希望你能在那个村子里住三天,三天三夜,你做到了吗? 罗川:没有,就住了两天,两天一夜。 崔永元:坚持不下来是吗? 罗川:那块没有洗澡的地方。 崔永元:实在受不了是吧? 罗川:也还行,但是县里的同志考虑到我们有一些困难,所以以后来就照顾我们,把我们都接回去了。 崔永元:赵松青去的地方好。 赵松青:我这个西双版纳景洪,傣家园。 崔永元:实际上是旅游度假村。 赵松青:对,相对好一些。 崔永元:你实际上没受什么苦。 赵松青:也有,不同程度的。比如说睡觉,傣家人是睡通铺,老少三代睡一个通铺,现在旅游的人多了,他们提意见,说你要隔一下,否则有隐私的问题,得隔一下,安全。这样隔了之后两个人一个房间,他是用席子隔的,基本上打呼噜、说梦话声音特大,就跟在耳朵边听见一样,所以说第一天晚上我也没睡好。	[进入第一部分]主持人以提问EMBA是什么意思与嘉宾开始互动,同时以此点出嘉宾的身份。第一句开场白立刻吸引大家进入互动状态。主持人对EMBA的白话解释,让普通观众也一下子能抓住要点。 [进入第二部分]以"您去的是哪儿"转入下一段落。 "我们希望你能在那个村子里住三天三夜"的提法,一下子抓住了观众的注意力。没有漫无目地地提问"为什么",而是只给出唯一的选项"坚持不下来吗",进一步吸引观众的注意力。 面对封闭性的回答,以"赵松青去的地方好"结束话题同时开启新话题。 "旅游度假村"的提法,较之前的"基层地方",这个对比起了一个小波峰,能调动观众的注意力。

第七章 演播室新闻访谈

(续表)

访谈内容	点　评
崔永元：我们可能考虑你是女 EMBA，所以给你派一个相对条件好一点的地方。 赵松青：有可能老师照顾我。 崔永元：没让你去更艰苦的地方。 赵松青：对，但是我当时想了，如果把我派到最艰苦的地方我也能够承受，因为我老公就是农民，就是农民考上大学的，我到他们家去过，我也体验过。 崔永元：你当时嫁给他的时候有过犹豫吗？ 赵松青：结婚以后才让我去的，结婚之前没敢让我去。 崔永元：梁浩去的哪儿？ 梁浩：河南。 崔永元：你住下去了吗？ 梁浩：我一共去了四天，我在那儿吃，但是不在那儿住。 崔永元：你没住在农民家里是吗？ 梁浩：应该是他们对我的一种关照吧。 崔永元：这更能说明河南人好客。 梁浩：非常淳朴，其实河南在我眼中，现在农村的生活还比较贫穷，但是河南人民风还是比较淳朴好客的，他们有什么说什么，家里有什么吃的也端出来给你吃，当然吃的也是一辈子忘不了的事儿。 崔永元：太好吃了是吗？ 梁浩：太有味道。其实我很感激这种真实，因为我不希望事先有安排，把饭菜做得好好的，吃得再好，城里都吃过，我们最需要的就是看到真正的一面，其实这一面也不是说明他们怎么样，最起码就是现在农村的生活是值得关注的。 崔永元：李扬钦去的是甘肃，其实你那儿挺苦的应该是。 李扬钦：可能四个同学当中，我去的那个地方应该是最穷的。	提出这个话题，与访谈的主题高度相关。 由于没有接收到与访谈主题有高度联系的回答，便跳过进入下一节访谈。 提炼嘉宾的语言，明确点出农民的特点"好客"。 用"吃"的话题来舒缓节奏。 点出这位嘉宾去的地方的特征，给出背景。

(续表)

访谈内容	点评
崔永元：我不知道是因为形象的原因，还是气质的原因，咱俩比较相似，所以我觉得做节目的时候，我跟你就特别接近，因为你真的是为农民着急，而且你那天做节目的时候，我是半开玩笑，我就说你能不能给当地捐一些钱，你当时就说一百万以内没有问题，我记得现场就博得了一片掌声。 李扬钦：我答应的条件，我会捐超过一百万，我想请你去那里做一个节目给农民看，这个你要答应我。 崔永元：这个你当时没说。你当时就说捐钱，没说让我去做节目。 李扬钦：如果不是今天来说这句话，我就不可能一大早从广东跑到这里，今天晚上还要跑回去。 崔永元：从广东专门赶过来的。 （连线甘肃省兰州市临洮县洮阳镇贺家沟村村民黄建国） 主持人：你好黄先生，我是小崔，你还有印象吗？ 黄建国：崔老师，你好。 崔永元：对，咱们一起做了节目在中央电视台是吧。在那之前不是我们派了一个EMBA，一个广东人，说话不怎么利索，他不是到你们家去了吗，你还有印象吗？ 黄建国：有。 崔永元：有印象，你跟他聊聊天好不好，他就在我旁边呢。 …… 崔永元：李先生说要给你们家乡投一些钱建个小学是吧，你还记得这个事儿吧？ 黄建国：记得，我在盼着呢。 崔永元：你在盼着呢，你觉得他说的是真的还是假的？ 黄建国：李先生那么大的老板，那肯定是真的。 崔永元：好，那你多跟他通着电话，督促着他这件事儿好不好？咱们让这个学校早一点建起来。	以语言与嘉宾亲近。"形象、气质"等为感性亲近，"为农民着急"为理性亲近。 "那天做节目的时候……捐一些钱"是背景，由此引起今天话题的前奏。 "还有印象吗"能提醒人仔细思考，为了交流能有效对接上，因人不在现场交流难度大。 "对，咱们一起做了……"，听者代入感会很强，套近乎。 "说话不怎么利索"，诙谐地给出了嘉宾的鲜明特征。 "有印象"，重复并肯定了对方的话，进一步加强对方交流的能量，为后续顺畅交流做准备。 "你觉得他说的是真的还是假的"，口气顽皮，活跃了气氛，而且让对方很容易回答。

(续表)

访谈内容	点评
黄建国：怕他忘了。 崔永元：好多电视观众看完了以后，也问我们这个问题，说李先生当时为什么要把自己的一万六的衣服给那个农民，是什么意思呢？ 李扬钦：这是很简单的道理，那个衣服的成本可能在两千块钱以内，它的马铃薯的成本在五毛钱以内，两千块钱的东西只要它是品牌就能卖 16 600 元，如果马铃薯是品牌，五毛钱好歹也能卖多少钱，咱们有一个数吧，很简单一条道理。 崔永元：其实你把这个衣服给他的意思就是要让他树立一个品牌的意识是吧？ 李扬钦：对，改变他的观念性的问题。 崔永元：但是当时现场录节目的时候我一打岔，你没说出来这句话。 李扬钦：因为你说我去了两三天那么多话讲，我就没话讲了，你当时说你干嘛去两天那么多话讲，我就干脆不讲了。 崔永元：我诚恳地接受您的批评。主持人有时候就会犯这个毛病，出风头，抢抢抢，重要的话没说出来，所以这个节目播出的时候好多观众就不理解，说这个大款干嘛呢，显自己有钱呢，其实我理解李先生的意思，就是要让黄建国兄弟有这个品牌意识，这样他的马铃薯就可以赚更多的钱。今天咱们总算说明白了是吧？ 李扬钦：说明白了，感谢你。 （连线湖南省景洪市勐罕镇橄榄坝的岩约） …… 崔永元：岩约谢谢你，下次我们中央电视台要再派什么客人去，希望你还热情地招待他们，好不好？ 岩约：好，欢迎欢迎。 崔永元：但是该收的钱你就收。 岩约：可以免费。	"好不好？"，结束这个话题的方式与前面结束话题的方式都不同。 面向现场观众和电视观众抛出了新问题，用送衣服这一细节引出。 从嘉宾说的事例中提炼出观点，即农民要树立品牌意识。 弥补上次节目的遗憾且是重要之处。 解释了误会，观众了解了实情。以"诚恳"开始检讨自我，嘉宾和观众都容易接受。

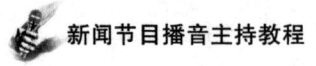

(续表)

访谈内容	点　评
崔永元：谢谢你岩约。你看少数民族朋友多热情，傣族，他以为你是中央电视台的，所以他就没跟你要钱。他要知道你是企业家，他肯定玩命要钱。 赵松青：没有，他到北京我请他到我们公司去了，他来北京之前很紧张，第一是要上中央电视台；第二，他没出过远门，很紧张，因为他们那代人40多岁都是文盲。 崔永元：你带他们去了长城。 赵松青：对，陪他们去了长城，他有三个愿望，一个是到天安门广场看看，看毛主席；第二个到长城看一看；第三个愿望，他女儿想吃北京烤鸭，我们在北京都让他圆了梦，三个愿望，我们在全聚德吃的烤鸭，他们特别高兴。 崔永元：他们会不会觉得特豪华这个地方？ 赵松青：他们是这样觉得，而且他们没有进过转门，他说这门还转着走，然后他特别高兴，在之前他们以为在中央电视台有机会唱歌，他们还练了半天，后来那天特别高兴，在现场唱了好几首歌，很感动，我听了都想哭，特别好听，很感动。	以"谢谢你岩约"结束一个话题。以"你看……"立即转到与嘉宾赵松青的对话，衔接特别流畅，将与岩约的谈话气息平滑连接到嘉宾赵松青这里。
崔永元：他们特别淳朴，特别单纯，而且他们的要求好像很容易满足。 赵松青：他们很知足。他在学习方面也是，他没有过高要求。	总结评论嘉宾给出的事例点出农民的特点。
崔永元：现在是观众提问时间。 观众：我想给我们赵老师提个问题，你过去来自农村，现在可能也经常回农村，你觉得这个问题怎么来改变得会更好？让党的政策跟农民的想法能够结合到一起，谢谢。 ……	[第三部分]进入观众提问。
崔永元：节目的最后我提一个要求，看五位客人能不能做到，我给你们每人不到30秒的时间，越短越好，你们每个人做个即兴的演讲，题目是假如我是乡长，从赵老师开始。	[进入第四部分]一个互动提议，紧扣主题，这次视角不是农民个体，而是让嘉宾从乡长视角去想办法如何让农民生活得更好。

180

(续表)

访谈内容	点　评
罗川：假如我是乡长，我首先就得认识到我自己其实是一个很不称职的乡长，因为我做不了那活，我觉得需要做乡长的同志其实是非常辛苦的，也需要有很高的素质，需要对农民有很深的感情，对农业有很深的理解，还要对党的政策有很坚定的信念把它实施下去，还要自身很廉洁，如果这四点都能做到，他才能够做好一个乡长。 崔永元：你四点都做不到是这样吗？ 罗川：后边几点估计能做到，但是比如说对农民的了解，还有对农业真正的掌握，我觉得这个也是知识，没有几年或者是十几年的摸爬滚打可能是干不好的，我觉得还真得从生产队干起，企业也是一样的，能够做总经理的人都得从销售员开始干。 赵松青：假如我是乡长，我要跟农民打成一片，要跟他们生活在一起，了解他们疾苦，同时我要坚持以公司加农户的模式，就是说引进社会上的资金，从政府那儿得到支持，比如政府修路、建网站，从社会引来资金，比如我们同学那么多的资金，我去拉一些资金，和农民合作。同时要对医疗和教育加大投资和宣传培训，农民他们其实最重要的是医疗设备要投资。 崔永元：你就是先把最紧要的问题给大家解决。 赵松青：对。医疗和教育。 梁浩：假如我是乡长，首先我要结合当地农民的一种利益，要研究这个乡有什么资源，有什么优势，怎么发挥它，所以正如赵老师刚才说的，兴办教育那是首要，但是有一点，要发展教育首先有经济的支撑，除了政府的帮助以外，我们应该了解我们这个乡有什么资源，比如南方，我们老家那边，它有一个村桉树是最多的，办个桉树厂，这个厂把这个树破碎，破碎以后做成粉末，然后做原料，输送给一些厂家做板凳。这样为群众，为百姓做实事，才能把经济做好，然后教会他们怎么种田，利用政府做一个政策的宏观调控，利用政府的帮助，为老百姓做点实事，千万不要凌驾在老百姓之上，尤其不要老是依赖着政府的政策，你要用你的实际的行为，带老百姓走上康庄大道。	提炼观点。

(续表)

访谈内容	点　评
李扬钦：如果我是乡长那太好了，因为到今天为止连生产队长都没做过，但是如果我真做乡长，我在三年以内，我觉得有信心，有能力，也有方式，也有方法，把整个乡的人人均收入翻一番，三年。 崔永元：好。既然我要求这五位客人，我也得做到，下面我也做30秒的演讲，假如我是县长，假如我是县长，我一定管好这五位乡长，请大家监督，谢谢大家，再见。 （责任编辑：辛梓）	访谈总结，非常巧妙。与嘉宾平等参与，落点轻松，不忘幽默。

二、杨澜及其访谈特色

杨澜，毕业于北京外国语大学英语系，美国哥伦比亚大学国际事务学硕士，优秀的电视访谈节目主持人。杨澜上大四时被中央电视台和泰国正大集团合办的节目《正大综艺》选做主持人，先后与姜昆、赵忠祥搭档，以其青春亮丽的形象和书卷气的主持方式深受观众喜爱。1994年，荣获中国首届电视节目主持人"金话筒奖"。2001年，杨澜制作并主持国内首个高端访谈电视栏目《杨澜访谈录》，采访各领域的世界名流。同年，杨澜应邀出任北京申办2008年奥运会形象大使。

知识女性的知性豁达、世态人情的洞明晓然在杨澜身上体现毕至。她善于做人物专访，采访过众多国际要人、知名人士。《杨澜访谈录》的嘉宾来源十分广泛，涵盖了政治、经济、文化、社会等各个领域的优秀人士，其中国外嘉宾占到年度采访人物的三分之一左右，有较强的时代感和国际性。对于嘉宾的选择标准，杨澜说："在采访嘉宾的要求上，我们希望他是某一个领域里的领军人物，或者是在一段时期内引起非常高的公众关注的人物，我们关心的是一个人所带动的整个社会的反应。我们既不是一个表扬榜，也不是一个所谓的明星榜。"[1]"嘉宾身

---

[1] 李光.杨澜：采访希拉里和国际政要的智慧.中国报业网. http://www.baoye.net/News.aspx? ID=288340，2009-03-19.

份的特殊性和当下的关注度相结合,无疑对观众形成了巨大的吸引力。"①《杨澜访谈录》在嘉宾的选择上看中的是嘉宾的影响力,例如对陈忠和的采访是在其刚卸任女排总教练之后。

杨澜的采访具有鲜明的思辨性,她善于用温和的形式提出深刻的问题,"含蓄有度地挖掘深层次的谈话内容,于平和、敦厚之中,展现智慧的交锋和碰撞。"②从嘉宾的谈话中发掘有价值的信息,进而提出激发嘉宾的问题。在杨澜的采访中,感性和理性的和谐统一成为她的自觉追求。杨澜说:"我希望能在感性和理性之间找到一个平衡,比较有人情味儿,又能带给人们理性的思考。"

杨澜十分注重访谈的开场白和结束语,制作团队一般会为她准备采访文案,但对于专访的开场白和结束语她仍坚持自己准备,因此在开场白和结束语中可以看到思维和语言上鲜明的"杨澜风格"。下文为杨澜采访证严法师的结束语:

根据诺查丹玛斯的预言,我采访证严法师的那一天正好是世界末日。不过一天就要过去了,什么事情也没有发生。鸟还在唱,花还在开。明天会怎么样呢?当我拿这个问题去请教证严法师的时候,她说:"与其为明天担心,不如在今天多做一些好事。况且即使有末日的话,它也只意味着一个新的世界的开始。"我在这里也就把这句话送给大家。③

实例分析:《杨澜访谈录》之张艺谋④(摘录)

本访谈虽是人物专访,但采访重点是2008北京奥运会开幕式排演中导演张艺谋的思维和心路历程。访谈(上)主要是围绕奥运会开幕式艺术表达方式的创意与选择,访谈(下)主要是围绕如何实现相关艺术形式的表达。杨澜在这次访谈中秉承了她一贯的理性思辨风格,与张艺谋感性的表达相得益彰。

---

① 曹莉.国内电视谈话节目成功女主持人研究.上海:华东师范大学,2010:60.
② 曹莉.国内电视谈话节目成功女主持人研究.上海:华东师范大学,2010:69.
③ 杨澜.为何执着.北京:现代出版社,2000:83.
④ 摘自《杨澜访谈录》。

访谈（上）：

访谈内容	点 评
杨澜：大家好，欢迎收看《杨澜访谈录》。第29届奥运会在闭幕式绚烂的烟火中落下了帷幕，在随后的几天里，各国运动员和教练员也陆续返回了自己的国家。位于奥运村附近的开闭幕式运营中心的大楼，原先人声鼎沸的会议室和挂满了草图的设计室也顿时安静了下来。这让担任开闭幕式总导演的张艺谋有了一种异样的感觉。	［开始语］采访之初，以情景描述的语言"设计室也顿时安静了下来"，导演有了"异样的感觉"，以感性的语句开头，很容易让观众代入。
杨澜：突然之间人慢慢地散去了，你这心里是什么一种感觉？ 张艺谋：它还不是慢慢地散去，他是哗一下就没了，哗一下就过去了。你睡觉起来以后，你想：哎，这奥运会就过去了，觉着忙了很多年就过去了。 杨澜：就过去了…… 张艺谋：就是这样的感觉。 杨澜：还是没说清楚这是什么感觉。 张艺谋：我忙这活我忙了七年多。	承接开始语的风格，杨澜很感性地提问"人慢慢地散去了，你这心里是什么一种感觉？" 张艺谋的回答，意象很有张力，用"哗一下就没了"与问的"慢慢地散去"形成强烈对比。
杨澜：可不是从申奥宣传片那时候就开始。外界对你的工作的理解就是觉得，中国人要办好这届奥运会，百年的期盼梦想、13亿人的种种的这种期待，等等。其实这个世界，特别是全世界这种普通的人，没有来过中国的人，对中国的了解是非常非常有局限性的。 张艺谋：对，非常非常。	当嘉宾一时没能组织好语言适当表述时，杨澜主动进行话题引导。导出：国人对张艺谋的期待、外界对中国的不太了解两个背景。
杨澜：然后但是中国人又觉得特别着急，说我一股脑的，我得把我的好东西全都搁您面前，您都看看我们多棒啊！ 张艺谋：对对。 杨澜：就是在这样一种急切的心态和那个认知度的巨大的落差面前，其实对于一个人，在一个不到一小时的时间，要把什么话说出来，怎么说清楚，这个真是…… 张艺谋：选择内容，我倒不认为是个需要苦思冥想的过程，最重要的是如何说。我觉得这一次，我自己认为在这一点上，我们做得很好，整个表演呈现出一种现代感。我认为就是，你的古老的文化遗产，你的就是所	杨澜进一步引导，国人对奥运会开闭幕式的强烈期待。显然张艺谋在思考怎么来表达自己的创作思想，杨澜继续引导，面对巨大的压力——国内强烈期待与国外认知空白的巨大落差、极其有限的一小时，在这种情况下，导演如何表达得清楚。"怎么说清楚"这个话头帮助张艺谋进入表达状态，从如何选择内容说起。

第七章 演播室新闻访谈

(续表)

访谈内容	点评
谓的灿烂的历史,加上这个现代感的表演,它才对全世界构成一种认知,给他一个强烈的震撼。就这种现代感的表现手段加以后,它才会感觉到大国崛起,你知道吗?就是说,噢,他们用的这个意识和方法,甚至比我们用的都有意思。 杨澜:你给举个例子说了。 张艺谋:我举个最简单的例子,就是我们那个画卷打开。一个晶莹剔透的画卷,我把它看作是一个代表信息,可是那个画卷打开,说心里话,你用一个传统的舞美装置,(杨澜:也被打开)你用人海战术,你用任何东西演画卷打开很容易。他不惊叹,他会觉得这是你的文化符号。没问题,好,我敬礼,但是就这样子,我没有感觉到有一种另外的信息。可是你用的是多媒体的手法,而且用多媒体的手法跟这个它的立体的那种结合性其实是很复杂的,而且你在其他地方没见过。所以它那么打开之后,即在视觉上让你觉得有惊艳感,最重要的是让你突然认知到:哎哟!中国人用的是机器现代的方法,我们都还没这么用。其实我为什么说十年之内都很难复制我们这个,我不敢往远说很难复制我们这场表演,我觉得我们的表演做了一个三种事情的结合,这个事其实是很难的。一个就是我所说的那种现代的手法,那第二个就是人的表演,我们是不是讥讽它为团体操不重要,就是大量的人的参与表演和多媒体在一起,那第三个就是我所说的传统的舞台机械和广场装置。你知道通常用多媒体的时候人一定要减员,用人减上一个两个三个五个,打个点,弄个观念,都是这样。还敢上这么多人,就是密度的人和多媒体和传统机械在一起,我觉得是很难的,好像组织不起来。 杨澜:那有人就会问,艺术跟这人多就有关系吗? 张艺谋:当然了!我觉得人多就会产生一种非常强大的磁场——人气儿。我们距离来说,今天你难道没有注意到我们人类所有的重要的东西都是必须把人搁在	杨澜接着引发话题:举个例子。这对于观众来说比较轻松愉快,从上段理性叙述过渡到感性体验。 张艺谋从画卷的设计谈起,讲述如何运用艺术和技术手段实现创作上的超越。 杨澜在倾听中挑出疑问:艺术与人多的关系。这与主题"艺术表达方式的选择"强相关。

185

(续表)

访谈内容	点　评
那儿才行吗！我们示威、我们游行、我们集会、我们悼念、我们纪念、我们庆典，哪一个重要的让我们觉得热血沸腾的瞬间不是因为有十万人在那里，一万人在那里，对吧？这就是人和人在一起，聚集在一起所带来的生理的感动、心灵的感动。我觉得这一点是人类这个物种，我们说人类是一个物种，地球上的一个物种，（杨澜：社会性的物种）对，他那个社会性、他那个群体性是永远有魅力。	张艺谋对人聚集（人多）与能量场大小的理解，艺术是人能量的激荡，人多感染力强。
杨澜：那你怎么解释在雅典奥运会开幕式上，当一个人在一个立方体上，在那种漫游的时候，我们看到的是整个人类而不只是一个人。 张艺谋：那是象征。 杨澜：那当然是象征，是象征。我想你当时也在现场，你看到那个开幕式的时候，他们并不是有这么整齐的演员，他们的演员有高有矮、有胖有瘦、有男有女、有老有少，他们不可能像三千儒生就出来了，都一米八以上的，都没有。你怎么看待这样的一种反差？ 张艺谋：这是另外一种美学，他们自己美学的一个方向，也是他们的一个传统，这跟我刚才讲的人多人少其实是不矛盾的。我认为很大程度上，我先说就是在西方因为人工非常贵，而且我在西方干过几次大的活动，就是他们的这种工会，还有人，它的这个费用，他们想用人多，你可记住了。	杨澜提出疑问，雅典奥运会开幕式上用一个人代表整个人类，说明艺术感染力未必需要人多，进一步激发张艺谋表达自己的艺术主张。 杨澜继续追问张艺谋对雅典奥运会开幕式上参演人员身材参差不齐的看法，进一步引出张阐述艺术审美思想。
杨澜：雅典奥运会开幕式上，你坐在那儿，那时候心里在想什么？	换提问角度，从询问创作思想表达转到个人心理感受。
张艺谋：那个开幕式我认为是非常成功的，我至今是高度评价雅典开幕式，比较要那种理性和思考、（杨澜：思辨的）思辨的那种风格，再加上他这个风格呢，他用了一个雕塑的，等于一个表现形式。这跟雅典的传统——用水，你像那个水完全就是观念，把水往那一放，观念陈列，然后在水上面表演，最后抽调，然后一个大吊装，空中像一个一个大雕塑一样分开。我觉得非常好，为什么非常好？就是在传统的广场上做这种观念性的、前卫性的这种表演是少之又少。	杨澜插入"思辨的"，表明杨澜在认真倾听，并适时插话补充。

(续表)

访谈内容	点　评
杨澜：你觉得这种观念没法在中国？ 张艺谋：没法在中国复制。 杨澜：没有。 张艺谋：没办法。我先说我在现场看的时候，我当时觉得很冷很凉，他都是打的点，那种观念就是打的是点，因为游行也是慢慢地走，都是雕塑。我跟陈维亚在这边，还有我们一个工作人员在这儿，整个就睡了一半，所以我们给他照了很多睡觉的相，他就在那儿睡，因为有时差就完全不适应。我和陈维亚坐在主席台对面半天都不知道人家演什么呢。这种观念性的，只用精英观念，就精英观念式的广场表演在中国行得通吗？我觉得行不通，行不通。不是不能做，你做观念还不容易？甭管你喜欢不喜欢，我做观念还不容易了。我觉得……	杨澜针对张艺谋所讲的内容，提出一个新的话题，观念性的表演与民族审美差异的问题。张艺谋坦言在中国，观念性表演的创作应考虑观众的接受问题，从创作难易程度来说是容易的。
杨澜：怎么就容易，我觉得也不容易啊。 张艺谋：我觉得让我就不要考虑任何人的喜好，不要考虑所有老百姓的喜好，我就在现场做观念，让一帮文化人在这儿鼓掌，我觉得容易！真的容易！好坏再说，你真鼓掌不鼓掌再说。就弄观念很容易，花巨资在这做观念还不容易吗？	杨澜反问"怎么就容易，我觉得也不容易啊"，一方面表明他俩关系较好，说话不是太客套；另一方面也激发出张艺谋认为艺术应该为大众而作的创作观念。
杨澜：那人家也会说找三千人上来很容易。 张艺谋：我倒觉得不容易。因为你必须在传统的团体操的表演中注入新的元素、注入新的感觉，让大家觉得还不一样，有东西，我觉得不一样。	杨澜"回怼"过来：找三千人上台也很容易。再次激发张艺谋谈出不容易的原因。
杨澜：怎么让一万多人的表演队伍看上去他们并不是一个工具，而是活生生的人，并不是一个道具？ 张艺谋：对对。 杨澜：因为摄像机是要推到一个人的特写上去的。 张艺谋：对，所以我在最后8月8号开幕前的两周，我觉得基本上所有的我们分场编导、每个部门都基本上落实了，我最后的两周就是抓表情。	杨澜顺应张艺谋的回答并按照自己的理解进行阐发。
杨澜：抓表情！是不是觉得大家都特别紧张？因为竭尽全力就是说……	杨澜在张艺谋的回答中抓住一个重要的契机——"抓表情"。

(续表)

访谈内容	点评
张艺谋：他就觉得都很远，他就无所谓。我就说其实很近，我就跟他们讲全世界有几百台摄像机、有几千台照相机在各个角度怎么照你。这样跟他讲了还不能让他有概念，我就让我们的摄像师或者照相的给我拍很多近景，我把它剪下来放给他们看。看，看见没有，你的脸在这儿，这么大。所以抓表情，我说你们一定要笑，因为我说这是我们的节日，我们演得好，我说现在允许你们走错了、动作错了，没有关系，很可爱。但是我觉得最重要是什么，要表情、心情、快乐，因为这是我们全世界人的节日，我们一定要快乐。	
杨澜：活体印刷的这个部分结束以后，你突然让所有的演员冒出自己的上半身的时候，有一种有一点出戏的感觉。这个是一开始这么设计的吗，还是就是觉得应该用这样的方式来表示对表演者的尊重？	杨澜对于"抓表情"和演员冒出来两个细节给出自己的理解。
张艺谋：一开始是这样设计的。一开始这样设计的，我还没有上升到你说的那么人性的主题。	
杨澜：为什么？	杨澜针对张艺谋坦承没有上升到人性主题的高度再发问。
张艺谋：一开始只是说我们演得好就像一个电脑，像一个键盘，像一个机械，所有人都不知道这是人，那我们得冒出来让他看我们是人。	
杨澜：是人做的，不是机器。	
张艺谋：主要这也是为了这个目的，但后来接着我们在排练的时候所有的外国人就特喜欢这一段，就是这一段不仅让我们看到原来是人，最重要的是出来很可爱，满头大汗很可爱！	
杨澜：那表情特别好。	
张艺谋：我们突然意识到说这是一个人性的，也是一个人性非常好的点，所以就把它延长了，原来我们是5秒钟，后来延长到10秒钟，15秒钟。	
……	

(续表)

访谈内容	点 评
杨澜：看来对于这个问题的答案永远是个谜了。哎，不知道2012年的伦敦奥组委愿不愿意冒险试一试这个主意呢？不过在我的心里还有一个更大的疑问，那就是张艺谋作为一名艺术创作者已经习惯了天马行空的创作方式，在这几年的时间当中，他是如何习惯了开数千场的会、管理一个巨大的创作团队，同时要与国内国外的不同机构沟通和衔接的呢？在下一集的《杨澜访谈录》当中我们将继续对张艺谋导演的采访，欢迎您到时收看，再见。	[结束语]承上，总结上面的采访，关于艺术创作本身；启下，在现实各种事情的交错中如何沟通从而实现艺术的创作。

访谈（下）：

访谈内容	点 评
杨澜：大家好，欢迎收看《杨澜访谈录》。奥运会的开闭幕式为中国与世界的对话与沟通提供了一个绝佳的舞台，沟通这件事有的时候可以很简单，有的时候却又变得非常的艰难，两个人同说一种语言却不一定能够相互理解。21世纪究竟最缺什么样的人才呢，有人就回答说，最缺少的就是那些善于进行复杂的沟通和交流的人才。作为开闭幕式的总导演，如果说张艺谋是非常成功的话，那我想这绝不仅仅因为他是一名成熟的艺术家，更是因为他是一名成熟的沟通者。	[开始语]以对话与沟通立意，引出张艺谋既是成熟艺术家（总结上次采访）也是成熟沟通者。
杨澜：你说在执导奥运会的开闭幕这几年，你觉得一个人无论是生理上还是心理上，都需要非常有承受能力，给我们形容一下这种承受能力需要达到什么样的一个程度？ 张艺谋：首先身体上你得特别能熬。 杨澜：怎么熬法？ 张艺谋：你要开几千个会。 杨澜：真有几千个会啊？	以这期间身、心的承受力程度启问，引出张艺谋在艺术创作之外最大的困难是什么。

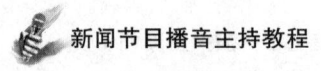

(续表)

访谈内容	点　评
张艺谋：几千个，一点不夸张，你要开几千个会，你得特别能熬，脑子特别清楚，而且你得比所有人都要能熬，这是一个。那心理上那就不用说了，你得特别的能折腾，得特别能经得起折腾，三番五次的折腾，就是哗啦哗啦哗啦，改来改去改来改去，推翻再来推翻再来推翻再来，弄半天这个不要了又变成那个了。那是一般的我觉得是对于你的个人作品来说，你的电影，他说他的，你拍你的，没关系。开幕式不行啊，对吧。所有有话语权的人出来全说这一回是一个垃圾，那老百姓也几乎也会说这是一个垃圾，那你就活不下去了，最后开玩笑说流亡海外，就流亡海外了，找一个岛待在那儿算了。所以我觉着你还不能不考虑这事情，我觉得任何一个人坐在这个位置上他必须，必须面对。	
杨澜：你需要听方方面面的意见，需要开成百上千的会，这都是可以预计到的。干嘛要干这活？因为我觉着这个并不是说你中标了才知道有这些问题，你完全可以预计到……	杨澜根据张艺谋的回答反问，投标时就知道身心压力将会特大，为什么还去投标，挖掘其内心动力。
张艺谋：完全可以预计到。	
杨澜：但是你还做了。	
张艺谋：对。要我自己看就是这事情够大、够挑战，为此付出所有的心血……	
杨澜：值！	
张艺谋：值！我们不说大道理，祖国呀，人民呀，民族呀，都不讲这些东西，就是从艺术的创作角度来说，它够大、够伟大，是一项伟大的创作过程，所以每个人都被它吸引。当然会预计到未来，每个人都会预计，你要有开不完的会，你要有听不完的意见，你要有妥不完的协，对吧。有很多人，他就只是自己的一部分，你是所有的部分。	
杨澜：那有人要撂挑子要走的时候，怎么办？	杨澜问了一个具体的"点"的困难。
张艺谋：撂挑子走啊，只是说气话，其实不可能有人走，大家说气话"这没法干了"，最常说的就是"没法干了"。	

第七章 演播室新闻访谈

(续表)

访谈内容	点评
杨澜：然后你怎么说？你通常人家会说这句话的时候，你怎么样回应？ 张艺谋：那我回应就是"没法干也得干，你还必须干，包括我们的修改，改的还要让人觉得好，观众只看结果"。 杨澜：还有一个就是外界对你的工作的理解，觉得中国人要办好这届奥运会，百年的期盼、梦想，13亿人的种种的这种期待，等等，那肯定是你想要什么就有什么。 张艺谋：对对对，呼风唤雨，呼风唤雨，可是根本不是。 杨澜：你什么时候觉得自己其实能够调动的资源是有限的？ 张艺谋：我都认为是这样的，等任命我当总导演我也认为我是这样子，我们开始创意阶段我还认为是这样子。我们整个创意阶段，我们的整个团队开了一年多的创意会，我们团队的所有的人都认为是这样，所以我们创意的时候，哎呀，简直云山雾罩，那创意有许多，现在回想起来那有多少的创意都在天上飞，落不到地上。 杨澜：最神奇的是什么呢？ 张艺谋：因为我们觉得那还不简单了，国家那还不是什么都可以。最神奇的？ 杨澜：最神奇的你打算干什么？ 张艺谋：也不是最神奇的，最简单的吧，看见我们场地中间那张大纸了吗？那纸最后要飞出鸟巢去，这还不简单了，就这么个大纸像个网球场那么大，最后把它一抓起来钢丝把它吊出鸟巢，飞出去了，多神奇。 杨澜：它掉哪儿？ 张艺谋：掉哪儿再说，它其实就是一个钢丝技术，没有问题，可是你就做不了，最后发现根本不可能，因为你要在鸟巢外面立两个更大的高铁塔，绷一根横向的钢丝，高过鸟巢，然后纵向地把它拉出去。那你可能在鸟巢外头弄两个大的高压塔吗？高压电线的塔吗？那不可能。所以像这迅速就一实施，一进入实施实际的制作，不行，根本不行。	杨澜代观众发问，调动资源是否得心应手。（观众所关心的问题） 杨澜让张艺谋举出一个醒目的例子，以使观众获得具体感受。

(续表)

访谈内容	点评
杨澜：这届奥运会，最让你激动的一场比赛是什么？ 张艺谋：很多，我反倒是一个是看比赛之外的一些东西，比如说我比较，我一个激动点就是蒙古的那个选手得了金牌以后，这是他们国家的第一块金牌，举国欢庆，第一次金牌，我很感动。有很多这样的，比如说我看到那个牙买加的那个飞人，哎呀！ 杨澜：博尔特。 张艺谋：太厉害了，我看到他100米完了，我就断定他200米会破世界纪录，我说太有潜力了，最后10秒钟不好好跑了。但是我感动的是，他那天夺了200米的冠军和打破了世界纪录之后，全场九万人给他唱生日歌，哎呀…… 杨澜：这导不出来吧？ 张艺谋：我觉得谁能让9万人给你唱生日歌，我觉得那时候我们都很感动，我还为中国的观众感动，特别可爱，我觉得特别可爱，那一点特别可爱，所以这哥们儿两天以后就给灾区捐了5万美金。 杨澜：对，我也看到了。 张艺谋：我觉得像这些点……	杨澜从观众的角度提出新问题。
杨澜：所以其实你在开幕式当中，闭幕式当中，想要收集、创作、营造的那种气氛，在真正比赛开始以后，不需要任何导演，不需要任何剧本，它就是一个人的最真实的展现，但是会达到更高的一种感动和激动。 张艺谋：我告诉你啊，因为以前我们也看开幕式跟比赛，看一场三四场，看点东西议论一下，2004年就过去了。这次我真的有这个感受，就是我们准备了三年，就我们这个团队忙了三年，准备的这个开幕式，我们都在谈的是文艺表演和整个开幕式的流程，我们把这个看作天大地大的事，那我们最后8月8号那一天全力以赴做，做完了以后我们尽可能地做好，完了以后口碑还不错。我觉得，哎呀，所有人沉浸在幸福和快乐之中，我也同样。	杨澜及时准确地对张艺谋的观赛感受进行了理性总结。

第七章 演播室新闻访谈

(续表)

访谈内容	点　评
杨澜：你说这幸福我觉得很对。 张艺谋：毕竟付出三年的心血，我为整个团队都感到幸福，我会体会到每一个人，但是接着第二天我开始看比赛的时候，我连看了四五天以后，我突然发现我们其实很渺小，就是你真正这时候因为你带有这样的一个参与进来的，你再看比赛的话就是在赛场上的，就是我说每一滴汗水、每一滴眼泪、每一个掌声、赛场上每一个瞬间，我觉得哎呀怎么都比那开幕式伟大。真的真的！然后你会迅速地觉着，真正了不起的是运动员，真正了不起的是奥林匹克的这种精神，就是所有的人因为在你的国家比赛啊，你会觉得所有的人今天在北京在做这样的一种竞技，我今年看比赛的感受跟我以往看在人家那儿比赛完全不一样。 杨澜：突然再回头看这几年，你这两天这楼都慢慢空了，你也要开始走向下一个目标了，得干点本行的事了。 张艺谋：对对对。 杨澜：自己给自己一个什么样的交代？ 张艺谋：我觉得我有幸从事了一项伟大的工作，没有可能在我们的同代人当中，没有可能再有第二次机会。我们不说那些大话，我以后的创作，我可能拍的电影也好不好，还是照的老样子，我们每个人还会回到我们的生活中去，就像后奥运以后，我们的国家、我们的人民、我们所有的方方面面，大家都会回去，我们所有的生活会回我们的轨道。 杨澜：但是其实一切都在变。 张艺谋：但是这种心理的、精神的、一切在你的心里，我相信所有的中国人一样，无论你怎么看待这次奥运会，无论你怎么看待所有的评价，都会在我们心里，这就是财富，在一个民族的心里，我是民族的一分子，这都是我们毕生的财富，会改变。 杨澜：对，更何况不会流亡海外了。 张艺谋：不用流亡海外。	杨澜在张艺谋谈论感受的情绪高点转向收尾，以与开头呼应的感性语言导向结束。 引导张艺谋进行总结的提问。 杨澜巧妙借用前面张艺谋谈到的"流亡海外"，以调侃的语气简洁收尾。

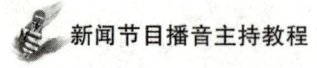

(续表)

访谈内容	点评
杨澜：虽然我的采访已经结束了，但是看得出张艺谋仍然是谈兴正浓，这就像一位全力冲刺的运动员虽然到达了终点，但是强大的惯性仍然会带着他继续奔跑一段距离，所不同的是张艺谋不能像运动员那样身披国旗绕场一周尽情地抒发心中的激动之情，他要做的是收拾起自己的经历和记忆，迈向下一部作品。当然在这个时候我也非常好奇还能有什么样的作品能够带给他同样的刺激呢？好，感谢你收看本期的《杨澜访谈录》，我们下次见。	［结束语］以运动员的贴切比喻描绘张艺谋当下的状态，并启发观众期待张艺谋的后续作品。

三、曹可凡及其访谈特色

曹可凡，上海文广新闻传媒集团电视节目主持人，1991年毕业于上海第二医科大学（现上海交通大学医学院），获硕士学位。曾获全国十佳电视节目主持人"金话筒"奖，华语主持成就人物奖等奖项，同济大学客座教授。2003年开始主持上海东方电视台著名栏目《可凡倾听》，栏目主要以文化访谈为主，也时常追踪当前社会热点人物进行访谈。

案例分析：《可凡倾听》之张文宏专访（摘录）

本期《可凡倾听》是对上海市新冠肺炎医疗救治专家组组长、上海华山医院感染科主任张文宏进行专访，张文宏凭借实事求是的科普精神和个性鲜明的语言风格，受到社会大众的广泛关注。本期专访，曹可凡秉承一贯的儒雅、睿智又不乏幽默风趣的主持风格。从整个访谈来看，曹可凡谈得很少，很多时候只是一句话，符合"可凡倾听"的"倾听"定位，非常简洁，仿佛不是在"主持"。而张文宏很健谈，这种顺应式的简洁的主持方式反而令整个访谈行云流水般畅快。张文宏是位名副其实的专家，谈话信息量大，他的谈话本身集合了形象生动、真实具体、真挚质朴等优点，虽然有时有些细碎，但也体现了他平易近人、亲和实在的谈话态度。曹可凡多数是在概括、点明、佐证张文宏的话，巧妙化用诗词、准确列出数据、三言两语甚至一句话点评，给观众留下有人文情怀、有专业精神的深刻印

第七章 演播室新闻访谈

象。曹可凡专业的医学教育背景也使他在与张文宏的交流中没有学科障碍,和谐流畅,并能替观众找到恰当的科普交流的角度。

访谈(上):

访谈内容①	点 评
曹可凡:张医生你好,非常高兴今天能够约请您来我们节目一起聊一聊。我要先从您和崔大使的信谈起,在今天这样一个快速的时代,写信是一件非常奢侈的事情,你们俩用了一种非常具有古风的方式进行交流。当你接到崔大使的信,你用同样手书给他复信的时候,是不是觉得找到一种另外的味道? 张文宏:是的,他那封信应该是3月26号写的。当时整个疫情在美国还是非常严重的,大使馆邀请我跟在美国的留学生、侨胞,还有居住在那里的华人对一次话。当天谈话结束已经接近11点半,早上起来看手机,我们上海外办的领导说崔大使给你写了封信,一打开,我也惊呆了,是手书。我不知道曹老师你经常这样给人家写书信吗? 曹可凡:你看我采访提纲都是手写的。 张文宏:所以曹老师也沿袭了这个传统啊。事实上我们现在很多人已经不是很习惯。我当时呆了半天,阅读的时候感到一个是非常温馨,第二个是字体实在是太漂亮了。所以你要知道,写手书需要有功底才可以写,但是还不是字写得好就一定会写手书,关键还是那种情感。一个呢我觉得当时我们跟美国的侨胞还有留学生的连线,应该起到比较好的效果,所以崔大使认为这个事他非常认可。第二个呢,崔大使在青年时代就离开上海,每一位离开家乡的人对家乡的这种感情吧。	话题一:张文宏与中国驻美大使崔天凯在疫情期间的手写书信。通过书信这一小事,导入疫情这一大题。①与多数成年观众从手写书信到使用电邮的经历相关,吸引观众兴趣;②信的内容激发受访者情感并创造轻松气氛;③后面谈到这封官方国际信件邮递了一个多月,管中窥豹显现全球抗疫局面。 曹可凡只是顺应地简洁作答,并未评价和阐释。

---

① 《可凡倾听》张文宏专访(上),https://mp.weixin.qq.com/s/BN9GaRa2k8a3D8cuZXxiAQ,2020-05-16。

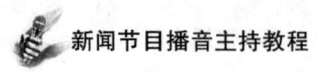

(续表)

访谈内容	点　评
曹可凡：他还是一口老上海话。 张文宏：当时一方面我们的侨胞在那里非常焦虑，第二个是中美经济、外交之间的对峙非常厉害。可以想象大使处于这种环境里面，用惊涛骇浪来描述也不为过。在这种情况下，他给我们写这样一份手书让我非常感动。你要知道，我们其实都蛮怀念以前的那种慢生活，曹老师，你也应该有这种体会吧，一封信出去，你要等人家回信，基本上寄个信要一个礼拜，人家信再回来至少等半个月。	曹可凡插入一个细节佐证谈话内容。
曹可凡：其实这种等待也很有意思。 张文宏：我当时考虑到什么呢？回信不能太快了，太快就不像手写的。但是讲到底还是，我不知道怎么回信好。第二个呢就是当时国内国际的战疫都非常激烈，非常繁忙。我写好手书的信后，想不到我们外办的领导非常讲究，他们真的直接把原件寄去了，这一寄居然就寄了一个月，大使收到这封信的时候就4月底了。五一劳动节前，外办再转过来一封中国驻美大使馆的电邮，他说将来有机会一定到上海的小酒馆喝喝酒，因为当时在信上他说自己下次到上海来大家在一起聚，我回信说你如果有时间，我到你家附近的小酒馆大家一起吃一顿。	曹可凡插入对传统收寄信件的评价。
曹可凡：把酒言欢。 张文宏：把酒言欢，古今多少事，皆付笑谈中。我们回过头来看这当中发生的风风雨雨，可能也就是历史上的一段记忆而已。这就是你们看到回信等了一个多月的原因。在全球疫情暴发时，哪怕是我们上海政府寄到那边大使馆，都需要一个月，你想象国际之间的交流，因为疫情原因受到多大的影响。	曹可凡化用古诗"把酒言欢，共叙桑麻"，以典雅古风的四字描摹张文宏叙述的情境。
曹可凡：现在我们这个世界是平等的，每个国家，每个人都不可能成为孤岛，所以对于目前的情况，我们中国什么时候可以真正恢复到疫情之前的新常态？	话题二：归于疫情主题，人类该如何恢复到疫情之前的新常态？这是中国乃至全人类都非

第七章 演播室新闻访谈

(续表)

访谈内容	点　评
张文宏：您讲得非常好。我专门在"华山感染"的公众号上发了一篇文章：我们如何回到新常态、如何面对新常态的风险。最近世卫组织也在反复说，中国事实上是为全世界节约了，也就是留出了一个非常珍贵的时间窗。如果没有看到全世界的疫情控制情况，你很难想象我们中国民众配合到什么程度。等于是政府有极大的决心，医生有拼命的精神，民众有一起协同作战的风格，综合在一起，我们才可以取得今天这个非常好的状态。这个状态大家都看到了，昨天是5月5号，上海在举办购物节。	常关注的话题，也是此期《可凡倾听》的重点话题。曹可凡在这里着力一问，将刚才宽松的氛围拉进预测疫情的节目重点，抓住观众眼球。
曹可凡：我们5月4号那一天5小时直播，89亿。	曹可凡仅插入一个事实数据。
张文宏：就是为了回归一个常态。但是问题就来了，大家都觉得所谓的常态就是我要回到疫情来临之前的那个常态。	
曹可凡：我可以到饭店吃饭，我可以到电影院看电影，我可以到剧场看戏，我可以去游乐场去玩。	曹可凡插入事例阐述常态。
张文宏：是的，谈我自己个人的观点，美国国立卫生研究院的抗疫专家福奇，他说过，在疫苗出来之前，我们是回不到原来的那个时代，最快的时间，应该是明年的年初和年中，有18个月左右，这是最快的，还不一定成功。在这之前他的意见呢，就是说你基本上是回不过去的。我记得在今年1月底和2月的时候，我也说过类似的话，我讲得比较短视，我没有看到这么远。我只是告诉大家，今年这个夏天你想疫情一去不复返，估计做不到了。而且今年冬天，我们可能还面临第二波的风险，所以很多人说你凭什么说夏天过了疫情还好不了呢，SARS的时候，夏天过了就没有了。但是今天你来看一看，夏天已经进入了。	
曹可凡：所以我们平时这个生活的方式发生了很大的改变，就像您前两天说的，如果您不带口罩，然后吃饭的时候又不分餐，就等于是"裸奔"。所以我们现在就不能回到过去那种肆无忌惮的状态。	曹可凡接话补充事实。

(续表)

访谈内容	点评
张文宏：现在人们涌向商场，当中非常巨大的信心来自什么呢？我相信这个城市现在没有新增的病例，所有的病例是输入性的。万一有一两个输入性病例，是有能力把他们给捕捉出来的。……传给很多人的情况基本上就是我们几个扎堆，而且都不戴口罩，吃东西不分餐。但是如果他没有这样的话，他顶多就传给和他特别密切的这个人，那这种对整个大众还有我们的疾控体系造成的影响很小。	
曹可凡：……我不知道从传染病的发展史上，群体免疫有没有成功的例子，其中最大的风险是什么？	话题三：群体免疫。引申探讨人类抗疫方法。
张文宏：群体免疫的概念是什么，就是说一个传染病，它通过所有的人群当中的大部分人群得到免疫以后，它就不能再进行传播了。……这个我们叫免疫屏障，在社会上超过60%到70%以上的人都接种疫苗，就建立了免疫屏障，传染病从原则上就很难传播下去，这是疫苗的概念，你说通过这个天然免疫的角度，是不是可以做？……唯一的做法就是大量感染的人当中，很多人死掉剩下来都被传染过了，这个是建立群体免疫。你说历史上有过吧，历史上可能有，但是他的代价就是造成了大量的死亡。第二点，历史上有什么样的我们所知道的大型传染病突然自己就消失了呢？SARS不算数的，SARS全球的感染人数才9 000多，而且在一年的时间内没有形成大的流行就被剿灭掉了，所以SARS应该说是一个自然界的病毒到人类当中就这么悄悄地走过一趟而已。	
曹可凡：悄悄地走不带走一片云彩。	曹可凡化用一句诗增强表述的形象性。
张文宏：我们都以为不带走一片云彩的，今天它留下了一片云彩就是今天的新冠病毒。已知的大流行疾病没有一个是通过这种大流行自己灭绝的。……如果万一做了，会导致什么样的结果呢？我们可以算个数据，某一个国际大型城市，我算3 000万人口要达到群体免疫，至少要1 500万。按照现在的这种疾病的重症发生率至少10%，150万人需要吸氧，……我分成10个月，一个月15万的人。	

(续表)

访谈内容	点 评
曹可凡：我们就会是瘫痪的状态。 张文宏：15万人住哪里？肯定是瘫痪的。这些人吸不上氧气又不能提供有效的隔离，这就是一个人间惨剧。所以没有一个国家是真正可以建立群体免疫的，群体免疫只是一种愿望。	从张文宏的数据推测结果。
曹可凡：武汉疫情出来以后，我们坚决采取了封城的措施。	话题四：封城抗疫的地位。
张文宏：……1月23号，我们上海的队伍就进去了，我们采取的就是猛打的一个态势，把你剿灭。事实上我在1月23号晚上发过一篇文章，提出来中国的疫情应该在2～4个月会完成。当时"华山感染"的公众号基本上每篇都写着10万＋，最高的一篇阅读量是2 000万，我如果瞎讲，事实上风险是极大的。2～4个月，很多人不相信，但是你看武汉的开通是几号？	
曹可凡：4月8号。	曹可凡回答准确日期，细节彰显准备充分。
张文宏：才两个多月，我当时假设我们所有部队进去马上可以就位，所有医院都建起来（医疗设备），但事实上前面的一个到两个星期是非常艰苦的。我们国家和医疗队花了两个星期左右把局面打开了。所以真正处理武汉的疫情是两个星期，这两个星期真的是封城，然后隔离，应收尽收。你看这个战役是不是打得非常漂亮，你如果不做这件事情，那你面临的是什么呢？这些人全部会蔓延开来。全国现在是一个武汉，中国如果有10个武汉你有没有足够的把握搞得定，事实上是不一定的。所以今天回过头来第一封武汉，而且一定要封成功。	
曹可凡：这个在传染病史上，前无古人的吧？	
张文宏：前无古人。因为你要看我们当时的决心，中国49 000多个医务人员都进去，那是去打仗，这不是一般的志愿者，而是正规军，而且是全国各地最厉害的正规军，进去就分割包围救治，把所有的社区全部封掉，有病的人全部进方舱。一般2个潜伏期就是1个月，4个潜伏期2个月一定会解决问题，这是我当时的信心，也是我们国家对我们医疗队伍对我们整个武汉人民的信心，最后实现了。……	

(续表)

访谈内容	点 评
曹可凡：像我们这代人，我稍微比你大一点，但我们算一代人嘛，60后，你1969年，我1963年。你作为一个"前浪"啊，怎么看待现在的"后浪"？ 张文宏：……我仔细去了看看《后浪》，我觉得讲得非常好，所以他们说这次《后浪》一出，"前浪"拼命点赞。 曹可凡：对，尤其这次疫情，90后、00后一些"后浪"乖得不得了。 张文宏：而且产生了大量的创造。 曹可凡：而且他们三观也很正。 张文宏：每一代人自己都会很好地把握自己的时代，……不要紧，他们对自己的方位感是非常清楚的。事实上很多"后浪"已经成为这个真实世界的主宰，还不是在"哔哩哔哩"网站，而是在真实世界。那时候，"后浪"会返给你"前浪"一口饭吃，他们给你一些就业的机会。 曹可凡：历史发展就是这样，一定是"后浪"推"前浪"，然后"前浪"依然浪打浪。 张文宏：肯定有人会超过你，钟院士这种不可被逾越的人是很少的。 曹可凡：你如果回忆起来自己的成长经历，自己是小镇出来的一个青年。你的"后浪"时代是什么样的，你当时在瑞安这样一个成长环境，家庭对你后来成为一个感染科的大夫有什么影响？ 张文宏：当时外地人要到上海，上海人要到国外，这就是一个时代。说句实话，中国没有改革开放，没有一个大发展的阶段，曹老师你怎么可能作为一个出色的主持人呢？这个社会提供了无限的可能，我们对国家抱有极大的希望。……到目前我仍然看到中国社会阶层之间并不是固化的，大家还是有很多的机会能脱颖而出。所以我们非常幸运，今天我们可以一个外地人一个上海人，坐在一起在这里对话。 曹可凡：我祖上也是外地人，也是外来民工，是无锡到上海来的。 张文宏：上海人都是外地来的。	话题五：结合近期五四青年节热点"前浪"与"后浪"，倾听张文宏如何看待年轻力量。 曹可凡概括"后浪"们的特点。 化用一句歌词（《洪湖水浪打浪》）从历史角度形象地概括"前浪""后浪"的关系。 曹可凡将话题由社会现象的"前浪""后浪"自然转到张文宏的"后浪"时代。 曹可凡坦承自己与张文宏情况相同，创造认同感。

第七章　演播室新闻访谈

访谈（下）：

访谈内容①	点　评
…… 　　曹可凡：从第一代的创建人戴自英教授到翁心华教授一直到您，您觉得华山感染科这么多年的工作积累，形成一种什么样的工作方法或者思维理念，能够让您在面对这么大的百年未遇的大疫情前，可以从容去应对？ 　　张文宏：华山感染历代有很多个主任，水平最差的事实上就是我，真的是这样。我可以跟您说一说这个科室的一些传统。第一个特点，这个科室从创科开始就直击临床，要解决临床问题；第二个，从开创之始，就始终关注公共卫生和大众的问题。……所以到我们这一代，事实上压力很大，因为我们面对的都是一些让人高山仰止的前辈了。那么压力很大怎么办呢？我们也得不断发扬我们这一代的优势。我们对新病原的诊断是一个常态化的维持，事实上也是为了未来我们国际上不断地会产生一些输入性的新发的传染病，我们是为这个做准备的。同时，我们也会关注什么呢？这不是一个简单的疾病，社会影响的面是非常大的。所以你会看到这一次我除了写专业的书籍以外，事实上很多时候我还是站在科普的一个角度。	话题六：张文宏背后的精英团队。彰显医学传统、科学精神传承以及与大众沟通的重要性。
曹可凡：所以这本书现在很实用。	曹可凡点出这本书的价值。
张文宏：全世界现在有十几个国家都在用这个版本。因为大家到最后发现中国民众所采取的隔离也好，戴口罩、洗手、通风，所有的细节对他们现在是非常有用的，现在在国内就卖了大概一百多万册。	
曹可凡：而且您放弃版权了是吗？	曹可凡披露张文宏放弃版权。
张文宏：版权我都放弃了。我们所有的防疫政策，事实上要和民众进行沟通，不是要教育他们。人家说科普科普，是你普及教育，这个说法是错的，是我跟他沟通，他接受了，他就执行；他不接受，他就不执行。	

---

① 《可凡倾听》张文宏专访（下），https://mp.weixin.qq.com/s/HPztC89ceY5zibewm8FeTw，2020-05-23.

(续表)

访谈内容	点 评
曹可凡：我们读书的时候啊，传染病学其实算是一个相对小众的学科。为什么会对感染学科这么感兴趣呢？ 张文宏：我是上医最后一届六年制的毕业生，就是上海医科大学，是接受了正统的西医的教育。我当时毕业的时候，是分配分到感染科。……我又学了三年的中西医结合……又回到了我原来的科室，在感染病科里再读了感染病的博士，就是翁大夫带我。 曹可凡：其实行政管理工作，会占用您很多的临床和科研的时间。我也知道一开始，您也不愿意花么多时间做行政，您还推辞过，后来是全票通过的，是吗？ 张文宏：是的，我们医院也是蛮有意思的，在换届的时候采取了民主投票的形式。所以我做主任事实上年纪还比较轻的，才40岁。既然大家相信我、信任我，那么我当时就做了。所以说我今天养成现在在外面和大家交流的模式，很多人也说我是最不像专家的专家，这种沟通的模式事实上是在我的工作中养成的。我做主任以后呢，第一件事情就是去创立一个非常民主自由的学科模式，就是我们常说的百花齐放的模式。所以在我们这里涌现了大量的亚学科领军人才，现在我比较自豪地讲，在我的科室里，无论你明天碰到的是哪一种病原体，我们一定有这个领域的顶尖专家来对付他。 曹可凡：就是说兵来将挡，水来土掩。 张文宏：因为我这边是一个多学科的、百花齐放的感染病的大学科，我们除了各个学科以外，还积累了一个大的新发传染病和疑难性疾病的诊断平台。目前在国际上只要是非常尖端的、有效的这些技术基本上这里全部会有。……只要有来我们就一定必有回应。能人越多，我们越自豪。 曹可凡：最近您那么被大家追捧，包括我80多岁的妈妈，都对您佩服得五体投地，我觉得您是改变了过去人们对专家的看法。	曹可凡把话题从精英团队自然过渡到团队管理理念。 曹可凡进行一句话点评。 话题七：公众形象。"你改变了过去人们对专家的看法"，曹可凡通过这个角度解锁公众对张文宏的喜爱和信任；以自己妈妈举例拉近交流距离。

(续表)

访谈内容	点评
张文宏：是的。事实上大家对专家都有自己内心的一种设定，这种叫什么，叫人设。如果谁偏离了这个人设，基本上就不习惯，是不是，所以大家都按照这个人设来做。但是直到新的形态出来，大家又觉得好像这样也是可以的。我相信这次疫情出来以后，我们事实上就是把防疫不单单是医生的事，是全体老百姓的事演绎出来了。第二点，我们所谓的专家，是做科普还是在沟通，把这个事情说清楚了。	
曹可凡：比如说你让大家保持社交距离，在家里不要出来，那是比较学术的话，你说"大家再闷一闷，闷两个礼拜，把它闷死。"我觉得大家老百姓一听就懂了。	曹可凡用公众熟悉的张文宏式抗疫"金句"进行佐证。
张文宏：我记得有一次国际专家还在说我，他说病毒是闷不死的，他怎么说闷呢。我说的闷死是什么意思呢，意思说我们如果整个社会都闷在家里不出来，病毒就没有传播的机会，两个星期过了以后，传染病里阻断了传播链，病毒就死了。	
曹可凡：所以我电视里一看见你说这句话我一下子就笑出来了，很形象很形象。	
张文宏：我也很怕老是上电视，我忙也忙死了。所以那天在公卫中心采访我，我就很着急，你知道吗，我说待在家里不要出来，正好是春节，出来干什么，你再闷会儿，病毒就闷死了，这也是脱口而出。所以我个人觉得这次我如果唯一有一点贡献，在任何场合，我觉得专家就是要跟民众融合得深，沟通的语系要非常平等。但是里面的核心是什么呢？核心事实上是科学。这个始终要做到，你不能瞎说，如果用很平等的语气瞎说，那肯定问题就很大了。	
曹可凡：我还有个问题特别想问你，因为你现在受到那么多的关注啊，会不会对你个人的生活产生影响，或者对你家人的生活产生了影响？	曹可凡替观众发问。

(续表)

访谈内容	点　　评
张文宏：非常希望在家里就是，平时在小弄堂里吃点鸡公煲，再到超市里买点东西，你说对吗？这是最开心的事情。因为周末开会也很多，所以有时间最希望这么做。我现在最大的一个困扰就是最近一段时间我就失去了这种乐趣。 曹可凡：你现在出去大家都认识你了。 张文宏：真的是认识。基本上我就是去加个油，加油站加个油人家也认识。我最近也不大容易陪我的父母，还有陪我的家人出去逛逛，到这种凑热闹的地方，你懂吗，去玩玩，像这种最近其实真的做不到了。 曹可凡：你儿子会觉得烦吗？以前我们出去很方便，现在一出去人家都要盯着我爸。 张文宏：现在都是他们自己出去。这也是为什么崔大使的信能够打动我，其实他更多打动的是大家的心。他说我和你是不是在小酒馆里咪两口，你说对吗？弄点上海老黄酒，上海人的生活方式，再弄点大闸蟹，那不是很赞吗，再弄两个小炒。我们事实上整个国家也好，民众也好，虽然大家有很多"高大上"的追求，但是最终大家最最盼望的还是能够回归到日常的生活，这是最大的幸福。 曹可凡：平时如果想减轻一些压力，你会看些什么书或者什么样的节目？ 张文宏：事实上我最喜欢的还是看书，对历史人文，特别是在我们医学史、科学史，人家是怎么做到的，比如说这个病毒是怎么发现的，这个病毒是怎么传播的，传播到哪一个链里面，当时发生哪些事情，是怎么阻断的。第二个就是人类的迁徙，迁徙过程当中的疾病是怎么发展的。所以全球事实上就是一盘棋，我个人还是比较坚信的，世界的人还是会站在一起，世界是个共同体，最终可能还是要走到这样一个共同体。	曹可凡替观众了解张文宏的业余兴趣。

第七章 演播室新闻访谈

(续表)

访谈内容	点　评
曹可凡：您有时候会不会看网上一些有关你的评论，因为我们俗话说人红是非多，所以我近期发现也有一些人，比如说黑你、黑钟院士，所以你怎么去看待这种红与黑的辩证关系？ 张文宏：网络确实是一个非常复杂的地方，很多人事实上仅仅是为了流量而来。……唯一的办法就是我们自己少去看这样的微博点评什么，我们认为对的事情，只要做的事情符合国家和民众抗击疫情所需要的，我们就去做，不符合的我们就不去做。我只要是立定这个决心，我想做这些事情，尽管会产生不同的评价，我认为这些事情都能接受。	曹可凡替观众发问，借此给予张文宏对此问题的话语空间。
曹可凡：您觉得在您眼中，钟院士是一个什么样的人？ 张文宏：钟院士这一代人是我的前辈，钟院士、我的老师翁心华大夫，还有李兰娟院士，绝对是我们这一代的脊梁，是他们这批人带着我们走过中国最艰难的时代。那么钟院士和李院士，还有王辰院士他们这批人在这次新冠疫情仍然带我们走在前面。但是我们这一批年轻的，四五十岁到六十岁的医生其实也都在前线摔打。我们的水平和他们有一段距离，但是这个时候责任是你的，你就逃不掉。我欣喜的是看到90后更加厉害，不但厉害，而且还感动。这一次90后的，特别是护理，和医生里面居然占了40%。所以在机场送行的时候，我就看到很多眼泪都要出来了。但是你看这个战役结束以后，我们可以这么讲，这一批人我们绝对是信得过的。所以我觉得在我们中华民族，有前面的一批人，有当中的，还有我们90后的，应该说每一代人都能够担得起国家的责任的。	张文宏如何看待他的前浪，也是观众所关心的，同时彰显出他的价值观。
曹可凡：最后一个问题啊，中国人一直讲，"事了拂衣去，深藏功与名"。您在一个采访中也说到，等疫情完全过去以后，您就silently(安静地)离开了。	话题八：安静地离开。以一个人生观的话题为访谈结尾。

205

(续表)

访谈内容	点评
张文宏：那天是《中国日报》采访我，因为他们要用英语来登啊，就说了两句英文。事情过了以后，我们这些人是不能追求自己的曝光度的。如果大众觉得我们讲的话对推动整个医学的科普，推动感染病的防控，推动新冠的控制有作用的，我们会在我们的专业领域里面讲一点。我觉得事实上做的始终是自己职责的一部分，这个职责的一部分过掉了，这个书就合上了。但是哪一天需要重新打开就打开，如果永远不打开，这本书就存在那里。所以我为什么要写一本书呢？……所以也非常感谢曹老师，今天我们的对话，也是为我将来回忆这段历史的时候，我们还拿出来看一看。 曹可凡：谢谢张医生。 张文宏：谢谢。	结尾极为简洁，留于观众思考。所谓余音绕梁。

第四节　演播室新闻访谈训练

演播室新闻访谈看似简单实则难度很大，不仅谈话本身充满挑战，还有诸多时间和技术上的限制，这也是新闻访谈节目主持人一般都是由成熟的优秀节目主持人担当的原因。要达成成功的访谈，须有以下三个基础：

（1）决定访谈的类型并对采访手法进行相应设计；

（2）充分的采访准备；

（3）执行采访时，有条不紊的技术支持和工作保障。

一、访谈前的准备

访谈前应做好大量的案头文字和沟通准备工作。杨澜曾提出三点做好采访功课的好处：一是只有做好功课才能在最短时间内获得最有价值的新闻；二是做好采访准备可以给采访者带来惊喜，激发被访者积极性；三是做好采访功课准备,可以提升现场应变的能力,这点很重要,可以从对方的回答中引出新的问题。由此可见,访谈前的准备十分重要。

(一)选择嘉宾和主题

一个成功的选题和嘉宾优势尤为重要。选题要体现对现实的观察与思考,要将讨论主题缩小在一个合乎逻辑的范围内。选择合适的嘉宾和一个合理而范围适当的主题非常重要,是访谈节目能否顺利进行、达到目的、能够出彩的重要因素。

训练时可以选择一些大学生较为关注的话题,如保研、人肉搜索、青年导师、留学、减肥、GRE考试、献血、考公务员等。因为学生请到的采访对象多数也是学生,以上这些话题大多数学生平时都有所思考,采访者有话可问,受访者也有话可谈。

(二)搜寻资料和信息资源

设定好选题后,首先要搜集资料。在一个成熟的栏目团队里,有专门的编导搜集相关资料,包括事件、话题的背景知识、政策法规、新闻事实、相关影响,专访对象的知识结构、教育工作背景、所持相关观点等,如果是新闻人物专访还需要关注专访对象的成就、业绩、性格特点、人格魅力、业余爱好等。同时,主持人还应发挥自身的主观能动性,根据自己的理解涉猎和集中关注某些资料,这些往往能帮助主持人更加主动地融入访谈之中,亦会帮助主持人提出一些富有个性色彩的问题。

(三)预采访——与访谈对象沟通

与访谈对象预先沟通是进入节目操作的一个重要环节,也称为预采访。预采访由策划主持安排,编导和主持人参与。一般来说,确定访谈对象后,应与访谈对象沟通,取得对方的信任,以建立谈话的基础。有的主持人喜欢先熟悉访谈对象,也有的主持人喜欢保留第一次交谈的新鲜感觉,只要有利于节目,是否参与预采访由主持人自行决定。

虽然预采访不录像,但交流中仍需落实以下实际问题:访谈对象是否名实相符?在获得的背景材料所述之外,他还有什么地方打动你?观众兴趣点、栏目关注点和嘉宾兴奋点分别是什么?能否在节目中将三者统一起来?访谈对象的语言表达有什么个性特点?寡言或健谈?是否会在正式访谈时造成障碍?主持人应如何应对?访谈对象的生活环境是怎样的,反映出他的什么特点?访谈对

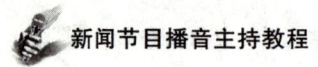

象与周围人的关系有什么个性表现？等等。除此之外，还应了解访谈对象近期的日程安排，初步商定拍摄和播出时间。

预采访的深度根据访谈对象及主题内容而定，对于专家学者且有着较高媒介素养的对象，沟通要适度，否则在正式访谈录制时就会有"炒现饭"的感觉，不仅访谈对象觉得没有新意，也产生不了偶然的"奇思妙想"或"妙语连珠"。

但对于很少或从来没有进过演播室的访谈对象来说，则需要与之建立亲近感，尽量打消其顾虑和陌生感，通过深度沟通，帮助其在最终访谈录制时能够充分打开"话匣子"，收到好的访谈效果。例如，某学生邀请的访谈对象是学校宿管阿姨，其朴实真挚，也比较健谈，但从来没进过演播室，也没接受过采访。该学生在进演播室录制前与阿姨交谈了三次：第一次是浅交流，找出两人谈话的"点"；第二次，列出粗纲，略谈一次；第三次，根据前两次情况，取舍问题，调整问题顺序。最后访谈录制时非常顺利，宿管阿姨侃侃而谈，还说出了"每届学生毕业时都舍不得""学生拉着行李，依依不舍"等动感情的话语，成为一个有信息量而且有温度的访谈。

预采访也包括对周围相关人员的采访，家人、朋友、同事或持不同观点者和访谈所涉重要细节的其他当事人，可以通过约见、电话沟通、查阅史料等多种途径完成。这些工作主要由策划根据实际需要在正式采访前进行。

尽管是预采访，所有参与的节目组成员都应该向受访者展示良好的工作作风和平等诚挚的态度，因为这些表现将影响受访者是否能与栏目平等沟通、真诚合作，最终影响节目的深度与质量。

（四）拟定主要提问问题

主持人应"吃透"所述材料，与编导一起拟定专访方向路径和主要提问问题。有了扎实的前期沟通和预采访，设计问题就迎刃而解。围绕访谈的目的、主题，找切入谈话的点，设计提问的逻辑顺序，明确谈话的方向和重点，拟定主要提问问题。问题的形成实际是主持人与策划、编导共同形成的访谈工作"路线图"。在这份"路线图"里，既有明确的必须提出的问题，也应包含可能因专访对象岔开话题而产生的问题方向，给主持人留有余地，供其根据访谈对象的回答随机应变。

比如上文提到的采访宿管阿姨，由于有了充分的沟通基础，最后形成的提问设身处地，简练而生动。例如：

第七章 演播室新闻访谈

阿姨您年轻时也住过宿舍吗?

女生宿舍与男生宿舍哪个好管?

如果访谈的内容较多,或访谈对象重要且时间紧迫,为提高节目录制效率,在访谈现场,一般会用提词器将问题提示给主持人。但是主持人不应依赖提词器,在访谈之前仍要做好准备工作,将访谈逻辑了然于胸,尽量记忆问题关键词,这样才能做到"真谈",而非机械式的问答。

(五)拟写访谈节目策划书

策划的核心是就访谈的主题、逻辑、重点进行策划。围绕策划的核心,拟写节目策划书或策划文案是参与创作人员进行沟通的重要基础。去芜存精、言之有物、切实可行是节目策划书拟写时应遵循的基本原则。策划书的内容一般包括:访谈主旨(此访谈的必要性和重要性)、访谈背景、被访者的选择依据、主要的提问问题等。

正式录制前,策划应召集参与节目创作的编导、主持人就访谈中心点、节目方向、重要细节、主体结构等进行集体详细讨论。讨论应尽可能各抒己见,在内容和形式上充分吸收大家的意见,避免正式录制时出现问题,并在原则问题和方向性问题上形成统一意见。

(六)选择访谈地点

访谈一般在具备三机位录制条件的演播室进行,如需另外选择,访谈地点以受访者熟悉的地点为宜,背景应体现受访者的个人特点,力求简洁大方。外景录制通常是双机位,因此场地要有足够的长度,一般不小于10米,总体面积不小于20平方米。一般情况下,主持人访谈节目要采取双机双人拍摄,主摄像师要注意双机位的协调,并负责外景采拍。

主持人和摄像师都应注意对访谈现场细节的发现与利用,这可能是鲜活的、独家的,也是容易让受访者触景生情的可利用元素。

二、演播室及技术流程训练

(一)认识演播室

新闻访谈一般在电视演播厅或虚拟演播室进行,有时因为嘉宾在外地,或者需利用现场背景,在当地采访的,也会在新闻现场搭建标准演播室或简易演播室。

演播室一般由3台摄像机组成的录制系统、灯光、录音、视频切换台等设备组成。进入演播室前应做好化妆、服装等准备工作,进入演播室后应进入工作状态,爱惜设备,遵守演播室规定,不可随意嬉笑、大声喧哗,亦不可将食物、含糖饮料带进演播室。同时,演播室一般是多个节目组共用,应节约录制时间,高效完成工作。

(二)技术设备准备

录制过程需技术老师全程支持。准备2～3只领夹式话筒、数字存储卡,每组学生录制15～20分钟。视频录制量大,存储卡应保证有足够的存储空间。摄像机应有直供电源,如果没有,则一定要有充足的电池电源,因为访谈节目录制时间都较长。

电视台实际工作中,一般是将主持人提问问题及串词输入到提词器上,但无须逐字逐句,写上提纲、话轮、关键词等即可。学生训练时不用提词器,应训练学生记忆访谈逻辑、提问问题的能力。

(三)小组团队准备

组成7人工作组,2人访谈、3人摄像(左、中、右3个机位)、1人导播切换、1人录像。每名学生都要轮换完成切换、两个机位的拍摄工作。因为导播对于视频即时剪辑的素养要求较高,每组推荐一名剪辑能力较强的学生担当。通过工作组的训练,使学生亲身体验访谈节目录制流程和每个岗位的工作职责,从而全面了解访谈节目对于视听语言的运用,了解访谈节目创优的具体制作方法。

此外,还应根据所谈话题恰当进行服装、化妆、发型等造型设计。

三、进行采访——演播室访谈的出镜及谈话技巧

(一)技术环境下的"表演"

采访过程是一种真人、真事的真实交流,但实际上演播室里的访谈并不是完全处于自然状态,虽然一名有经验的主持人能使它表面上看起来如此。这里有灯光照射、多台摄像机、纵横的传输电缆等,还有摄像、切换、导播、录制等工作人员在现场同时工作。因此,如果采访能做到像主持人起居室中谈话那样出色,这

是因为主持人能在电视台工作环境和设备的技术限制下有技巧地工作,看上去如此简单和轻松的对话其实是精心准备、经验和才华的综合产物,同样是"戴着镣铐在跳舞"。

在这种繁杂的技术条件和时间限制下工作,最初会很紧张、感觉很难,但一段时间后,就会适应这种工作状态。建立团队的默契感很重要,而最终成为"熟练工"时,就知道访谈节目的难点在于是否请到合适的嘉宾、话题是否合适、究竟怎么去谈,等等。

(二)"恰如其分"的采访

英国文艺理论家瑞恰慈认为,艺术家们所追求的是作品的"恰如其分",这种"恰如其分"被他人所接受,也就达到了传播的目的。这里强调的是艺术作品应具有结构的普遍性和情感的统一性,就是艺术传播的品质。这一点也同样适用于主持人在访谈节目的谈话策略。

主持人与受访者的双向交流,是节目的关键环节。应避免"无结果"的询问,避免询问一些会导致回答"是"或"不是"的封闭性问题,避免过于明白和过于含糊的问题。应尽量获取完整的回答,可以直接指出还没有获得答案,并重复一遍问题。还需"要求主持人不以个人的情绪波动、对人或物的个人原因的好恶和对话题涉及领域的熟悉程度决定话题的确立、处理话题的走向和录制状态。"①同时,也应避免因采访前的过分沟通导致实际录制时的了无生趣。

(三)开场白和结束语

开场白应包括以下四个部分:

(1)介绍节目主题;

(2)节目主旨,即选择这个主题的理由;

(3)介绍嘉宾的姓名和身份;

(4)分享嘉宾的观点和看法的理由。

开场白要简洁,不要冗长,要更多地引出嘉宾的话,观众实际是想听嘉宾说什么。开场白亦不能刻板,每次重复单调的模式,应根据采访对象和主题设计合适的开场白。结束语既要传达结束感,也要有意味深长的感觉,留给观众思索和

---

① CCTV新闻中心新闻评论部《实话实说》栏目组工作手册。

品味的空间。

(四) 倾听是态度也是能力

对于一名访谈新手来说,录制时往往会"惦记"着自己提前准备的访谈问题,生怕任务不能全部完成,殊不知无形中却给观众和嘉宾留下"审问"的负面印象和赶进度的仓促节奏,也失去了谈话本身的乐趣。由于忽视了"听",也会错失好的内容,有时甚至是比采访预期更为精彩的内容。

因此在访谈中,要聚焦主题,紧扣准备的重要问题进行探究,引出访谈对象积极的回答;同时要始终留意对方的回答,做出迅速的思考判断,进行合适的总结或追问,再衔接过渡到下一个问题,某种程度上说,这已成为主持人的核心技能。倾听还意味着真诚地对待访谈对象,眼睛要看着对方,即时对对方的话从语言或体态语有所反应。倾听,既体现做访谈的敬业态度,更是一种需要不断精进的职业能力。

(五) 控场——控制进程并保持观众的注意力

访谈节目一般时间较长,且有些是群体现场访谈,要求主持人有很强的控场能力。控场能力主要包括以下五个部分:

(1) 营造自由交流的谈话氛围,保持观众的注意力。

(2) 掌控讨论的逻辑性。

(3) 保持言论的公正性,平衡讨论各方。

(4) 掌控节目进程,既要注意按照事先策划的流程进行,又要根据现场突发或生发出的话题做出适当的引导或取舍。

(5) 掌控时间。注意交流的对称,主持人要激活访谈对象的谈话欲,也要控制自己的提问量和对方的谈话量。有效的做法是,让问题的切口小些、再小些。拖延录制节目时间不仅会影响其他节目组使用演播室,也会造成访谈对象及现场观众疲累,因此对主持人来说,掌控时间既是一件重要的事情也是一种需要不断修炼的能力。

(六) 围绕"中心点"展开访谈

在访谈准备阶段,策划和编导要与主持人充分沟通,帮助主持人确立访谈的"中心点"。访谈录制前会形成一个节目录制台本,主持人应具有强大的记忆能力,对台本中体现的"中心点"和访谈逻辑进行记忆,对于一些重要的观点和结论还需精确记忆,保证在访谈中不出错。

访谈录制过程中,主持人应着重把握"中心点",以此作为整个交流过程的核心,单刀直入或循序渐进地进入核心话题。"这个中心点可以是受访者一段独特的经历、一种别样的精神品质、一个受访者与公众共同面对与孜孜求解的问题。"①对"中心点"的开掘要有层次递进地显现,递进的根据是话题本身的逻辑性与现场谈话的随意性相结合,主持人要善于从受访者的谈话中抓住深入递进的契机,进行有效的追问,追问是访谈必不可少的。

(七) 插话与发表意见

对于健谈的受访者来说,适当的插话是必要的,一方面是节目对于谈话节奏感和画面丰富的内在要求,另一方面,有时谈话内容和方向会远离"中心点",或者不宜公开讨论的敏感话题,需要主持人用插话的方式进行掌控和矫正。插话需讲究"技术性",例如,用彰显同理心的话语接话"我可不可以这样理解……"等,简单粗暴的插话不仅不礼貌,也会挫伤受访者的谈话积极性。

主持人应适度发表意见,没有观点不能服众,也难以在观众中建立职业形象。但言多必失,主持人应注意到自身知识积累、认识水平、思考能力等方面的局限性,适度发表意见。过于喜欢发表意见,过高估计自己的认识水平和思维判断,不仅会引起观众反感,更会影响节目和媒体的声誉,不当的言论还会给自己职业生涯和媒体形象带来麻烦。发表意见要言为心声,还要保持思考的独立性,具有独特的视点和角度。

四、录制训练重点

在选题、嘉宾、访谈提纲、服装、化妆、技术支持等都做好认真准备后,进入实录阶段。熟悉并建立在演播室多机位工作条件下镜头前说话的状态,重点训练镜头前访谈沟通的能力、状态。做到内紧外松,即内在思路明晰,访谈节奏紧凑,外在状态要保持轻松,享受谈话与交流的过程,有张有弛,张弛有度。

(一) 主持人的交流状态

主持人在录制现场的工作就是"问""听""谈"。谈是听的反应和结果,主持

---

① CCTV新闻中心新闻评论部《东方之子》栏目组工作手册。

人要激发嘉宾的谈兴,有时还要安抚嘉宾的心理,因为有的嘉宾会紧张,或者来之前就有些犹豫。录制前可以主动带嘉宾熟悉录制环境,降低紧张感,让嘉宾觉得在录制现场受到关爱和保护。

(二) 实录训练应注意的问题

(1) 不要将访谈变成两人轮流背稿说话。既要按照策划书完成访谈任务,也要在谈话进程中认真倾听,发现新的内容,并紧跟挖掘。谈话中可能会临时删减或增加一些内容。有时其他问题谈得较多,现场有些偏了问题,临场要能应变。

(2) 一个人说时,另一个人要"真听",不能只顾着想自己接下来的说话内容。要"交谈"起来,信息量要大,内容充实,信息饱满,不要"车轱辘话"来回说。

(3) 注意出镜形象,坐姿端正不紧绷,状态自然、积极。

(4) 说话语气亲切,以生活交流感为基础,稍正式。

(5) 交流机位。主持人和嘉宾需要了解自己的交流机位在哪里,是哪台摄像机拍自己的近景,在录制过程中,若有些内容是向观众交流的,就可以对着这台摄像机镜头说话,录制出的视频就可以显现出主持人或嘉宾在对观众交流。

(6) 考虑周全,希望访谈的内容尽量问到,以免后期剪辑时留下遗憾。

(7) 要有时间观念,可以先试着谈一下,计时作为参考。

(8) 语言简练、精粹。有的学生在嘉宾说完后,喜欢重复嘉宾说的几句话,这其实是冗余的,应尽量避免个人口头禅以及过多的"嗯""呢"等语气词,后期制作时要把多余的"嗯""呢"及口头禅剪辑掉。

(9) 注意镜头构图和拍摄角度。主持人和嘉宾都应该有拍摄的角度,内含交流信息,不能把人物构图在正中间。

(三) 现场导播的职责

现场导播在实录前应确认每个机位摄像机的角度、景别,确认每个话筒在录制时的音量是否一致;主持人和嘉宾的服装发型等是否有问题;通过监视器适时监控切换后的影像效果;给主持人和嘉宾交代交流机位,当主持人和嘉宾谈论的内容跟观众交流时,交流镜头能跟上来;主持人或嘉宾在听的时候,反应镜头应适时切出来;现场镜头切换要符合访谈节目视听语言规律,切换不能太频繁,要

第七章　演播室新闻访谈

突出嘉宾的"曝光度";与主持人沟通录制时间的提示方式,剩余1分钟时,导播用手势提醒主持人准备结束。

五、演播室访谈出镜作业要求

策划、主持并剪辑完成一档新闻访谈节目,新闻人物、事件、话题访谈均可,时长15分钟(剪辑成品)。建立策划制作小组,一名主持人一名受访者,以节目单元的形式,自请受访者,另外5名学生分别担任三个机位的摄像以及导播、切换。注意镜头下切忌松弛和生活化;服装、化妆要符合演播室照明和环境特点以及访谈内容;营造谈话气氛,体现真实的说、听状态,与嘉宾交流通畅,谈话内容有交锋、有融合,语言或幽默、或犀利、或哲思,话题之间转换自然;熟悉访谈节目简单的多迅道制作流程和演播室合成,导播和切换符合视听语言表达规律。

访谈作业视频要求学生必须自己剪辑,不允许代劳,这样才能从后期剪辑中学习体会访谈节目的视听语言规律。导播、摄像和切换因为另有课程支撑,在此不作为考查依据。

六、学生作业案例

"谈谈微信"访谈节目作业策划书①
访谈主旨/访谈目的

访谈主旨

本次访谈立足结合当今大学生微信功能的使用状况及其对微信的看法,由点及面地探讨微信功能的多元化发展对当代大学生的影响,寄希望能引发观众关于微信对青年发展影响的关注和思考。

选题背景

随着社会化媒体技术的发展与成熟,博客、微博、微信等社交网络工具日益盛行,使手机作为第一大上网终端的地位更加巩固。而微信自推出以来,更是逐

---

① 同济大学2015级广播电视新闻专业李依唯电视访谈作业文案及访谈实录。

渐成为人们的一种生活方式,受到大学生的热烈追捧。大学校园中微信实现了快速普及,极大地影响了大学生的社交行为,改变了大学生以往的社交方式,甚至是学习和生活方式。而目前关于大学生群体的微信功能使用状态研究相对较少。基于此,对于大学生进行微信功能使用情况和态度调查是十分必要且有意义的。

受访者的选择依据

本次选题的采访对象是大学生,且没有明确的年级和性别限定,但由于各方面客观条件限制,访谈只能在同济大学嘉定校区惟新馆展开,所以访谈策划者结合自身在同济大学嘉定校区认识的大学生人脉状况,联系到在规定时间内愿意前来配合采访的受访者。

访谈内容	点评
主持人:观众朋友们大家好!欢迎收看《访谈录》。2017年是腾讯公司推出微信的第六个年头。然而十年前,我想电视机前的很多人从来都没有听说过微信这回事。但是今天呢,微信已经进入到我们的生活,进入了家家户户。它不仅改变了我们接收信息的方式和社交方式,同时也广泛影响了我们的学习和生活。对当代大学生来说,微信功能的多元化发展更是带来了深刻影响。今天,我们就从大学生角度来谈一谈微信功能。	本访谈作业线条明晰,围绕微信的各种具体功能、使用感受展开。从身边变化提炼话题点,以十年前的生活状况与今日生活进行对比,强调微信的划时代开创性,以及对人们生活的巨大影响。在锁定话题后,进一步缩小范围至大学生群体视角。开头立足社会整体,并有针对性地深入,确定主题范围。
主持人:首先我为大家介绍下参加本期节目的嘉宾,他是来自同济大学材料科学与工程学院的研二生——陈××同学。陈同学你好!	主持人介绍人物基本信息。
陈同学:你好!	
主持人:陈同学你第一次接触微信是在什么时候呢?	主持人的第一个问题追溯"第一次"使用的时间,引领受访者激活记忆。
陈同学:是在我大二的时候。当时只是下载了微信,因为当时(微信)还不普及,也没有怎么用,主要用的还是QQ。	

第七章 演播室新闻访谈

(续表)

访谈内容	点评
主持人：那你在微信上有什么难以忘怀的体验吗？ 陈同学：我觉得微信给我带来最有趣的体验就是我教会了我妈妈玩微信。然后我们现在经常就是在微信上视频聊天，挺好的。	主持人紧跟着提问"难忘的体验"，勾起受访者的情感共鸣，打开对方的话匣子。
主持人：那看来微信对你的亲情起到了很好的增温作用啊。 陈同学：对。	主持人及时对受访者的回答做出反应，营造良好的谈话氛围。
主持人：那其实我们知道，在微信刚刚出现的时候，QQ还是占据社交媒体的主导地位。那在当时，你觉得QQ和微信有什么区别吗？ 陈同学：我觉得微信之所以能替代QQ还是它因为更大众化，很方便。就像我妈那种，她不识字的，但是她也能很好地用微信来跟我进行交流。对，所以我觉得这个是它能打败QQ的一个很重要的方面。	根据受访者之前提到的"QQ"，找到一个对比视角，借二者比较，引出微信具有更大的优势——"大众化、方便性"。
主持人：那你觉得现在微信在你生活中扮演一个什么样的角色呢？ 陈同学：因为我现在是研二，主要是准备找工作、找实习，所以我用微信找工作、找实习比较多一点，当然更多的是跟我导师还有同学们交流。	主持人进一步讨论微信在当下日常生活中的作用，将受访者的思路自然地引到当下。
主持人：好的。那其实现在随着微信的流行，许多公众号像雨后春笋般冒出来，那陈同学你有关注过什么公众号吗？ 陈同学：有，只能说我关注了很多。因为刚刚也说过我正准备找工作，我关注了很多就是跟我们相关企业的一些公众号，而且我都把它们置顶了，为的就是我能时时刻刻地把握住他们的动态。	主持人在明确微信的社交作用之后，自然地衔接出微信的另一大功能，即公众号。
主持人：看来陈同学你也很会利用微信的功能为自己所用啊。 陈同学：对。	主持人及时与受访者互动反馈，加深良好交谈氛围。

217

(续表)

访谈内容	点评
主持人：那其实现在在微信五花八门的功能当中，有一个比较热门的功能就是发红包，陈同学你有使用过吗？ 陈同学：有。我觉得发红包对我来说跟传统的红包不太一样，就是跟我们春节接收到（的）那种红包不太一样。我主要是用来付款或者转账，比如说同学帮我先垫了（钱），我就给他发红包这种之类的。	主持人巧妙地在引出"社交"与"公众号"的功能之后，再抛出"发红包"的功能，通过询问受访者是否使用过，自然地引领回答出发红包的优点和实用性。
主持人：好好。那其实除了发红包，微信它还有一个钱包功能，那你觉得和有异曲同工之妙的支付宝哪个使用起来更方便呢？ 陈同学：就我个人来说我使用支付宝比较多。因为钱放在支付宝里是能涨（利）息的，虽然不高，但是就是（因为）这个原因，我喜欢用支付宝而不喜欢用微信（钱包功能）。	主持人继续提问受访者"钱包"功能。为防止提问形式单一，主持人转换角度，从与支付宝进行比较的方式引出受访者的比较、偏好及缘由，同时也指出微信钱包相对的不足之处。
主持人：那好，你在之前说到你用微信主要是用来与人沟通。那其实现在在微信上还有个比较热门的功能那就是发表情包，你在微信上与人沟通的时候会发表情包吗？ 陈同学：发呀，发很多，而且我觉得最有趣的就是尔康那个表情包，对。我挺经常发的，因为我觉得有一些表情包能达到那种文字达不到的效果，你知道吗。对，特别有意思。	主持人通过联系受访者先前回答内容进一步衔接至下一个功能——表情包的使用。 受访者通过谈自己感兴趣的表情包，直接表达了自身在使用时的兴趣和喜爱。
主持人：现在大家都在说要（是）在微信上与人聊天的时候，不使用发表情包真的是一件很难受的事，那对你来说也是这样吗？ 陈同学：不是啊。	主持人抓住受访者这一兴趣点，反向提问是否存在上瘾等负面问题，使采访更全面。
主持人：假如没有表情包（功能），你会（做到）很好地与人沟通吗？ 陈同学：会沟通，但是总觉得还缺（些什么）。因为有了这个（功能）之后，我觉得就是能更给你生活增添点乐趣。（浅笑）	主持人在受访者否定回答的基础上，进一步提出假设，目的在于讨论表情包对受访者交流习惯的影响。

(续表)

访谈内容	点 评
主持人：好的。那你平均大概每天使用微信多久呢？ 陈同学：这个没有固定的。因为得看我忙不忙，有没有做实验啊什么的。但是我每天肯定都会用的，但是用得最多的应该就是中午休息的时候，我会刷朋友圈、聊天的。	主持人从功能到使用习惯，首先从媒介接触时长切入，了解基本使用习惯。
主持人：好的，那你会有微信依赖症吗？ 陈同学：不会有。因为我觉得这个微信它这个东西就是，对我来说，就是个工具而已。我用它就是为了让我的生活更方便，如果有更好的工具出现我当然会使用新的工具，就跟我当时抛弃QQ一样的。我觉得我不会有（微信）依赖症。	主持人在受访者较为规律且频繁地使用习惯基础上询问是否产生媒介依赖等负面问题，使采访更全面。
主持人：那你有没有想过离开微信一段时间呢？ 陈同学：没有，因为我刚刚也说了，除非有更好的工具来替代它，不然我为什么要离开掉这样一个能让我生活更轻松的软件呢。（笑）对吧？	主持人在受访者否定依赖性之后，从另一极端情况设问离开微信的独立性。辩证思考，逻辑清晰。
主持人：好的。其实现在大家都开始有点焦躁和担忧。因为之前在微博刚出现几年时间之后微信就出现了，并且很快地替代了它（微博）的位置。现在大家都开始纷纷猜测会有什么新的工具出现来替代微信，那么对这个现象你又是怎么看的呢？	主持人承接以上媒介依赖或独立的思考之后，引出当下社会焦虑的症候，并进一步引出未来的趋势，询问受访者的看法。
陈同学：我觉得没有必要恐慌吧。就是说新事物代替旧事物是一个必然的过程，我们可以这么看，这是一个社会在发展、科技在发展的一个过程。所以就我认为，微信被替代也是必然的，总会出现一个新的更好的东西来替代微信，所以我觉得我们要以一个积极乐观的心态去对待这件事情，因为没有什么东西是永久的。（笑）	受访者回应了不必要焦虑，并给出自己的理由。从"微信"上升到哲学中"新事物的产生与旧事物的消亡"的辩证性，使访谈主旨更加升华，加深其深度及普遍性。
主持人：好的。感谢你参与我们这一次的访谈。 主持人：我们可以用生猛这个词来形容微信在中国这不到十年间的发展。从社交到生活，从社交互动模式到人们的思维方式，都在大学生身上发生着深刻的变化。然而这也仅仅是一个序曲，未来微信发展，将会继续深刻颠覆我们的传统社交模式和思维方式。在这样一个时代变革当中，要和不要并不是你的选项，你自己究竟愿意处在一个什么样的位置，而自身又要发生什么样的改变，才是需要我们做出的选择。好了，感谢您收看本次的《访谈录》，我们下周再见。	主持人总结，从"微信"的发展引申出社会结构、思维模式的嬗变，全篇层次清晰递进，由小见大，深入浅出，首尾呼应，从日常生活中社交媒体的变化中提炼话题点，又落脚回到每个人息息相关的时代变革与自我选择。

课后作业

1. 自选观摩一期新闻访谈节目,从以下问题撰写1 000字以内的评析。

(1) 对访谈内容拉片,分析其围绕什么中心点展开?依次展开哪些话题?话题之间又是如何切入和过渡的?

(2) 精彩问答点评,哪些是好的谈话内容或者有价值的交流?举例说明,为什么?

2. 提交访谈节目策划书,要求文本格式规范、双面打印、无封面。

3. 提交剪辑完成的访谈节目视频及整理出的文案。

课后观摩栏目

中央电视台《新闻调查》之《与神话较量的人》。

中央电视台《实话实说》《新闻会客厅》。

附录一
普通话语音训练材料

1. 舌面音: j q x

j

单音节:间,卷,句,杰,脚,家,据,经,较,几,接,结。

双音节:积极,季节,即将,家教,家具,经济,借鉴,紧急,京剧,嫁接,简介。

四音节:精益求精,炯炯有神,兢兢业业,锦上添花,经济建设。

q

单音节:去,区,球,强,钱,全,七,气,请,墙,秋,秦。

双音节:漆器,齐全,祈求,恰巧,牵强,秋千,欠缺,确切,崎岖,轻巧。

四音节:巧夺天工,取之不尽,旗鼓相当,气吞山河,锲而不舍,奇珍异宝。

x

单音节:学,欣,写,笑,小,像,先,型,西,信,雪,修。

双音节:嬉戏,习性,喜讯,细心,消息,纤细,相信,心胸,兴修,休闲,血型。

四音节:笑容可掬,弦外之音,熙熙攘攘,逍遥自在,喜出望外,细水长流,秀外慧中。

句段练习:七加一,七减一,加完减完等于几?七加一,七减一,加完减完还是七。

2. 舌尖后音: zh ch sh r

zh

单音节:状,住,中,真,着,找,摘,轴,整,谆,只,抓。

双音节：债主，战争，长者，招展，诊治，政治，执照，制止，种植，主张，住宅。

四音节：郑重其事，咫尺天涯，捉襟见肘，至理名言，珠圆玉润，争先恐后。

ch

单音节：唇，迟，成，晨，炒，出，车，长，超，趁，冲，窗。

双音节：叉车，超长，长城，驰骋，充斥，拆穿，惆怅，串场，春潮，蟾蜍，踌躇。

四音节：叱咤风云，成竹在胸，畅所欲言，触类旁通，赤胆忠心，沉默寡言。

sh

单音节：是，说，爽，手，室，顺，沙，善，神，栓，生，属。

双音节：杀手，砂石，山水，闪烁，赏识，少数，事实，书生，说是，甩手，税收。

四音节：赏心悦目，实事求是，神采奕奕，双管齐下，水泄不通，山穷水尽。

r

单音节：人，日，绕，让，如，仍，若，然，肉，融，润。

双音节：仍然，茬苒，忍让，柔软，融入，如若，闰日，扰攘，冉冉，柔韧，仁人。

四音节：若即若离，入情入理，融会贯通，日臻成熟，燃眉之急，仁至义尽。

3. 舌尖前音：z c s

z

单音节：在，咱，最，滋，尊，仔，脏，宗，坐，则，粗，增。

双音节：栽赃，再造，在座，藏族，造作，自在，自尊，自责，总则，走卒，遭罪。

四音节：再接再厉，字里行间，纵横交错，孜孜不倦，左右为难，座无虚席。

c

单音节：催，操，参，葱，侧，采，藏，擦，曾，村，醋，岑。

双音节：猜测，残存，草丛，仓促，层次，从此，参差，粗糙，摧残，催促，措辞。

四音节：苍翠欲滴，草草了事，藏龙卧虎，才疏学浅，沧海桑田，寸步难行。

s

单音节：塞，所，桑，三，苏，松，笋，洒，色，思，涩，随。

双音节：嫂嫂，洒扫，缫丝，色素，僧俗，松散，思索，四散，搜索，诉讼，琐碎。
四音节：丝丝入扣，随机应变，所向无敌，所思所想，素昧平生，缩衣节食。
句段练习：早晨早早起，早起做早操。人人做早操，做操身体好。

4. u ü

u

单音节：部，属，露，醋，除，复，骨，足，目，素，图，无。
双音节：突出，出路，互助，不住，糊涂，舒服，扶助，出租，露珠，孤独，不符。
四音节：如鱼得水，助纣为虐，顾此失彼，无独有偶，出口成章，枯木逢春。

ü

单音节：女，绿，居，于，需，去，菊，欲，吕，徐，玉，举。
双音节：女婿，趋于，徐徐，曲剧，序曲，语句，聚居，絮语，区域，渔具。
四音节：旭日东升，据理力争，取长补短，曲径通幽，举世无双，雨过天晴。

5. er

单音节：二，儿，而，尔，贰，饵。
双音节：耳朵，而是，洱海，而且，儿媳，而后，儿时，二胡，儿女，耳语。
四音节：耳目一新，耳濡目染，耳听八方，耳熟能详，尔虞我诈，取而代之。

6. -i

单音节：字，子，自，此，次，刺，思，四，死，籽，赐，司。
双音节：字词，私自，四字，此次，自私，刺字，丝丝，次次，四次，赐死，次子。
四音节：孜孜以求，自以为是，词不达意，似是而非，慈眉善目，四平八稳。

7. i-

单音节：只，至，指，迟，持，赤，师，石，始，织，池，室。
双音节：只是，知识，指示，制式，致使，直视，迟迟，痴痴，事实，时事，实施。
四音节：实事求是，知书达理，事事如意，事事顺心，执迷不悟，持之以恒。

8. in

单音节：斌，频，敏，您，拎，近，秦，鑫，鬓，贫，闽，赁。

双音节：濒临，金银，仅仅，亲近，尽心，临近，民心，拼音，信心，辛勤，音频。

四音节：引人注目，隐姓埋名，宾至如归，饮水思源，近水楼台，品头论足。

9. eng

单音节：绷，彭，猛，奉，灯，疼，能，冷，更，坑，恒，扔。

双音节：成风，承蒙，逞能，登程，风声，风筝，更生，冷风，萌生，声称，升腾。

四音节：蒸蒸日上，声情并茂，乘人之危，登峰造极，承上启下，冷若冰霜。

10. ong

单音节：功，孔，红，东，同，弄，龙，中，宠，纵，从，送。

双音节：动容，公众，共同，轰隆，洪钟，空洞，空中，恐龙，隆重，浓重，通融。

四音节：耸人听闻，动人心弦，空中楼阁，洪水猛兽，烘云托月，功德无量。

11. ing

单音节：兵，平，命，丁，停，拧，另，经，晴，硬，饼，凭。

双音节：冰凌，兵营，秉性，叮咛，定型，惊醒，明星，平行，清醒，影星。

四音节：冰清玉洁，平分秋色，明枪暗箭，精打细算，顶天立地，并驾齐驱。

12. ueng

单音节：翁，嗡，瓮，蕹。

双音节：嗡嗡，老翁，水瓮，渔翁，蕹菜。

四音节：瓮中捉鳖，嗡嗡作响，瓮声瓮气。

13. iong

单音节：炯，穷，凶，用，琼，窘，熊，拥，迥，胸，涌，穹。

双音节：炯炯，熊熊，汹涌，中庸，汹汹，重用，忠勇。

四音节：炯炯有神，汹涌澎湃，勇往直前，雄才大略，用兵如神，庸人自扰。

14. 绕口令

一 树 枣

出东门,过大桥,

大桥底下一树枣儿,

拿着竿子去打枣儿,青的多,红的少,

一个枣、两个枣、三个枣、四个枣、五个枣、六个枣、七个枣、八个枣、九个枣、十个枣、九个枣、八个枣、七个枣、六个枣、五个枣、四个枣、三个枣、两个枣、一个枣。这是一个绕口令,一气儿说完才算好。

训练重点:气息持久、韵母 ao 的发音部位准确、口齿灵活性。

满 天 星

天上看,满天星。地下看,有个坑。坑里看,有盘冰。

坑外长着一老松,松上落着一架鹰,鹰下坐着一老僧,

僧前点着一盏灯,灯前搁着一部经,墙上钉着一根钉,

钉上挂着一张弓,说刮风,就刮风,刮得那男女老少难把眼睛睁。

刮散了天上的星,刮平了地下的坑,刮化了坑里的冰,刮断了坑外的松,

刮飞了松上的鹰,刮走了鹰下的僧,刮灭了僧前的灯,刮乱了灯前的经,

刮掉了墙上的钉,刮翻了钉上的弓。

只刮得:星散、坑平、冰化、松倒、鹰飞、僧走、灯灭、经乱、钉掉、弓翻的一个绕口令。

训练重点:气息持久,声母 g,韵母 ing、eng、ong 的发音部位、发音方法准确,口齿灵活性,语言节奏。

In-ing

银星和阴云

天上有银星,

星旁有阴云,

阴云要遮银星,

银星躲过阴云,

不让阴云遮银星。

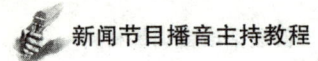

In-ing

通信不同姓

同姓不能念成通信,通信也不能念成同姓,
同姓可以互相通信,通信可不一定同姓。

训练重点:韵母 in,ing 的发音辨析。

l-n

编 柳 篓

河边有棵弯玩柳,柳下有个刘妞妞。
风吹垂柳柳招手,妞妞伸手折垂柳。
折来垂柳用手扭,扭了九个柳篓篓。
六个柳篓送给老猎手,
两个柳篓送给好朋友,
一个柳篓妞妞自己留。

训练重点:鼻音声母 n、边音 l 的发音辨析,韵母 iu、ou 的发音方法、发音部位准确,声调自然变化。

l-n

蓝 天 白 云

蓝天上是片片白云,草原上是银色的羊群。近处看,这是羊群,那是白云;远处看,分不清,哪是白云,哪是羊群。

训练重点:声母边音 l、鼻音 n 的发音辨析,韵母 ai、un 的发音方法、发音部位准确。

c-ch

大柴和小柴

大柴和小柴,帮助爷爷晒白菜,
大柴晒的是大白菜,小柴晒的是小白菜。
大柴晒了四十四斤四两大白菜,
小柴晒了三十三斤三两小白菜,
一共晒了七十七斤七两的白菜。

训练重点：声母 c、ch 的发音辨析，韵母 ai 的发音方法、发音部位准确。

白 石 塔

白石塔,白石搭,白石搭白塔,白塔白石搭,搭好白石塔,白塔白又大。

训练重点：声母 b、d、t,韵母 a、ai 的发音方法、发音部位准确,口腔开度。

en-eng, in-ing

敬 母 亲

生身亲母亲,谨请您就寝,请您心宁静,身心很要紧。

新星伴明月,银光澄清清,尽是清静镜,警铃不要惊。

您请我进来,进来敬母亲。

训练重点：声母 j、q、x、n 的发音方法、发音部位准确,韵母 en、eng, in、ing 的发音辨析。

en-eng

陈庄城和郑庄城

陈庄城通郑庄城,郑庄城通陈庄城。

陈庄城和郑庄城,两庄城墙都有门。

陈庄城进郑庄人,陈庄人进郑庄门。

请问陈郑两庄门,哪个庄进陈庄人,郑庄人进哪个门?

训练重点：声母 zh、ch、x、n 的发音方法、发音部位准确,韵母 en、eng、in、ing、ong、uang 的发音辨析。

15. 训练篇目

大 学

大学之道,在明明德,在亲民,在止于至善。

知止而后有定,定而后能静,静而后能安,安而后能虑,虑而后能得。

物有本末,事有终始,知所先后,则近道矣。

古之欲明明德于天下者,先治其国;欲治其国者,先齐其家;欲齐其家者,先修其身;欲修其身者,先正其心;欲正其心者,先诚其意;欲诚其意者,先致其知。

致知在格物。

  物格而后知至,知至而后意诚,意诚而后心正,心正而后身修,身修而后家齐,家齐而后国治,国治而后天下平。

  自天子以至于庶人,壹是皆以修身为本。

  其本乱而末治者否矣,其所厚者薄,而其所薄者厚,未之有也!

  此谓知本,此谓知之至也。

——节选自《礼记》

沁园春·雪

毛泽东

  北国风光,千里冰封,万里雪飘。

  望长城内外,惟余莽莽;

  大河上下,顿失滔滔。

  山舞银蛇,原驰蜡象,欲与天公试比高。

  须晴日,看红装素裹,分外妖娆。

  江山如此多娇,引无数英雄竞折腰。

  惜秦皇汉武,略输文采;

  唐宗宋祖,稍逊风骚。

  一代天骄,成吉思汗,只识弯弓射大雕。

  俱往矣,数风流人物,还看今朝。

附录二
容易读错的字、词[①]

错　误	正　确	错　误	正　确
厌恶 è	厌恶 wù	唾 chuí 手可得	唾 tuò 手可得
谄 xiàn 媚	谄 chǎn 媚	惴惴 chuǎi 不安	惴惴 zhuì 不安
干涸 kū	干涸 hé	标识 shí	标识 zhì
狭隘 yì	狭隘 ài	惬 xiá 意	惬 qiè 意
阻挠 ráo	阻挠 náo	发酵 xiào	发酵 jiào
棘 là 手	棘 jí 手	机械 jiè	机械 xiè
迸 bìng 发	迸 bèng 发	谬 niù 论	谬 miù 论
游说 shuō	游说 shuì	玷 zhàn 污	玷 diàn 污
潜 qiǎn 力	潜 qián 力	毛遂 suí 自荐	毛遂 suì 自荐
椭 suí 圆	椭 tuǒ 圆	友谊 yí	友谊 yì
模 mó 样	模 mú 样	憎 zèng 恨	憎 zēng 恨
负荷 hé	负荷 hè	呆 ái 板	呆 dāi 板
羞怯 què	羞怯 qiè	打烊 yáng	打烊 yàng
高屋建瓴 líng	高屋建瓴 líng	主角 jiǎo	主角 jué
湖泊 bó	湖泊 pō	与 yǔ 会代表	与 yù 会代表
倾 qīng 斜	倾 qīng 斜	坎坷 kē	坎坷 kě
质 zhǐ 量	质 zhì 量	贮 chǔ 藏	贮 zhù 藏
违 wěi 约	违 wéi 约	一哄 hōng 而上	一哄 hòng 而上

[①] 摘自中央电视台职工岗位培训资料（总编室观联处提供资料）。

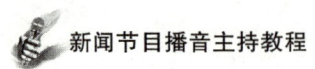

(续表)

错误	正确	错误	正确
教室 shǐ	教室 shì	奔走呼号 hào	奔走呼号 háo
几 jǐ 乎	几 jī 乎	忧心忡忡 chóng	忧心忡忡 chōng
贞观 guān 盛世	贞观 guàn 盛世	花岗 gǎng 岩	花岗岩 gāng
肖 xiāo 像	肖 xiào 像	暂 zhàn 时	暂时 zàn
乘 chèng 飞机	乘 chéng 飞机	氛 fèn 围	氛 fēn 围
当 dāng 天	当 dàng 天	情不自禁 jìn	情不自禁 jīn
向 xiǎng 往	向 xiàng 往	天坛祈 qǐ 年殿	天坛祈 qí 年殿
阙 què 漏	阙 quē 漏	载 zǎi 歌载舞	载 zài 歌载舞
悄 qiāo 然	悄 qiǎo 然	屡见不鲜 xiǎn	屡见不鲜 xiān
号召 zhāo	号召 zhào	结束 sù	结束 shù
人才济济 jǐ	人才济济 jǐ	隧 suí 道	隧 suì 道
挫 cuō 折	挫 cuò 折	骨 gú 气	骨 gǔ 气
狩 shǒu 猎	狩 shòu 猎	立即 jì	立即 jí
放矢 shī	放矢 shǐ	收敛 liàn	收敛 liǎn
冉 rán 冉升起	冉 rǎn 冉升起	憧 chóng 憬	憧 chōng 憬
源 yuān 远流长	源 yuán 远流长	卓 zhuō 越	卓 zhuó 越
骨髓 suí	骨髓 suǐ	放荡不羁 jǐ	放荡不羁 jī
给 gěi 予	给 jǐ 予	惩 chěng 治	惩 chéng 治
比较 jiǎo	比较 jiào	佼 jiāo 佼者	佼 jiǎo 佼者
华 huá 佗	华 huà 佗	锲 qì 而不舍	锲 qiè 而不舍
颈 jìng 部	颈 jǐng 部	庇 pì 护	庇 bì 护
劣 luè 质	劣 liè 质	叱咤 chà 风云	叱咤 zhà 风云
粗糙 zào	粗糙 cāo	晶莹剔 tì 透	晶莹剔 tī 透
符 fǔ 合	符 fú 合	熏陶 tāo	熏陶 táo
飞机舷 xuán 梯	飞机舷 xián 梯	哺 pǔ 育	哺 bǔ 育
倔 juē 强	倔 jué 强	确凿 zuò	确凿 záo
迄 qǐ 今为止	迄 qì 今为止	镌 juàn 刻	镌 juān 刻

230

附录二 容易读错的字、词

(续表)

错 误	正 确	错 误	正 确
拙 zhuó 劣	拙 zhuō 劣	嘈 cāo 杂	嘈 cáo 杂
殡 bīn 葬	殡 bìn 葬	娱 yù 乐	娱 yú 乐
从 cōng 容	从 cóng 容	比较 jiǎo	比较 jiào
炫 xuán 耀	炫 xuàn 耀	曲 qǔ 折	曲 qū 折
体质 zhí	体质 zhì	处 chú 理	处 chǔ 理
因为 wéi	因为 wèi	亚 yǎ 洲	亚 yà 洲
理发 fǎ	理发 fà	即 jī 将	即 jí 将
媲 pí 美	媲 pì 美	调 tiǎo 皮	调 tiáo 皮
闷 mèn 热	闷 mēn 热	挫 cuō 折	挫 cuò 折
翘 qiào 首	翘 qiáo 首	颇 pǒ 具规模	颇 pō 具规模
咆哮 xiāo	咆哮 xiào	遗迹 jī	遗迹 jì
气氛 fèn	气氛 fēn	间断 jiān	间断 jiàn
演播室 shǐ	演播室 shì	同胞 pāo	同胞 bāo
粗犷 kuàng	粗犷 guǎng	羸弱 yíng	羸弱 léi
哈 hā 达	哈 hǎ 达	圩 yū 堤	圩 wéi 堤
编纂 zuàn	编纂 zuǎn	龟 guī 裂	龟 jūn 裂
爆 pào 竹	爆 bào 竹	商贾 jiǎ	商贾 gǔ
扪 mèn 心自问	扪 mén 心自问	妊娠 chén	妊娠 shēn
后裔 yī	后裔 yì	炽 zhì 热	炽 chì 热
召 zhāo 集	召 zhào 集	雪霁 qí	雪霁 jì
呱 guā 呱坠地	呱 gū 呱坠地	唐吉诃 kē 德	唐吉诃 hē 德
供认不讳 wèi	供认不讳 huì	越俎代庖 bāo	越俎代庖 páo
运载 zǎi	运载 zài	徇 xún 私枉法	徇 xùn 私枉法
愉 yù 快	愉 yú 快	浑身解 jiě 数	浑身解 xiè 数
鳞次栉 jié 比	鳞次栉 zhì 比	大厦 xià	大厦 shà
喟 wèi 叹	喟 kuì 叹	浑 hūn 浑噩噩	浑 hún 浑噩噩
蜕 tuō 变	蜕 tuì 变	自怨自艾 ài	自怨自艾 yì

231

(续表)

错　　误	正　　确	错　　误	正　　确
扑朔 sù 迷离	扑朔 shuò 迷离	黄澄 chéng 澄	黄澄 dēng 澄
角 jiǎo 色	角 jué 色	秘 mì 鲁	秘 bì 鲁
不能自已 jǐ	不能自已 yǐ	拓 tuò 片	拓 tà 片
日暮 jiǔ	日暮 guǐ	贿赂 luò	贿赂 lù
按捺 nài 不住	按捺 nà 不住	辟 bì 谣	辟 pì 谣
遗臭 xiù 万年	遗臭 chòu 万年	氯 lù 化纳	氯 lǜ 化纳
秩 chì 序	秩 zhì 序	围剿 cháo	围剿 jiǎo
针灸 jiū	针灸 jiǔ	徘徊 huí	徘徊 huái
内疚 jiū	内疚 jiù	坐骑 jì	坐骑 qí
提供 gòng	提供 gōng	骰 gǔ 子（赌具）	骰 tóu 子（赌具）
武陟 shì	武陟 zhì	谥 yì 号	谥 shì 号
奥林匹 pī 克	奥林匹 pǐ 克	混淆 yáo	混淆 xiáo
天台 tái 县（浙江）	天台 tāi 县（浙江）	滂 páng 沱	滂 pāng 沱
龟 guī 兹（新疆）	龟 qiū 兹（新疆）	召 zhāo 唤	召 zhào 唤
荥 xíng 经（四川）	荥 yíng 经（四川）	毗 bǐ 邻	毗 pí 邻
荥 yíng 阳（河南）	荥 xíng 阳（河南）	挨 āi 打	挨 ái 打
蔚 wèi 县（河北）	蔚 yù 县（河北）	仍 rēng 然	仍 réng 然
歙 xī 县（安徽）	歙 shè 县（安徽）	框 kuāng 架	框 kuàng 架
会 huì 稽县（浙江）	会 kuài 稽县（浙江）	乐 lè 清市（浙江）	乐 yuè 清市（浙江）
单 dān 县（山东）	单 shàn 县（山东）	番 fān 禺（广东）	番 pān 禺（广东）
虎跑 pǎo 泉（杭州）	虎跑 páo 泉（杭州）	洮 zhào 河（甘肃）	洮 táo 河（甘肃）
彰 péng 化（台湾）	彰 zhāng 化（台湾）	邗 xíng 江（江苏）	邗 hán 江（江苏）
鄱 bō 阳湖（江西）	鄱 pó 阳湖（江西）		

参考文献

[1] 张颂.中国播音学[M].北京:北京广播学院出版社,1999.

[2] 张颂.播音创作基础[M].北京:北京广播学院出版社,1990.

[3] [美]威尔伯·施拉姆.传播学概论[M].北京:新华出版社,2001.

[4] 张隆栋.大众传播学总论[M].北京:中国人民大学出版社,2004.

[5] 叶子,赵淑萍.电视采访学[M].北京:师范大学出版社,2006.

[6] 涂光晋.广播电视评论学[M].北京:新华出版社,1998.

[7] 张洁,吴征.调查新闻调查[M].北京:文化艺术出版社,2006.

[8] 高贵武.出镜报道与新闻主持[M].北京:中国传媒大学出版社,2012.

[9] 白岩松.痛并快乐着[M].武汉:长江文艺出版社,2016.

[10] 崔永元.不过如此[M].北京:华艺出版社,2001.

[11] 杨澜.为何执着[M].北京:现代出版社,2000.

[12] 钟大年,于文化.凤凰考:建构一个新传媒[M].北京:北京师范大学出版社,2004.

[13] 师永刚.解密凤凰——凤凰卫视时事开讲影响力[M].北京:作家出版社,2004.

[14] 张龙,崔林,张树华.电视直播与现场报道[M].北京:中国传媒大学出版社,2017.

[15] 中央电视台新闻评论部.新闻背后[M].北京:人民文学出版社,2005.

[16] 罗莉.当代电视播音主持教程[M].北京:中国传媒大学出版社,2011.

[17] 吴郁.当代广播电视播音主持[M].上海:复旦大学出版社,2005.

[18] 吴弘毅.实用播音教程第1册:普通话语音和播音发声[M].北京:北京广播学院出版社,2002.

[19] 付程.实用播音教程第2册:语言表达[M].北京:北京广播学院出版社,2003.

[20] [美]Carl Hausman,Philip Benoit,Fritz Messere,等.美国播音技艺教程[M].王毅敏,刘日宇,译.上海:复旦大学出版社,2007.

[21] [美]罗伯特·C·艾伦. 重组话语频道[M]. 北京：中国社会科学出版社,2000.

[22] [乌拉圭]丹尼艾尔·阿里洪(Daniel Arijon). 电影语言的语法[M]. 陈国铎,黎锡,译. 北京：北京联合出版公司,2013.

[23] 邱一江. 融媒时代的播音主持研究：记者型主持人[M]. 广州：暨南大学出版社,2014.

[24] 童宁. 记者采访：有谁用书面语采访啊[J/OL]. 电视记者,[2017-05-28]. https://mp.weixin.qq.com/s/-3DTm4ovUtN1oC9SeHMZHg.

[25] 黄钰. 新闻节目主持人出镜报道[D]. 北京：中国传媒大学,2007.

[26] 陈虎龙. 白岩松的电视新闻评论角色定位及评论风格研究[D]. 北京：中国传媒大学,2009.

[27] 周雅菲. 基于明星运动员参与体育赛事解说的SWOT理论分析[D]. 北京：北京体育大学,2013.

[28] 叶昌前. 历史的回顾与发展——中国节目主持人30年[J/OL]. 播博汇. [2019-02-25]. https://mp.weixin.qq.com/s/DpidtyAPA2atLYxWpXhQ.

[29] 张鸥. 例说电视新闻记者出镜的五大要义[J]. 传媒观察,2005(12).

[30] 应天常. 论主持人的角色认知[J]. 电视研究,2005(6).

[31] 高蕴英. 教你播新闻[M]. 北京：中国广播电视出版社,2005.

[32] 熊征宇. 体态语和礼仪[M]. 北京：中国经济出版社,2005.

[33] 仲梓源. 电视新闻播音主持教程[M]. 北京：中国传媒大学出版社,2008.

[34] 赵小钦. 电视播音员主持人形象设计与造型[M]. 北京：中国传媒大学出版社,2014.

[35] 徐泓. 不要因为走得太远而忘记为什么出发——陈虻,我们听你讲[M]. 北京：中国人民大学出版社,2015.

[36] 朱羽君,高传智. 进退之间——中国电视新闻从业人员心态录[M]. 北京：中国传媒大学出版社,2005

[37] 任远,曲晨曦. 电视主持人300问[M]. 北京：中国国际广播出版社,2006.

[38] 满方,杨海燕. 中国经典电视节目评析[M]. 上海：上海外语教育出版社,2007.

[39] 中国新闻奖评选委员会办公室. 中国新闻奖作品选2017年度第二十八届[M]. 北京：新华出版社,2018.

[40] [美]约翰菲斯克. 理解大众文化[M]. 北京：中央编译出版社,2001.

[41] 王璐,吴洁茹. 新编播音员主持人语音发声手册[M]. 北京：中国国际广播出版社,2006.

[42] 国家语言文字工作委员会培训测试中心. 普通话水平测试实施纲要[M]. 北京：商务印书馆,2017.

[43] 金圣叹. 金批水浒传(卷之一《水浒》序三)[M]. 西安：三秦出版社,1998.

[44] 金圣叹. 金批水浒传(卷之二《读第五才子书法》)[M]. 西安：三秦出版社,1998.

[45] Tony Tang. 全球最大的新闻频道 CNN[M]. 上海：上海财经大学出版社,2007.

[46] [美]唐·休伊特. 美国黄金节目：60 分钟[M]. 郭镇之译. 北京：清华大学出版社,2005.

[47] [美]拉里·金. 妙语 12 诀[M]. 徐仲秋译. 海南出版社,1996.

[48] [美]阿隆·贝克. 体育、媒体与政治认同[M]. 布鲁明顿：印第安纳大学出版社,1997.

后　记

新兴媒体融合发展语境下，新闻节目播音主持从理论到实践都在变化，新闻节目主持人的职业内涵在受众选择、业界思考中进一步更新确认，笔者撰写本书时力求做到传承与发展并举，传承多年来新闻节目播音主持教学中成体系的精华部分，尽力结合媒体业界对新闻主播、记者型主持人职业能力的可持续要求，适当融入笔者多年主持人工作和主持人教学的经验。本书内容在慢慢积累中迎来媒体融合的大变革时代，因而几经修改和增减，也使得一些陈旧的观念和内容不贻误读者。

上过我课程的同济大学和中国传媒大学南广学院广播电视新闻、广播电视学专业学生给我很多启发，感谢他们与我的真诚互动，促使我针对新闻传播类专业播音主持教学做较为深入的专门研究。

我要特别感谢同济大学出版社负责本书责任编辑的陈佳蔚老师，她凝聚心血的意见和细致修改令我深深感动，有效提升了本书的品质。还要感谢同济大学给予资金资助；感谢中国传媒大学播音主持艺术学院李洪岩教授、上海广播电视台播音指导方舟老师对本教材建设项目的肯定；感谢同济大学艺术与传媒学院王冬冬教授、梁英老师的鼓励与敦促，使我把专业实践心得和教学讲义形成教材，完成了这件自己一直想做而没有做的事情；感谢中国传媒大学播音主持艺术学院郭杰老师、同济大学学报徐清华副编审、同济大学艺术与传媒学院韩亚辉副教授、同济大学广播电视学专业优秀学生凌思芸、唐颖帮助审稿并给予很多建议；感谢上海广播电视台播音指导李宁老师、同济大学艺术与传媒学院王晓虹博士于百忙中帮我遴选材料；感谢我的先生、主任记者汪虹审阅了书中技术类章节。

后　记

　　本书在最后审稿阶段遇上 2020 年的新冠肺炎疫情，成书节奏被迫推延，但也促使我对重大新闻事件的现场报道、评论、连续报道等有了更深入的理解，并及时在书中补充了疫情报道案例，也算是"战疫"的一个收获。

　　为便于读者自学，书中选摘和引用了一些前辈和同行的专业文献和节目文本，笔者已尽力在书中进行了标注，如有疏漏之处，还请谅解并明确告知，深表感谢！

　　能力及时间所限，书中定有粗浅偏颇之处，深望读者指正，谢谢！

饶丹云

同济大学艺术与传媒学院

2020 年 6 月